舟山统计年鉴

ZHOUSHAN STATISTICAL YEARBOOK

2024

舟　山　市　统　计　局
国家统计局舟山调查队　编

中国统计出版社
China Statistics Press

图书在版编目（CIP）数据

舟山统计年鉴. 2024 = Zhoushan Statistical Yearbook 2024 / 舟山市统计局, 国家统计局舟山调查队编. -- 北京 : 中国统计出版社, 2024. 12. -- ISBN 978-7-5230-0669-6

Ⅰ. C832.553-54

中国国家版本馆 CIP 数据核字第 2024BT8788 号

舟山统计年鉴 2024

作　　者 / 舟山市统计局　国家统计局舟山调查队
责任编辑 / 钟钰
装帧设计 / 舟山明煌印业有限公司
出版发行 / 中国统计出版社有限公司
地　　址 / 北京市丰台区西三环南路甲 6 号
邮政编码 / 100073
电　　话 / 邮购 (010) 63376909　书店 (010) 68783171
网　　址 / http://www.zgtjcbs.com
印　　刷 / 舟山明煌印业有限公司
经　　销 / 新华书店
开　　本 / 890mm×1240mm　1/16
字　　数 / 350 千字
印　　张 / 19.5
版　　别 / 2024 年 12 月第 1 版
版　　次 / 2024 年 12 月第 1 次印刷
定　　价 / 280.00 元

如有印装差错，由本社发行部调换。

《舟山统计年鉴2024》
编委会和编辑人员

编辑说明

一、《舟山统计年鉴2024》是一部全面系统反映舟山经济和社会发展情况的资料性年刊。它如实展示了舟山市改革开放尤其是“十四五”以来各个领域的新进展和新成就，是各级领导和有关部门研究浙江舟山群岛新区建设和舟山市情、制订发展规划的重要工具书，也是市外乃至国外友人了解舟山，熟悉舟山投资环境的指南。

二、全书内容共分十五个部分，即：综合、人口与劳动力；渔业；农业；工业、能源；交通、邮电；固定资产投资、建筑业；批发零售、住宿餐饮、外经和旅游；财政、金融、保险；物价；人民生活与劳动工资；教育、科技；文化、体育和卫生；自然资源、城建、环保、民政、司法等情况；各县（区）、乡镇、住人岛屿基本情况；全省各市国民经济和社会发展主要指标。为便于读者使用，各篇末附有主要统计指标解释，在有些指标下方作了简要注解。

三、本年鉴对过去发表的统计资料重新予以核实，凡与本年鉴数据有出入的，均以本年鉴为准。

四、本年鉴部分数据合计数或相对数由于单位取舍不同产生的计算误差未作机械调整。

五、本年鉴中的符号使用说明：“#”表示其中主要项,“空格”表示无该项指标数据或数据不详，“…”表示该项指标数据不足本表最小单位数。

《舟山统计年鉴》一直以来受到社会各界的关心和支持，对此我们深表感谢。为进一步提高统计年鉴的编辑水平，欢迎读者对不妥之处给予批评指正，并提出宝贵意见。

目　　录

一、综合、人口与劳动力

二、渔　　业

三、农　　业

四、工业、能源

五、交通、邮电

六、固定资产投资、建筑业

七、批发零售、住宿餐饮、外经和旅游

八、财政、金融、保险

九、物　　价

十、人民生活与劳动工资

十一、教育、科技

十二、文化、体育和卫生

十三、自然资源、城建、环保、民政、司法等情况

十四、各县(区)、乡镇、住人岛屿基本情况

十五、全省各市国民经济和社会发展主要指标

一、综合、人口与劳动力

1-1 人口与自然资源概况

项　　目	2023 年
一、人　口	年底户籍人口总数 94.61 万人 人口密度 649 人 / 平方公里 年底常住人口总数 117.3 万人 人口密度 804 人 / 平方公里
二、地理位置	北纬 29° 32′ 至 31° 04′ 东经 121° 30′ 至 123° 25′
三、区域总面积	东西长 182 公里，南北宽 169 公里 区域总面积 2.22 万平方公里 其中：海域面积 2.08 万平方公里；土地总面积 1458.76 平方公里 （包括滩涂面积 144.91 平方公里）
四、岸线总长度 深水岸线长度	2788 公里 水深 15 米以上 200.7 公里 水深 20 米以上 103.7 公里
五、舟山本岛面积	东西长 44 公里，南北宽 18 公里，土地总面积 502.65 平方公里
六、岛屿个数	大小岛屿 2085 个，有居民岛屿 141 个，无居民岛屿 1944 个 2023 年底户籍人口在 50 人以上的岛屿有 65 个 2020 年第七次人口普查常住人口在 50 人以上的岛屿有 72 个
七、水资源量	水资源总量 4.65 亿立方米 其中:地下水总量 1.32 亿立方米
八、气　候	历年平均年降水量 1238.9mm 2023 年降水量 922.4mm 2023 年平均气温 17.8° C

注：岛屿数量根据市自然资源规划局海岛调查数据进行调整。

1-2 行政区划

单位:个

项目	1990年	1995年	2000年	2005年	2010年	2012年	2013年	2014年	2015年	2016年	2017年	2018年	2019年	2020年	2021年	2022年	2023年
一、市辖县个数	2	2	2	2	2	2	2	2	2	2	2	2	2	2	2	2	2
二、市辖区个数	2	2	2	2	2	2	2	2	2	2	2	2	2	2	2	2	2
三、街道个数	3	4	4	9	11	11	13	13	13	13	14	14	14	14	14	14	14
#定海区	3	4	4	6	6	6	9	9	9	10	10	10	10	10	10	10	10
普陀区				3	5	5	4	4	4	4	4	4	4	4	4	4	4
四、镇个数	20	27	29	23	21	21	17	17	17	17	17	17	17	17	17	17	17
定海	4	6	8	7	7	7	3	3	3	3	3	3	3	3	3	3	3
普陀	7	10	10	7	5	5	5	5	5	5	5	5	5	5	5	5	5
岱山	5	7	7	6	6	6	6	6	6	6	6	6	6	6	6	6	6
嵊泗	4	4	4	3	3	3	3	3	3	3	3	3	3	3	3	3	3
五、乡个数	70	36	34	12	11	11	5	5	5	5	5	5	5	5	5	5	5
定海	22	15	13	3	3	3											
普陀	25	8	8	4	3	3											
岱山	13	4	4	1	1	1	1	1	1	1	1	1	1	1	1	1	1
嵊泗	10	9	9	4	4	4	4	4	4	4	4	4	4	4	4	4	4
六、行政村个数	847	830	774	424	344	344	344	344	344	327	296	296	284	280	280	280	280
定海	322	319	309	114	113	113	113	113	113	110	109	109	93	89	89	89	89
普陀	275	272	240	177	108	108	108	108	108	98	84	84	88	88	88	88	88
岱山	182	172	167	95	85	85	85	85	85	81	74	74	74	74	74	74	74
嵊泗	68	67	58	38	38	38	38	38	38	38	29	29	29	29	29	29	29
七、社区(居委会)个数	84	105	129	83	86	96	89	98	101	111	116	116	125	130	131	136	138
八、村民小组(万个)	0.70	0.65	0.63	0.54	0.52	0.52	0.40	0.39	0.45	0.46	0.43	0.44	0.41	0.43	0.42	0.42	0.43

1-3 历年气象概况

年份	气温			年降水量(mm)	年蒸发量(mm)	年日照(小时)	年灰霾天数(天)
	最高(℃)	最低(℃)	年平均(℃)				
1955	37.1	-6.1	16.3	1167.3	1395.8	2109.6	4.0
1960	36.5	-3.4	16.8	1267.0	1300.5	1970.3	0.0
1965	35.6	-4.2	16.1	1058.7	949.8	2157.4	1.3
1969	36.7	-4.5	15.7	1024.6	1022.2	2229.1	1.5
1970	34.1	-5.0	15.9	1029.8	931.2	1912.2	1.3
1971	38.2	-2.9	16.1	952.9	1121.8	2422.6	0.3
1972	33.7	-3.1	15.6	1064.9	964.7	2028.8	4.5
1973	33.7	-3.3	16.4	1468.1	948.6	2086.3	3.3
1974	34.1	-3.8	16.0	1175.1	651.2	2089.6	2.5
1975	34.6	-2.1	16.4	1238.3	626.9	2119.6	3.8
1976	36.2	-3.1	15.5	1352.9	620.2	2127.2	3.8
1977	36.5	-4.8	16.3	1497.8	597.9	2011.5	2.0
1978	36.4	-2.5	16.5	922.5	626.4	2179.4	4.0
1979	37.9	-4.0	16.6	969.9	659.1	2242.6	4.0
1980	35.7	-5.5	15.7	1231.2	1233.6	2003.8	4.0
1981	34.8	-3.2	15.9	1202.1	1335.6	1947.8	7.3
1982	34.7	-4.1	16.2	1138.1	1294.2	1899.8	3.8
1983	36.0	-2.6	16.2	1367.3	1235.8	1897.4	4.8
1984	36.3	-3.8	15.9	1082.7	1311.2	2035.3	1.0
1985	35.8	-3.9	16.1	1298.3	1283.7	2024.0	5.5
1986	36.5	-5.7	15.9	1090.9	1344.1	2182.0	4.3
1987	36.5	-4.1	16.2	1111.2	1244.1	1991.4	8.0
1988	37.1	-3.0	16.1	970.5	1395.5	2117.3	6.3
1989	36.2	-1.1	16.1	1608.2	1175.8	1719.9	8.3
1990	35.7	-3.6	17.0	1234.3	1270.1	1940.7	15.0
1991	35.3	-5.7	16.3	1209.6	1241.8	1743.2	7.7
1992	34.5	-2.2	16.0	1273.9	1296.2	1876.2	20.0
1993	35.3	-3.8	15.9	1555.5	1183.8	1884.6	14.3
1994	35.1	-1.3	17.2	1398.0	1371.5	1998.3	12.7
1995	38.6	-2.2	16.2	1220.3	1354.9	2110.1	22.3
1996	34.6	-3.3	16.3	1026.7	1357.1	1976.9	15.3
1997	34.4	-2.3	16.8	1520.2	1295.7	1913.8	16.7
1998	37.8	-3.9	17.5	1421.7	1248.2	1998.2	16.0
1999	34.2	-2.8	16.8	1536.8	1142.6	1825.0	16.0
2000	34.9	-3.0	17.0	1269.6	1316.1	1920.4	12.5
2001	34.0	-3.7	17.2	1267.0	1313.2	2008.6	16.8
2002	37.2	-1.0	17.4	1577.7	1289.5	1807.8	26.8
2003	38.3	-3.0	17.0	737.9	1472.9	2141.3	31.0
2004	36.6	-4.0	17.3	1126.8	1582.2	2227.7	25.8
2005	39.5	-3.1	16.7	1104.6	1502.9	2113.5	17.8
2006	36.9	-3.3	17.5	1099.0	1412.8	1781.1	13.8
2007	40.2	-1.7	17.8	1139.2	1473.7	1878.3	17.5
2008	35.4	-3.5	16.8	1317.2	1337.4	1898.0	18.3
2009	38.7	-5.5	17.1	1279.0	1405.5	1924.1	15.5
2010	37.3	-5.1	16.7	1274.8	1338.0	1760.9	17.5
2011	36.3	-4.2	16.3	1040.2	1437.7	1892.0	34.8
2012	36.9	-3.6	16.5	1629.6	1376.5	1813.8	17.5
2013	42.3	-2.0	17.0	1051.2	1588.1	2037.9	44.3
2014	35.2	-2.6	16.8	1435.6	924.8	1726.5	59.5
2015	37.3	-3.7	17.0	1582.6	935.3	1607.5	47.0
2016	37.2	-6.6	17.6	1585.2	981.2	1665.3	12.8
2017	39.3	-1.7	17.6	1411.8	1036.5	1980.3	8.5
2018	35.3	-4.2	17.5	1345.6	987.5	1852.7	8.0
2019	36.1	0.0	17.4	1822.5	946.7	1616.9	9.0
2020	36.1	-5.4	17.8	1377.6	1018.6	1756.0	11.8
2021	34.9	-6.6	17.9	1836.8	913.3	1975.5	2.0
2022	40.6	-1.9	17.7	1227.5	1033.7	2106.7	6.3
2023	36.4	-4.4	17.8	922.4	934.2	2179.4	11.5

注:1.年降水量、年蒸发量、年日照、年灰霾天数为各县(区)平均值。

2.2014年起,年蒸发量测量器皿型号有变,与往期不可比。

1-4 国民经济和社会

项　目	单位	1980 年	1985 年	1990 年	1995 年	2000 年	2005 年	2010 年
一、年末总人口								
常住人口	万人							112.1
户籍人口	人	888818	934608	969904	982763	984104	967250	967710
二、年末社会劳动者人数	万人	47.29	57.96	61.69	67.18	64.21	55.72	63.49
#非私营在岗职工人数	万人						10.53	16.07
三、地区生产总值	万元	49020	130950	245697	743786	1215702	2836728	6094431
第一产业	万元	19087	50044	87732	221934	324041	398400	594883
第二产业	万元	17085	47721	79305	245948	360073	1134105	2575356
第三产业	万元	12848	33185	78660	275904	531588	1304223	2924193
海洋经济增加值占 GDP 比重	%						62.0	63.9
四、渔农业总产值	万元	30182	81149	178831	576233	745242	871891	1143350
#渔业总产值	万元	19612	59666	137287	481126	653543	784021	1006246
主要农产品产量								
粮　食	万吨	16.57	17.35	16.37	14.52	8.84	5.20	2.54
棉　花	吨	2515	1390	473	684	279	78	43
油菜籽	吨	2437	2759	5707	5738	5445	3795	2221
茶　叶	吨	178	187	171	176	155	132	95
蔬　菜	吨	102100	95415	134812	116080	151945	185479	161209
水　果	吨	3117	5351	8017	20260	20638	77200	85858
猪牛羊肉	吨	7343	5044	8130	8118	9297	15712	19455
禽　蛋	吨		4484	5503	8321	7208	8324	6599
水产品	万吨	39.70	42.59	53.21	98.00	134.92	124.08	131.12
#远洋渔业	万吨				9.00	13.36	15.52	12.18
猪年末存栏头数	万头	12.63	10.43	11.52	9.11	8.68	12.45	17.06
五、规模以上工业总产值	万元	29096	96003	196752	533024	742164	2833416	6977848
#轻工业	万元	18256	60235	136264	365583	465484	1775066	1387985
重工业	万元	10840	35768	60488	167441	276680	1058350	5589863

注：1.规模工业有关指标数据范围 2011 年起为年主营业务收入 2000 万元及以上工业企业，2008-2010 年为年主营业务收入 500 万元及以上工业企业，1998-2007 年为国有及年销售收入 500 万元及以上非国有工业企业，1998 年以前数据为乡及乡以上工业企业。

2.2018 年起，三次产业分类依据国家统计局 2018 年修订的《三次产业划分规定》，下同。

3.2015 年起，按照《国务院关于进一步推进户籍制度改革的意见》（国发〔2014〕25 号）要求统一城乡户口登记，公安人口数不再区分户籍。

发 展 主 要 指 标

2014 年	2015 年	2016 年	2017 年	2018 年	2019 年	2020 年	2021 年	2022 年	2023 年
115.0	115.6	116.4	117.1	117.3	116.5	115.9	116.5	117.0	117.3
974892	973632	973262	971491	968983	965990	962028	956687	952213	946117
69.64	70.53	71.00	71.25	71.36	71.57	72.14	72.52	72.38	72.87
17.24	17.18	17.33	17.06	16.93	16.95	17.22	17.57	18.02	18.62
8861026	9308699	10761851	11295646	12472202	13624749	15104919	17810483	19500098	21007557
926705	1008494	1138600	1277462	1397824	1456244	1529210	1597080	1581346	1837500
3157485	3274401	3503914	3723918	4103774	4755028	6076538	8098613	9352761	10043405
4776836	5025804	6119337	6294266	6970604	7413477	7499171	8114790	8565991	9126652
64.6	64.9	65.0	65.1	65.7	66.5	67.5	68.1	68.5	
1769248	1914138	2167669	2403341	2613298	2675221	2808763	2855458	3055235	3439883
1610157	1758808	2015139	2262231	2484989	2536836	2650898	2687367	2884194	3254683
2.45	2.36	2.54	2.55	2.61	2.65	2.87	2.86	2.92	3.35
68	50	53	8	1	12	3	1		
798	2583	1305	1448	1766	2197	1988	2094	2206	2263
97	80	85	77	79	70	70	55	62	35
137090	129290	131041	134367	125759	115534	118944	118636	123399	130905
78578	73351	72187	76157	76976	74441	76333	70871	63002	73201
17315	15780	9884	5776	3720	3662	4579	8393	7647	7900
5478	4535	4177	2462	1096	955	1059	713	672	694
166.94	176.46	156.35	167.26	173.63	175.55	179.16	182.81	188.31	195.62
39.35	46.52	28.34	38.23	49.13	54.20	63.05	67.51	73.46	79.74
15.21	10.21	6.06	4.41	3.48	3.06	6.30	6.96	7.90	7.76
8417755	8737913	9727548	9438066	7318773	9194679	15336334	22881082	33501220	37414796
1694504	1703356	1745572	2704095	2061140	2057007	1709671	2082314	2275655	2612953
6723251	7034557	7981976	6733971	5257633	7137672	13626663	20798768	31225565	34801844

4.2015 年及以前年份,"非私营在岗职工人数"为"城镇在岗职工人数",下同。

5.2015 年起研发支出计入地区生产总值。

6.2010–2016 年,根据统计方法制度规上工业总产值、轻工业、重工业相关数据已作调整,下同。

7.地区生产总值价值量指标按当年价格计算,发展速度按可比价格计算。2022 年地区生产总值及其相关分行业、分产业数据均为初步统计数,下同。

8.2010–2019 年常住人口数按第七次人口普查结果修订调整。

1-4 续表

项 目	单位	1980 年	1985 年	1990 年	1995 年	2000 年	2005 年	2010 年
六、全社会货物周转量	万吨公里	42430	91678	232209	1114437	1164924	5051782	12916966
全社会旅客周转量	万人公里	21047	52131	77371	128033	148569	181400	241117
港口货物吞吐量	万吨			281	1005	3189	9052	22084
邮电业务收入	万元							145111
七、社会消费品零售额	万元	26683	61994	122592	320853	599190	994196	2032940
旅客接待人次	万人		74.64	162.57	280.65	459.72	1001.71	2139.00
# 入境过夜游客人数	人		3299	21466	42629	61180	140028	256790
八、外贸进出口总值	万元				23061	46736	150467	1073258
# 出口总值	万元				19212	41162	106874	693734
实际使用外资额	万美元	89	291	528	2812	10751	3120	6719
九、财政总收入	万元	7032	14510	22334	45869	107701	285224	985282
一般公共预算支出	万元	4502	9819	20244	46263	114820	319384	1050303
十、非私营单位在岗职工工资总额	万元						265604	716934
非私营单位在岗职工平均工资	元						25377	43642
十一、城镇居民人均可支配收入	元			1888	6826	8886	15524	26242
农村居民人均可支配收入	元	163	702	1500	3592	4228	7190	14265
城乡居民收入比(农村为 1)				1.26	1.90	2.10	2.16	1.84
十二、商品零售价格指数	%		116.3	100.2	111.0	99.2	101.0	104.3
居民消费价格总指数	%		115.4	101.9	114.8	101.6	101.7	104.1
十三、中小学在校学生	人	151322	120601	127315	139227	123392	98177	86096
# 小学在校学生	人	104936	81358	89662	89343	67066	50096	47201
适龄儿童入学率	%	98.04	98.30	99.40	99.66	99.92	99.99	100
十四、各类专业技术人员	人		5374	19122	19346	19792	19084	19182
卫生机构数	个	223	286	320	281	293	395	406
# 医院、卫生院	个	105	95	101	102	98	80	81
床位数	张	1867	2238	2923	3456	3293	3501	4059
# 医院、卫生院	张	1763	2133	2798	3259	3293	3501	4059
卫生技术人员	人	2530	3078	3576	4016	4262	4610	6172
# 执业医师(含助理)	人	958	1228	1611	1874	2074	2093	2524

注:1.城乡居民收入指标从 2013 年起采用城乡一体化后新口径。

2.2011 年起,固定资产投资项目统计范围从计划投资 50 万元及以上提高到 500 万元及以上,且不包含农户投资,下同。

3.2018 年及以前,"入境过夜游客人数"为"国际旅游人数"。

4.2015 年起,人民银行取消"人民币储蓄余额"指标统计,下同。

5.学龄儿童入学率由 2006 年起改为"适龄儿童入学率"。

2014 年	2015 年	2016 年	2017 年	2018 年	2019 年	2020 年	2021 年	2022 年	2023 年
22691335	24890580	28082825	31228651	35042443	37497011	34577590	33773441	35150279	39641727
127682	155108	153307	154184	161043	172542	89784	102636	71500	105575
34700	37925	42590	45782	50787	53596	57142	60065	62412	65132
168470	148499	157672	149877	156072	163176	172422	250873	268017	284451
3510808	3864655	4262804	4711771	5116110	5533191	5117194	5524053	5752436	6178449
3397.96	3876.22	4610.61	5507.16	6321.40	7051.75	5943.99	1244.20	1112.70	1731.63
315835	322371	339247	344313	296400	156252	16009	28064	9254	41574
1233469	1170087	6961124	7830418	11355460	13711088	16673094	23548685	33817774	35758998
577574	618522	413784	3841873	4248153	5011984	5881003	7739080	11554963	11491887
19962	7792	21017	40518	41762	50093	40885	50401	51037	55849
1489267	1595920	1732865	1872217	2183538	2305907	2544983	3497143	4076364	5299131
1881904	2396523	2505417	2586044	3084897	3233611	3126851	3361101	3542734	3765089
1183478	1284141	1378804	1574188	1635074	1796972	1951380	2160142	2336554	2264152
68954	74717	80311	93018	98394	106441	114303	123685	130982	142847
41466	44845	48423	52516	56622	61479	63702	69103	71965	76435
23783	25903	28308	30791	33812	36784	39096	42945	45924	49379
1.74	1.73	1.71	1.71	1.67	1.67	1.63	1.61	1.57	1.55
100.5	99.4	101.0	101.7	102.2	102.1	100.9	101.4	103.3	
101.7	101.2	101.8	101.7	102.8	102.3	101.9	100.9	101.7	100.4
80665	80148	79540	80110	81891	83226	84504	86199	87834	89876
47086	47683	48122	48222	49418	50168	50617	51540	52234	53465
100	100	100	100	100	100	100	100	100	100
21196	21829	21759	21163	22197	22368	23196	23732	24101	24344
668	708	697	700	713	718	719	715	722	767
60	66	68	69	69	70	71	72	72	75
5050	5500	5510	5723	6407	6281	6157	6329	6464	6686
5050	5500	5510	5723	6407	6281	6157	6329	6464	6686
8101	8602	8872	9234	9709	9851	10128	10650	11171	11707
3055	3328	3422	3581	3840	3883	4027	4220	4459	4653

6.2015 年及以前，外贸进出口总值及出口总值为万美元计价。

7.根据《全国文化文物和旅游统计调查制度》(国统制〔2020〕186 号)和《浙江省文化和旅游统计调查制度》(浙统制〔2022〕1 号)，2021 年起对旅游人次和收入进行调整。

8.2023 年起，国家统计局舟山调查队取消“商品零售价格指数”指标统计。

1-5 各计划时期国民经济主要

项　目	"一五"时　期	"二五"时　期	1963—1965年	"三五"时　期	"四五"时　期	"五五"时　期
一、人口数	3.51	2.64	2.70	1.77	1.57	0.87
二、社会劳动者人数	4.49	-1.20	3.28	4.95	4.59	3.14
#城镇国有经济在岗职工	21.16	7.13	2.93	2.54	7.67	11.95
三、地区生产总值	17.33	2.76	11.92	-3.00	7.73	14.36
四、工农业总产值	12.35	1.37	16.39	-3.74	11.12	7.57
#工业总产值	13.78	4.06	15.16	-3.34	17.23	17.79
农业总产值	11.96	0.61	16.77	-3.86	8.93	1.35
#渔　业	15.63	1.47	17.91	-5.47	12.15	-0.31
五、财政收入	13.56	10.34	6.45	0.39	5.93	10.45
财政支出	23.70	3.44	2.40	4.13	23.00	11.74
六、货运周转量	27.06	14.69	19.12	4.50	9.67	16.40
客运周转量	63.42	8.72	-1.67	3.51	15.51	15.49
七、全社会固定资产投资	32.4	15.2	61.5	11.1	15.5	27.1
八、社会消费品零售总额	21.21	2.74	5.13	-1.00	14.77	8.19
九、城镇国有单位在岗职工工资总额	33.84	8.74	1.08	3.18	6.02	16.81
城镇国有单位在岗职工年平均工资	9.98	0.49	3.75	-0.53	-0.64	4.20
十、储蓄存款余额	39.50	9.28	22.70	-0.41	16.29	20.88

注：1.地区生产总值"九五"及以前工农业总产值增长速度按可比价格计算，投资指标年均增长速度按累计法计算。
2.在社会劳动者人数其中项中"十五"时期及以前为国有经济职工、集体经济职工、其他经济职工。
3.城镇国有单位在岗职工工资总额和城镇国有单位在岗职工年平均工资"十五"时期及以前为国有单位职工工资总额和年平均工资。

指标平均每年增长速度

单位:%

“六五”时期	“七五”时期	“八五”时期	“九五”时期	“十五”时期	“十一五”时期	“十二五”时期	“十三五”时期
1.01	0.74	0.26	0.03	-0.35	0.01	0.12	0.05
4.21	1.26	1.72	-0.90	-2.80	1.06	2.13	0.45
4.36	3.71	3.07	-9.61	-2.85	1.99	1.10	0.05
12.61	4.1	14.9	9.3	15.3	14.1	8.2	9.1
13.92	8.08	17.81	11.08	19.40	21.85	12.48	3.6
21.72	9.87	21.24	13.77	25.80	24.29	12.47	3.9
3.76	4.02	12.21	5.90	3.19	6.82	12.58	10.86
3.63	4.44	14.92	6.52	3.71	6.46	13.61	11.82
15.59	9.01	15.48	18.62	21.50	28.14	10.13	9.7
16.88	15.57	17.97	19.94	22.70	26.88	17.94	5.4
16.66	12.88	33.43	0.89	34.10	20.65	14.02	6.80
19.89	5.93	7.86	3.02	4.07	5.86	-8.45	-10.36
18.7	11.4	45.50	-0.40	30.80	25.0	15.4	6.5
18.36	14.61	23.54	13.48	10.98	16.17	13.72	5.79
13.03	23.48	25.94	1.25	16.58	14.51	12.78	8.73
8.62	18.42	22.07	10.68	20.27	11.29	12.09	8.87
31.16	30.0	29.96	19.22	15.24	18.48		

4.“十二五”时期社会劳动者人数增速按人口普查数据进行修订。
5.根据国家统计制度,对“十二五”时期固定资产投资增速进行修订。
6.“十三五”时期城镇国有经济在岗职工、城镇国有单位在岗职工工资总额和城镇国有单位在岗职工年平均工资分别为非私营单位在岗职工、非私营单位在岗职工工资总额和非私营单位在岗职工年平均工资。

1-6 国民经济主要比例关系

单位：%

项　目	1995年	2000年	2005年	2010年	2013年	2014年	2015年	2016年	2017年	2018年	2019年	2020年	2021年	2022年	2023年
一、地区生产总值三次产业比例															
第一产业	29.8	26.7	14.0	9.8	10.8	10.5	10.8	10.6	11.3	11.2	10.7	10.1	9.0	8.1	8.7
第二产业	33.1	29.6	40.0	42.2	35.6	35.6	35.2	32.5	33.0	32.9	34.9	40.2	45.5	48.0	47.9
第三产业	37.1	43.7	46.0	48.0	53.6	53.9	54.0	56.9	55.7	55.9	54.4	49.6	45.6	43.9	43.4
二、农业总产值中各业比例															
农　业	12.1	9.5	6.8	7.7	6.1	5.7	5.2	4.8	4.3	3.7	3.8	3.6	3.8	3.7	3.9
林　业	0.6	0.3	0.2	0.2	0.2	0.1	0.1	0.1	0.1	0.1	0.1	0.1	0.1	0.1	0.1
牧　业	3.8	2.5	3.1	4.0	2.8	2.6	2.3	1.7	1.0	0.7	0.9	1.5	1.5	1.3	1.0
渔　业	83.5	87.7	89.9	88.0	90.7	91.0	91.9	93.0	94.2	95.0	94.8	94.4	94.2	94.4	94.6
农林牧渔专业及辅助性活动											0.4	0.4	0.5	0.5	0.4
三、财政总收入占地区生产总值比例	**6.2**	**8.9**	**10.1**	**16.2**	**16.7**	**16.8**	**17.1**	**16.1**	**16.6**	**17.5**	**16.9**	**16.8**	**19.6**	**20.9**	**25.2**
四、文教科卫事业费占财政支出比例	**37.2**	**33.6**	**28.9**	**24.3**	**22.2**	**25.0**	**22.2**	**22.5**	**23.8**	**20.9**	**21.3**	**21.7**	**21.9**	**23.1**	**23.8**
五、农业拨款占财政支出比例	**3.2**	**10.0**	**10.1**	**18.5**	**25.8**	**21.1**	**20.5**	**20.8**	**19.9**	**19.6**	**17.7**	**16.1**	**14.3**	**13.8**	**15.8**
六、客运量中各种运输方式比例															
公　路	77.4	79.2	78.6	85.9	62.6	44.2	53.2	50.5	48.4	46.9	43.1	31.9	48.2	54.3	49.6
水　运	22.6	20.8	21.4	14.1	37.4	55.8	46.8	49.5	51.6	53.1	56.9	68.1	51.8	45.7	50.4
七、货运量中各种运输方式比例															
公　路	37.9	43.0	26.9	30.8	23.2	25.2	26.0	25.7	26.7	27.2	24.7	18.5	24.2	28.3	29.2
水　运	62.1	57.0	73.1	69.2	76.8	74.8	74.0	74.3	73.3	72.8	75.3	81.5	75.8	71.7	70.8

注：1.2006年起，文教科卫事业费和农业拨款口径有所调整。

2.2010年起，农业产值包括粮食、油料、棉花、麻类、糖类、烟草和其他农作物产值，蔬菜、食用菌、花卉盆景园艺作物产值，以及水果、坚果、茶、饮料、香料和中草药材产值。2010-2021年农业产值数据按现行制度要求进行修订，下同。

1-7　全市平均每天主要社会经济活动

项　目	单位	1995 年	2000 年	2005 年	2010 年	2015 年	2016 年	2017 年	2018 年	2019 年	2020 年	2021 年	2022 年	2023 年
一、全市平均每天创造的财富														
地区生产总值	万元	2038	3322	7772	16697	25503	29404	30947	34170	37328	41270	48796	53425	57555
农业总产值	万元	1579	2042	2389	3132	5244	5939	6584	7160	7329	7674	7823	8371	9424
财政总收入	万元	126	295	781	2699	4372	4735	5129	5982	6318	6954	9581	11168	14518
外贸进出口总值	万元	63.2	128.0	412.2	2940.4	3205.7	19019.5	21453.2	31110.8	37564.6	45554.9	64516.9	92651.4	97969.9
外贸出口	万元	47.0	112.8	292.8	1900.6	1694.6	11305.6	10525.6	11638.8	13731.5	16068.3	21203.0	31657.4	31484.6
水产品产量	吨	2685	3696	3399	3592	4834	4284	4582	4757	4810	4895	5009	5159	5360
货　运　量	万吨	6.08	8.07	18.40	37.89	68.68	76.98	86.86	104.47	115.01	107.10	112.06	117.93	126.89
客　运　量	万人	16.53	20.60	24.20	41.30	14.72	14.30	14.89	15.08	15.57	9.95	14.96	10.27	18.15
邮 寄 信 件	万件	2.16	2.11	1.58	3.93	1.42	1.19	1.11	0.42	0.24	0.20	0.19	0.23	0.25
二、全市每天消费量														
城乡居民消费总额	万元	879	1642	2724	5570	10588	11647	12909	14017	15159	13981	15134	15760	16927
平均每人消费额	元	8.94	16.68	28.16	57.56	108.75	119.67	132.88	144.65	156.93	145.33	158.20	165.51	178.91
三、全市人口变动														
出　　生	人	23	21	18	18	16	18	20	16	16	13	10	9	9
死　　亡	人	17	18	19	21	20	18	24	21	20	21	22	21	26

注:2015 年及以前,外贸进出口总值、外贸出口为万美元计价。

1-8 人口普查主要数据

项　　目	第一次 1953.7.1	第二次 1964.7.1	第三次 1982.7.1	第四次 1990.7.1	第五次 2000.11.1	第六次 2010.11.1	第七次 2020.11.1
一、总户数(万户)	**11.89**	**14.66**	**24.63**	**30.25**	**36.07**	**45.48**	**52.28**
家庭户平均每户人数(人)	4.23	4.72	3.55	3.17	2.73	2.39	2.15
二、总人口(人)	**503820**	**692383**	**904506**	**976132**	**1001530**	**1121261**	**1157817**
1.按性别分							
男	255696	351433	458242	495839	506171	588414	611522
女	248124	340950	446264	480293	495359	532847	546295
2.按民族分							
汉　族	503818	692252	904222	975613	999166	1109813	1142889
苗　族		6	8	9	836	3089	3682
土家族				12	483	2861	2259
回　族	2	95	244	403	449	1148	1219
彝　族			2	2	42	724	1543
布依族			1	9	131	562	970
满　族		4	13	34	68	432	788
其　他		26	16	50	355	2632	4462
3.按文化程度分							
大专及以上		1221	4001	11658	33107	115286	209704
高　中		5445	50885	75336	122249	138542	147293
初　中		23519	175206	238689	327691	398202	379104
小　学		195570	375804	380412	356443	341269	341190
文盲、半文盲(15及15岁以上)			197916	166951	95512	77577	20856
4.按年龄分							
儿童人口(0-14岁)			235610	208572	153012	114265	113597
老年人口(60岁以上)			72019	94250	128808	176331	288093
其中:65岁以上			47810	61631	93404	117770	197848
劳动年龄(男16-59岁,女16-54岁)			561435	639683	686747	781648	697533
5.按县区分							
定海区	191379	245863	317550	342831	369448	464184	500030
普陀区	155436	223587	299023	329436	346237	378805	382902
岱山县	116717	160615	206624	216523	197483	202164	207982
嵊泗县	40288	62318	81310	87342	88362	76108	66903

注:1.前四次人口普查时点均在7月1日零时,第五次、第六次和第七次人口普查时点在11月1日零时。
　2.文化程度包括肄业和在校学生。

1-9 渔农村基本情况和生产条件

（2016 年第三次渔农业普查）

项　　　目	舟山市	定海区	普陀区	岱山县	嵊泗县
一、渔农村生产经营户（户）	84007	38970	27061	14501	3475
二、渔农村生产经营单位（个）	3823	555	1256	1124	888
三、渔农业从业人员（人）	124711	36062	42956	33435	12258
按行业构成					
农作物种植业	68861	31052	22748	12354	2707
林业	1252	733	305	179	35
畜牧业	1538	895	327	214	102
渔业	52760	3244	19485	20662	9369
农林牧渔服务业	300	138	91	26	45
按性别构成					
男	89437	21824	31105	26499	10009
女	35274	14238	11851	6936	2249
按年龄构成					
35 岁及以下	11142	876	4793	4430	1043
36-54 岁	49575	10492	17090	15465	6528
55 岁及以上	63994	24694	21073	13540	4687
按文化程度构成					
未上过学	8165	3894	1934	1731	606
小学	65707	21196	22147	16629	5735
初中	45635	9203	16430	14373	5629
高中或中专	4570	1464	2196	631	279
大专及以上	634	305	249	71	9
四、渔农业生产经营单位从业人员（人）	36441	4680	13654	11263	6844
按单位行业分					
农作物种植业	2010	969	756	276	9
林业	856	412	253	158	33
畜牧业	328	191	54	68	15
渔业	33034	2991	12554	10747	6742
农林牧渔服务业	213	117	37	14	45
五、农业机械情况（台）					
拖拉机	667	294	276	95	2
耕整机	348	132	84	123	9
旋耕机	375	142	106	66	61
插秧机	50	43	3	4	
联合收割机	81	60	8	13	
六、设施农业情况（亩）					
温室面积	326.8	259.5	49.3	17.0	1.0
大棚面积	10083.1	4266.8	4257.0	1464.5	94.8
渔业养殖用房面积（平方米）	128529	7131	110517	5119	5762

1-10 渔农村基础设施建设和基本社会服务

（2016 年第三次渔农业普查） 单位：个

项目	舟山市	定海区	普陀区	岱山县	嵊泗县
乡镇数	22	3	5	7	7
一、交通设施					
有码头的乡镇	22	3	5	7	7
通公路的村	354	114	109	85	46
二、能源、通讯设施					
通电	356	114	111	85	46
通天然气	49	32	16		1
通电话	356	114	111	85	46
安装了有线电视	355	114	111	85	45
通宽带互联网	353	113	111	85	44
有电子商务配送站点	84	31	32	21	
三、乡镇、村文化教育设施					
有幼儿园、托儿所的乡镇	20	3	4	7	6
有小学的乡镇	19	3	4	7	5
有图书馆、文化站的乡镇	21	3	5	6	7
有剧场、影剧院的乡镇	8	1	2	3	2
有体育场馆的乡镇	4		2	2	
有公园及休闲健身广场的乡镇	22	3	5	7	7
有幼儿园、托儿所的村	71	27	19	15	10
有小学的村	52	18	15	11	8
有图书室、文化站的村	166	50	63	37	16
有体育健身场所的村	348	110	108	84	46
有渔农民业余文化组织的村	226	81	76	47	22
四、乡镇、村卫生处理设施					
集中或部分集中供水的乡镇	22	3	5	7	7
生活垃圾集中或部分集中处理的乡镇	22	3	5	7	7
生活垃圾集中或部分集中处理的村	353	113	110	85	45
生活污水集中或部分集中处理的村	339	106	104	85	44
完成或部分完成改厕的村	346	109	109	84	44
五、乡镇、村医疗和社会福利机构					
有医疗卫生机构的乡镇	22	3	5	7	7
有社会福利收养性单位的乡镇	22	3	5	7	7
有本级政府创办的敬老院的乡镇	21	3	5	7	6
有卫生室等医疗机构的村	228	71	84	57	16
有执业(助理)医师的村	196	69	67	48	12
六、市场建设					
有商品交易市场的乡镇	20	2	5	6	7
有以粮油、蔬菜、水果为主的专业市场的乡镇	5	1	2	1	1
有以水产为主的专业市场的乡镇	1				1
有 50 平方米以上的综合商店或超市的村	154	58	40	42	14
有开展旅游接待服务的户的村	66	11	21	11	23
有拥有营业执照的餐馆的村	167	63	47	31	26

1-11 渔农民生活条件

（2016年第三次渔农业普查）

单位：户

项　　目	舟山市	定海区	普陀区	岱山县	嵊泗县
一、住房情况					
按拥有住房数量划分					
拥有1处住房	90827	40007	28843	18841	3136
拥有2处住房	23786	11920	8391	3153	322
拥有3处及以上住房	1584	869	562	140	13
没有住房	1187	1077	68	38	4
按现居住住房结构分					
钢筋混凝土	29396	16202	9675	3080	439
砖混	76828	31319	25497	17059	2953
砖(石)木	10798	6173	2563	1987	75
竹草土坯	13		13		
其他	349	179	116	46	8
拥有商品房户占比(%)	23.6	26.6	25.4	15.1	11.3
二、饮水情况					
经过净化处理的自来水	115265	53060	37381	21616	3208
受保护的井水和泉水	1246	629	364	160	93
不受保护的井水和泉水	308	156	29	110	13
收集雨水	76	5	66	3	2
桶装水	420	2	20	239	159
其他水源	69	21	4	44	
三、主要使用的炊事能源					
柴草	2260	1715	247	287	11
煤	444	438	4	2	
煤气、天然气、液化石油气	116433	53135	37779	22056	3463
沼气	60	28	19	13	
电	88394	41142	29349	14849	3059
太阳能	271	187	33	47	4
其他	56	21	2	33	6
四、家庭卫生设施					
水冲式卫生厕所	112688	53182	36632	19883	2991
卫生旱厕	117	81	2	24	10
无厕所	4579	610	1230	2265	474

注：本表仅指渔农村的11.7万户渔农户。

1-12 渔业船舶、渔业劳动力基本情况

（2016年第三次渔农业普查）

项　　目	单位	全　市	定海区	普陀区	岱山县	嵊泗县
一、渔业船舶(按船质分)	艘	7455	340	2696	1994	2425
钢质	艘	5636	269	2294	1933	1140
木质	艘	1048	70	397	61	520
其他	艘	771	1	5		765
二、捕捞渔业船舶(按作业类型分)	艘	5795	317	2272	1758	1448
拖网	艘	737	25	434	217	61
围网	艘	247	2	157	61	27
流刺网	艘	1204	42	491	150	521
帆张网	艘	941		20	607	314
其他涨网	艘	478	51	188	84	155
钓业	艘	76		60		16
蟹笼	艘	327	6	6	357	33
其他	艘	1785	191	916	140	321
三、水产养殖单位数	个	1540	41	609	223	667
四、渔业劳动力	人	53730	2469	20413	21379	9469
远洋捕捞	人	8460	1232	7172	56	
远洋辅助	人	382		374	8	
国内捕捞	人	39799	1151	11096	19572	7980
国内辅助	人	4120	82	1669	1737	632
休闲渔船	人	158	4	88	6	60
其他	人	811		14		797

1-13 历年地区生产总值

单位:万元

年份	地区生产总值	第一产业	第二产业	#工业	#建筑业	第三产业	#交通运输、仓储和邮政业	#批发和零售业	人均地区生产总值(元,按户籍人口计算)	人均地区生产总值(元,按常住人口计算)
1979	42680	17384	13891	11746	2145	11405	2170	5879	487	
1980	49020	19087	17085	13416	3669	12848	2241	6484	554	
1985	130950	50044	47721	38408	9313	33185	8360	15016	1407	
1986	148972	57266	50335	41990	8345	41371	9549	18013	1588	
1987	187194	70333	65060	51594	13466	51801	11999	21568	1977	
1988	236098	85120	83509	65625	17884	67469	15317	29414	2407	
1989	239207	80372	81910	63161	18749	76925	17861	29389	2483	
1990	245697	87732	79305	65665	13640	78660	17811	28342	2538	
1991	289436	104880	93564	76190	17374	90992	20898	31292	2979	
1992	341425	112811	114697	96097	18600	113917	27730	40528	3502	
1993	430620	123589	144701	117289	27412	162330	35937	46380	4405	
1994	601946	186009	200939	164808	36131	214998	51373	71225	6146	
1995	743786	221934	245948	201885	44063	275904	61454	86146	7579	
1996	838231	273669	255977	201630	54347	308585	61429	112886	8521	
1997	912924	293428	269651	210973	58678	349845	75687	116384	9266	
1998	972744	303022	270577	211303	59274	399145	87805	127758	9869	
1999	1061528	307141	313323	242833	70490	441064	105399	137965	10779	
2000	1215702	324041	360073	289648	70425	531588	122567	152106	12353	
2001	1343755	324225	420875	334313	86562	598655	138160	155840	13676	13384
2002	1573010	320958	518301	421626	96676	733751	157848	171274	16063	15590
2003	1866184	319919	689576	538045	151531	856689	189538	204084	19152	18386
2004	2319363	369500	888012	673162	214850	1061851	199115	245429	23906	22705
2005	2836728	398400	1134105	880491	253614	1304223	268285	220473	29299	27595
2006	3426746	419579	1434698	1081892	352806	1572469	381510	250230	35455	33125
2007	4213479	444807	1855592	1352691	502901	1913080	461880	286768	43602	40378
2008	5120798	486818	2372556	1728092	644463	2261424	563231	342521	52940	48538
2009	5399291	506334	2454670	1791286	663384	2438287	562725	374697	55796	50296
2010	6094431	594883	2575355	1811198	764158	2924193	627332	515208	62978	55218
2011	6894495	721475	2704098	1861210	842888	3468922	673238	640539	71166	61013
2012	7559600	779765	2909388	2013788	895600	3870447	699655	756394	77869	66312
2013	8214194	886118	2921458	2086599	961783	4406618	762989	835230	84473	71865
2014	8861026	926705	3157485	2120062	1185157	4776836	848228	892054	90978	77220
2015	9308699	1008494	3274401	2166264	1265061	5025804	913677	998037	95546	80735
2016	10761851	1138600	3503914	2322495	1399963	6119337	992840	1288624	110554	92775
2017	11295646	1277462	3723918	2607311	1485337	6294266	992151	1342488	116165	96751
2018	12472202	1397824	4103774	2873249	1682233	6970604	1101967	1493652	128548	106418
2019	13624749	1456244	4755028	3703569	1567876	7413477	1118649	1606453	140826	116550
2020	15104919	1529210	6076538	5291870	1361214	7499171	1148240	1598478	156689	129991
2021	17810483	1597080	8098613	6980038	1606004	8114790	1299226	1513428	185650	153274
2022	19500098	1581346	9352761	8404199	1606818	8565991	1255549	1722564	204307	167024
2023	21007557	1837500	10043405	9217485	1629475	9126652	1331690	1787624	221327	179322

注:1.由于行业变动,2004 年及以前年份的交通运输、仓储及邮政业为交通运输、仓储和邮电业数据,批发和零售业为批发和零售贸易和餐饮业数据,下同。

2.2005 年起研发支出计入地区生产总值。

3.2023 年地区生产总值及其相关分行业、分产业、分区域数据均为初步统计数据,下同。

1-14 历年地区生产总值构成

单位:%

年 份	地区生产总值	第一产业	第二产业	# 工业	# 建筑业	第三产业	# 交通运输、仓储和邮政业	# 批发和零售业
1979	100	40.7	32.5	27.5	5.0	26.8	5.1	13.8
1980	100	38.9	34.9	27.4	7.5	26.2	4.6	13.2
1985	100	38.2	36.4	29.3	7.1	25.4	6.4	11.5
1986	100	38.4	33.8	28.2	5.6	27.8	6.4	12.1
1987	100	37.6	34.8	27.6	7.2	27.6	6.4	11.5
1988	100	36.1	35.4	27.8	7.6	28.5	6.5	12.5
1989	100	33.6	34.2	26.4	7.8	32.2	7.5	12.3
1990	100	35.7	32.3	26.7	5.6	32.0	7.2	11.5
1991	100	36.2	32.3	26.3	6.0	31.5	7.2	10.8
1992	100	33.0	33.6	28.1	5.4	33.4	8.1	11.9
1993	100	28.7	33.6	27.2	6.4	37.7	8.3	10.8
1994	100	30.9	33.4	27.4	6.0	35.7	8.5	11.8
1995	100	29.8	33.1	27.1	5.9	37.1	8.3	11.6
1996	100	32.6	30.5	24.1	6.5	36.9	7.3	13.5
1997	100	32.1	29.5	23.1	6.4	38.4	8.3	12.7
1998	100	31.2	27.8	21.7	6.1	41.0	9.0	13.1
1999	100	28.9	29.5	22.9	6.6	41.6	9.9	13.0
2000	100	26.7	29.6	23.8	5.8	43.7	10.1	12.5
2001	100	24.1	31.3	24.9	6.4	44.6	10.3	11.6
2002	100	20.4	32.9	26.8	6.1	46.7	10.0	10.9
2003	100	17.1	37.0	28.8	8.1	45.9	10.2	10.9
2004	100	15.9	38.3	29.0	9.3	45.8	8.6	10.6
2005	100	14.0	40.0	31.0	8.9	46.0	9.5	7.8
2006	100	12.2	41.9	31.6	10.3	45.9	11.1	7.3
2007	100	10.6	44.0	32.1	11.9	45.4	11.0	6.8
2008	100	9.5	46.3	33.7	12.6	44.2	11.0	6.7
2009	100	9.4	45.4	33.2	12.3	45.2	10.4	6.9
2010	100	9.8	42.2	29.7	12.5	48.0	10.3	8.5
2011	100	10.5	39.2	27.0	12.2	50.3	9.8	9.3
2012	100	10.3	38.5	26.6	11.8	51.2	9.3	10.0
2013	100	10.8	35.6	25.4	11.7	53.6	9.3	10.2
2014	100	10.5	35.6	23.9	13.4	53.9	9.6	10.1
2015	100	10.8	35.2	23.3	13.6	54.0	9.8	10.7
2016	100	10.6	32.5	21.6	13.0	56.9	9.2	12.0
2017	100	11.3	33.0	23.1	13.1	55.7	8.8	11.9
2018	100	11.2	32.9	23.0	13.5	55.9	8.8	12.0
2019	100	10.7	34.9	27.2	11.5	54.4	8.2	11.8
2020	100	10.1	40.2	35.0	9.0	49.6	7.6	10.6
2021	100	9.0	45.5	39.2	9.0	45.6	7.3	8.5
2022	100	8.1	48.0	43.1	8.2	43.9	6.4	8.8
2023	100	8.7	47.9	43.9	7.8	43.4	6.3	8.5

1–15　历年地区生产总值指数

（1978 年=100）

年　份	地区生产总值	第一产业	第二产业	第三产业	人均地区生产总值（按户籍人口计算）
1979	97.79	94.00	95.21	110.94	96.99
1980	101.49	88.72	113.05	119.86	99.67
1984	155.27	93.42	202.83	226.20	145.95
1985	193.10	97.56	293.03	261.17	180.10
1986	208.98	112.80	291.66	304.08	193.43
1987	231.99	100.61	348.67	351.88	212.77
1988	249.68	99.23	391.81	373.56	226.82
1989	236.15	89.48	365.83	368.77	212.75
1990	239.31	99.76	369.56	357.12	214.46
1991	272.10	115.22	419.45	399.62	242.98
1992	308.00	123.63	487.54	467.02	274.08
1993	347.90	123.63	602.99	540.53	308.62
1994	418.77	146.25	757.94	629.56	370.65
1995	478.83	165.27	869.73	724.68	422.91
1996	511.68	184.77	906.33	764.28	450.82
1997	552.87	206.57	961.46	815.53	486.43
1998	593.41	225.16	1007.82	885.11	521.94
1999	665.94	240.70	1203.48	970.51	586.10
2000	747.20	250.57	1416.80	1102.06	658.19
2001	835.84	253.32	1680.07	1254.94	737.17
2002	950.01	247.75	2007.48	1482.47	840.66
2003	1098.06	248.25	2565.74	1686.39	976.56
2004	1288.88	273.57	3148.33	1955.19	1151.24
2005	1523.96	274.58	3944.45	2325.93	1364.00
2006	1800.25	283.90	4892.58	2732.83	1614.11
2007	2106.11	287.63	6051.64	3144.22	1888.67
2008	2411.29	294.84	7257.07	3520.54	2160.21
2009	2679.25	289.79	8231.79	3923.36	2399.28
2010	2950.22	304.71	8980.11	4400.54	2641.87
2011	3203.35	322.68	9568.18	4880.86	2865.36
2012	3484.04	340.63	10322.34	5375.21	3109.93
2013	3745.03	364.72	11119.31	5772.48	3337.42
2014	4054.46	383.10	12138.80	6242.59	3607.37
2015	4376.99	402.46	13439.81	6637.16	3893.17
2016	4794.66	430.72	13884.01	7573.78	4268.24
2017	5202.00	453.47	14837.51	8335.78	4635.95
2018	5550.63	469.49	16145.18	8841.17	4957.55
2019	6057.43	475.28	19431.34	9188.10	5425.59
2020	6786.48	485.79	25195.68	9346.26	6100.52
2021	7359.94	513.21	29832.10	9435.85	6648.10
2022	7975.02	532.32	35209.78	9450.65	7240.73
2023	8632.10	553.72	38943.10	10067.29	7880.95

1-16 历年地区生产总值比上年增长

单位:%

年　份	地区生产总值	第一产业	第二产业	#工业	第三产业	人均地区生产总值（按户籍人口计算）	人均地区生产总值（按常住人口计算）
1980	3.8	-5.6	18.7		8.0	2.8	
1984	19.8	19.4	20.9		18.7	18.8	
1985	24.4	4.4	44.5		15.5	23.4	
1986	8.2	15.6	-0.5		16.4	7.4	
1987	11.0	-10.8	19.6		15.7	10.0	
1988	7.6	-1.4	12.4		6.2	6.6	
1989	-5.4	-9.8	-6.6		-1.3	-6.2	
1990	1.3	11.5	1.0		-3.2	0.8	
1991	13.7	15.5	13.5		11.9	13.3	
1992	13.2	7.3	16.2	21.7	16.9	12.8	
1993	13.0	0.0	23.7	22.5	15.7	12.6	
1994	20.4	18.3	25.7	25.4	16.5	20.1	
1995	14.3	13.0	14.7	14.9	15.1	14.1	
1996	6.9	11.8	4.2	0.7	5.5	6.6	
1997	8.1	11.8	6.1	5.5	6.7	7.9	
1998	7.3	9.0	4.8	5.1	8.5	7.3	
1999	12.2	6.9	19.4	19.1	9.6	12.3	
2000	12.2	4.1	17.7	21.6	13.6	12.3	
2001	11.9	1.1	18.6	17.8	13.9	12.0	
2002	13.7	-2.2	19.5	22.2	18.1	14.0	13.1
2003	15.6	0.2	27.8	24.3	13.8	16.2	14.9
2004	17.4	10.2	22.7	20.6	15.9	17.9	16.3
2005	18.2	0.4	25.3	26.8	19.0	18.5	17.5
2006	18.1	3.4	24.0	20.1	17.5	18.3	17.4
2007	17.0	1.3	23.7	20.8	15.1	17.0	16.0
2008	14.5	2.5	19.9	22.8	12.0	14.4	13.2
2009	11.1	-1.7	13.4	13.8	11.4	11.1	9.2
2010	10.1	5.2	9.1	10.5	12.2	10.1	7.1
2011	8.6	5.9	6.5	10.1	10.9	8.5	6.0
2012	8.8	5.6	7.9	9.0	10.1	8.5	7.8
2013	7.5	7.1	7.7	7.4	7.4	7.3	7.2
2014	8.3	5.0	9.2	5.3	8.1	8.1	7.8
2015	8.0	5.1	10.7	8.3	6.3	7.9	7.4
2016	9.5	7.0	3.3	4.8	14.1	9.6	8.9
2017	8.5	5.3	6.9	5.9	10.1	8.6	7.8
2018	6.7	3.5	8.8	13.2	6.1	6.9	6.3
2019	9.1	1.2	20.4	31.9	3.9	9.4	9.4
2020	12.0	2.2	29.7	46.9	1.7	12.4	12.7
2021	8.4	5.6	18.4	20.6	1.0	9.0	8.4
2022	8.4	3.7	18.0	21.5	0.2	8.9	7.8
2023	8.2	4.0	10.6	12.8	6.5	8.8	7.9

1－17　按行业和构成分的地区生产总值

单位:亿元

指　　标	2005 年	2010 年	2013 年	2014 年	2015 年	2016 年	2017 年
地区生产总值	**283.67**	**609.44**	**821.42**	**886.10**	**930.87**	**1076.19**	**1129.56**
按行业分							
农、林、牧、渔业	39.84	59.49	88.84	93.15	101.29	114.34	128.27
工业	88.05	181.12	208.66	212.01	216.63	232.25	260.73
建筑业	25.36	76.42	96.18	118.52	126.51	140.00	148.53
批发和零售业	22.05	51.52	83.52	89.21	99.80	128.86	134.25
交通运输、仓储和邮政业	26.83	62.73	76.30	84.82	91.37	99.28	99.22
住宿和餐饮业	6.19	12.99	17.86	20.56	23.86	28.02	28.41
信息传输、计算机服务和软件业	5.93	8.95	8.13	6.76	9.37	11.01	8.80
金融业	13.64	50.88	78.84	77.92	68.80	73.06	71.35
房地产业	14.46	27.49	46.58	47.28	49.23	64.39	67.99
租赁和商务服务业	5.08	9.8	12.69	18.30	17.84	24.14	21.40
科学研究、技术服务和地质勘查业	1.73	3.66	8.64	10.88	11.64	16.70	18.61
水利、环境和公共设施管理业	1.59	7.4	10.56	11.32	11.75	14.15	14.02
居民服务和其他服务业	2.55	4.64	6.78	6.50	7.07	8.03	7.28
教育	7.81	13.95	22.21	24.11	27.16	32.55	31.57
卫生、社会保障和社会福利业	4.58	7.77	12.07	16.00	22.06	30.33	29.34
文化、体育和娱乐业	1.88	3.47	5.59	5.79	6.66	8.02	8.36
公共管理和社会组织	16.09	27.17	37.97	42.97	39.83	51.04	51.43
第一产业	39.84	59.49	88.61	92.67	100.85	113.86	127.75
第二产业	113.41	257.54	292.15	315.75	327.44	350.39	372.39
第三产业	130.42	292.42	440.66	477.68	502.58	611.93	629.43
按构成分							
劳动者报酬	138.93	297.49	495.39	545.70	588.78	668.06	700.39
生产税净额	30.5	76.36	78.06	86.10	91.18	94.83	89.66
固定资产折旧	42.97	81.84	144.49	161.98	178.56	178.39	198.83
营业盈余	71.27	153.76	103.47	92.32	72.34	134.90	140.68

1-17 续表

单位:亿元

指标	2018年	2019年	2020年	2021年	2022年	2023年	2023年比2022年增长(%)
地区生产总值	**1247.22**	**1362.47**	**1510.49**	**1781.05**	**1950.01**	**2100.76**	**8.2**
按行业分							
农、林、牧、渔业	140.36	146.25	153.62	160.45	158.85	184.50	4.0
工业	287.32	370.36	529.19	698.00	840.42	921.75	12.8
建筑业	168.22	156.79	136.12	160.60	160.68	162.95	2.3
批发和零售业	149.37	160.65	159.85	151.34	172.26	178.76	4.7
交通运输、仓储和邮政业	110.20	111.86	114.82	129.92	125.55	133.17	3.7
住宿和餐饮业	29.24	23.26	19.83	20.22	21.29	25.52	15.0
信息传输、软件和信息技术服务业	9.71	11.79	12.35	13.12	14.60	16.42	13.4
金融业	78.43	84.19	86.80	100.19	107.42	112.54	8.9
房地产业	70.11	78.14	87.42	108.28	75.77	75.82	-1.1
租赁和商务服务业	22.86	22.26	23.45	27.37	34.20		
科学研究和技术服务业	22.34	25.49	23.68	23.57	28.24		
水利、环境和公共设施管理业	15.82	16.05	13.52	14.72	18.19		
居民服务、修理和其他服务业	8.03	8.77	9.74	13.19	13.55		
教育	34.71	38.64	37.36	40.70	42.74		
卫生和社会工作	33.83	36.20	33.94	36.91	43.61		
文化、体育和娱乐业	9.33	10.77	7.23	9.99	16.53		
公共管理、社会保障和社会组织	57.35	60.99	61.57	72.44	76.09		
第一产业	139.78	145.62	152.92	159.71	158.13	183.75	4.0
第二产业	410.38	475.50	607.65	809.86	935.28	1004.34	10.6
第三产业	697.06	741.35	749.92	811.48	856.60	912.67	6.5
按构成分							
劳动者报酬	760.63	712.67	759.25	856.37	914.60		
生产税净额	119.70	159.84	176.97	185.35	362.27		
固定资产折旧	249.64	332.91	258.33	268.58	300.40		
营业盈余	117.24	157.05	315.95	470.75	372.75		

注:2023年比2022年增长速度按可比价计算。

1-18 县（区）地区生产总值

单位:万元

年 份	定海区	普陀区	岱山县	嵊泗县
1979	13933	17038	8179	3530
1980	16064	20366	8454	4136
1985	40932	50371	27465	12182
1986	46730	55957	31164	15121
1987	58553	70249	37915	20488
1988	75345	91014	41963	27776
1989	82826	87570	42739	24272
1990	84010	89415	43972	29191
1991	103156	101664	53180	33037
1992	125665	115537	61292	38931
1993	172819	140984	79616	47941
1994	245268	185062	115470	69786
1995	293724	231145	142036	85900
1996	319328	261710	154981	99283
1997	363358	288612	168688	113025
1998	394789	305782	226510	120292
1999	428428	340533	193011	131937
2000	482320	383640	217255	144921
2001	535042	433305	239435	154654
2002	622004	490209	269662	190346
2003	759618	569074	308618	234083
2004	939938	716219	370560	288344
2005	1162999	885673	451578	322242
2006	1403165	1084975	544699	369444
2007	1727231	1349822	667606	441094
2008	2088367	1642902	852576	535694
2009	2120645	1705955	1032590	530565
2010	2501635	1926718	1043161	579030
2011	2903951	2243119	1199665	515047
2012	3148120	2492061	1278588	572851
2013	3435661	2696459	1389333	634032
2014	3695185	2912998	1453342	706040
2015	3884636	3045722	1501104	768192
2016	4383908	3633687	1670027	894822
2017	4701351	3781229	1856256	976921
2018	5237643	4103288	2015045	1050818
2019	5629897	4380465	2477736	1136930
2020	5508134	4204657	4242233	1149873
2021	6371123	4001251	6253024	1185044
2022	6681463	4212551	7304653	1301373
2023	6987284	4565114	8047289	1420178

1-19 历年年末常住人口

单位:万人

地　区	2012 年	2013 年	2014 年	2015 年	2016 年	2017 年	2018 年	2019 年	2020 年	2021 年	2022 年	2023 年
全市	114.1	114.5	115.0	115.6	116.4	117.1	117.3	116.5	115.9	116.5	117.0	117.3
定海	47.82	48.31	48.70	49.02	49.36	49.42	49.74	49.76	50.00	50.35	50.70	50.85
普陀	38.64	38.67	38.81	38.97	39.12	39.31	39.20	38.97	38.37	38.46	38.55	38.61
岱山	20.06	19.95	20.06	20.20	20.56	21.16	21.31	20.86	20.84	20.98	21.15	21.34
嵊泗	7.58	7.57	7.43	7.41	7.36	7.21	7.05	6.91	6.69	6.71	6.60	6.50

1-20 历年年末城镇化率

单位:%

地　区	2012 年	2013 年	2014 年	2015 年	2016 年	2017 年	2018 年	2019 年	2020 年	2021 年	2022 年	2023 年
全市	65.2	65.9	66.7	67.8	68.8	69.5	70.1	71.2	71.9	72.2	73.2	74.0
定海	67.8	68.6	69.6	70.9	72.2	72.9	73.8	75.3	75.9	76.2	77.2	77.5
普陀	63.8	64.4	65.1	66.1	66.9	67.6	68.0	68.5	69.6	69.9	70.6	71.6
岱山	62.5	63.3	63.9	64.9	65.7	66.7	67.0	68.5	68.7	69.0	70.5	71.8
嵊泗	63.1	63.1	63.6	64.1	64.5	64.6	65.0	65.3	65.6	65.9	66.6	67.6

1-21 历年总户数和总人口数

年 份	总户数(户)	总人口(人)				
		合 计	按性别分		按地域分	
			男 性	女 性	城 镇	农 村
1950	102336	460677	234707	225970		460677
1960	135137	638165	324461	313704	118883	519282
1964	146688	701003	355715	345288	111899	589104
1965	148968	721357	366354	355003	114545	606812
1966	149297	738021	374761	363260	115639	622382
1967	155560	758251	381363	376888	128790	629461
1968	160200	768776	390307	378468	130988	637788
1969	164444	782593	397536	385057	133146	649447
1970	165039	787406	400324	387082	131928	655478
1971	170474	809495	411525	397970	131818	677677
1972	177733	821895	417585	404310	131689	690206
1973	184411	833888	423630	410258	131214	702674
1974	190274	841641	426897	414744	131811	709830
1975	195382	851207	431375	419832	132738	718469
1976	206747	858233	435123	423110	149277	708956
1977	214063	866286	438994	427292	150310	715976
1978	222711	871602	441849	429753	152721	718881
1979	228109	880559	446292	434267	160258	720301
1980	233216	888818	450001	438817	166320	722498
1981	250563	900379	456213	444166	173560	726819
1982	253347	911481	461711	449770	174931	736550
1983	260950	920453	466096	454357	190493	729960
1984	272043	927097	469543	457554	205090	722007
1985	283047	934608	473516	461092	313606	621002
1986	293369	941887	478075	463812	338713	603174
1987	305796	951628	483331	468297	384461	567167
1988	322254	959963	487670	472293	389720	570243
1989	330132	966570	491135	475435	398838	567732
1990	336456	969904	492200	477704	402733	567171
1991	339181	973515	493703	479812	406354	567161
1992	339016	976278	494920	481358	540343	435935
1993	340244	978800	496055	482745	699386	279414
1994	341055	979890	496250	483640	701887	278003
1995	342085	982763	496615	486148	724050	258713
1996	338961	984684	498055	486629	751042	233642
1997	340201	985827	497909	487918	754933	230894
1998	344381	985447	497153	488294	757809	227638
1999	345215	984216	496476	487740	761032	223184
2000	349371	984104	495715	488389	766771	217333
2001	351224	981014	493582	487432	906444	74570
2002	353246	977557	491596	485961	906441	71116
2003	356414	971219	488193	483026	901985	69234
2004	357245	969145	487028	482117	900404	68741
2005	359233	967250	485397	481853	898462	68788
2006	364463	965756	484393	481363	897115	68641
2007	365560	966923	484492	482431	898258	68665
2008	366729	967659	483922	483737	901826	65833
2009	366895	967721	483692	484029	902056	65665
2010	367176	967710	483137	484573	902189	65521
2011	367593	969870	483046	486824	904562	65308
2012	367244	971760	483030	488730	906744	65016
2013	367815	973054	482945	490109	940754	32300
2014	367281	974892	482758	492134	942703	32189
2015	366720	973632	481217	492415	538056	435576
2016	367051	973262	480492	492770	487285	485977
2017	368888	971491	478873	492618	501943	469548
2018	372082	968983	477284	491699	518507	450476
2019	374330	965990	475633	490357	527389	438601
2020	376073	962028	473521	488507	561440	400588
2021	377786	956687	470476	486211	571142	385545
2022	379469	952213	467887	484326	578882	373331
2023	380308	946117	464091	482026	578460	367657

注:1.2015 年起,按照《国务院关于进一步推进户籍制度改革的意见》(国发[2014]25 号)要求统一城乡户口登记,公安人口数不再区分户籍。

2.2015 年起,按地域划分标准口径调整,均与往年不可比,下同。

1-22 历年人口变动情况

单位:人

年 份	年平均人 口	出生 人 数	出生 出生率(‰)	死亡 人 数	死亡 死亡率(‰)	自然增长 人 数	自然增长 自然增长率(‰)
1950	454965	23549	51.8	12122	26.6	11427	25.11
1955	523301	19449	37.2	5689	10.9	13760	26.29
1960	628484	20388	32.7	5201	8.30	15187	24.37
1961	644699	11252	17.5	4410	6.80	6842	10.61
1964	693816	27229	39.2	6171	8.90	21058	30.35
1965	716680	26917	37.8	5979	8.40	20938	29.44
1966	735189	23870	32.7	5491	7.50	18379	25.19
1967	748136	22440	30.0	5373	7.20	17067	22.81
1968	763514	21494	28.2	4626	6.10	16868	22.09
1969	775685	20432	26.1	4283	5.50	16149	20.65
1970	785000	20285	25.8	4645	5.90	15640	19.92
1971	798451	20651	25.9	4881	6.10	15770	19.75
1972	815695	18955	23.2	4970	6.10	13985	17.14
1973	827892	16690	20.2	4835	5.80	11855	14.32
1974	837765	13011	15.5	5135	6.10	7876	9.40
1975	846424	13182	15.6	5241	6.20	7941	9.38
1976	854720	12208	14.3	4931	5.80	7277	8.51
1977	862260	12064	14.0	5374	6.20	6690	7.76
1978	868944	12465	14.3	5243	6.00	7222	8.31
1979	876081	13832	15.8	5306	6.10	8526	9.73
1980	884689	10302	11.7	5592	6.30	4710	5.33
1981	894599	15678	17.5	5651	6.30	10027	11.21
1982	905930	18100	20.0	5777	6.40	12323	13.60
1983	915967	14262	15.5	6233	6.80	8029	8.77
1984	923775	13306	14.4	5590	6.10	7716	8.35
1985	930853	12669	13.6	5830	6.30	6839	7.35
1986	938248	14485	15.4	5754	6.10	8731	9.31
1987	946758	15958	16.9	5840	6.20	10118	9.92
1988	955796	13306	13.9	5950	6.20	7356	7.70
1989	963267	13313	13.8	5888	6.10	7425	7.71
1990	968237	11516	11.9	5967	6.20	5549	5.73
1991	971710	9648	9.90	5628	5.80	4020	4.14
1992	974897	10335	10.60	5869	6.00	4466	4.58
1993	977539	9055	9.30	6146	6.30	2909	2.98
1994	979345	8117	8.30	6310	6.40	1807	1.85
1995	981327	8456	8.60	6089	6.20	2367	2.41
1996	983724	8601	8.70	6113	6.20	2488	2.53
1997	985256	7908	8.00	6180	6.30	1728	1.75
1998	985637	6960	7.10	6437	6.50	523	0.53
1999	984832	6931	7.04	6252	6.35	679	0.69
2000	984160	7605	7.73	6605	6.71	1000	1.02
2001	982559	6226	6.34	6259	6.37	-33	-0.03
2002	979285	6085	6.22	6390	6.53	-305	-0.31
2003	974388	6000	6.16	6899	7.08	-899	-0.92
2004	970182	6465	6.66	6201	6.39	264	0.27
2005	968198	6592	6.81	6783	7.01	-191	-0.20
2006	966503	6037	6.25	6608	6.84	-571	-0.59
2007	966340	6783	7.02	6579	6.81	204	0.21
2008	967291	6739	6.96	7559	7.81	-820	-0.85
2009	967690	6283	6.49	7281	7.52	-998	-1.03
2010	967716	6538	6.76	7707	7.96	-1169	-1.21
2011	968790	6244	6.45	6918	7.14	-674	-0.70
2012	970815	7630	7.86	7750	7.98	-120	-0.12
2013	972407	6622	6.81	6850	7.04	-228	-0.23
2014	973973	7506	7.70	7116	7.31	390	0.4
2015	974262	5990	6.14	7309	7.50	-1319	-1.35
2016	973447	6515	6.69	6631	6.96	-116	-0.12
2017	972376	7285	7.49	8790	9.04	-1505	-1.55
2018	970237	6011	6.20	7532	7.76	-1521	-1.57
2019	967487	5748	5.94	7172	7.41	-1424	-1.47
2020	964009	4830	5.01	7807	8.10	-2977	-3.09
2021	959358	3811	3.97	7902	8.24	-4091	-4.26
2022	954450	3431	3.59	7846	8.22	-4415	-4.63
2023	949165	3241	3.41	9472	9.98	-6231	-6.56

1-23 人口增长及分县（区）人口情况

（2023年）

项目	单位	2023年	2023年分县（区）				
			市区	定海	普陀	岱山	嵊泗
一、总户数	户	**380308**	**276175**	**164493**	**111682**	**74624**	**29509**
二、总人口	人	**946117**	**710571**	**404677**	**305894**	**165094**	**70452**
按性别分							
男	人	464091	348379	197805	150574	81445	34267
女	人	482026	362192	206872	155320	83649	36185
性别比(女=100)	%	96.28	96.19	95.62	96.94	97.37	94.70
按年龄分							
0–17岁	人	104288	89343	58208	31135	10280	4665
18–34岁	人	128644	97514	57242	40272	21050	10080
35–59岁	人	388970	295067	167800	127267	65049	28854
60岁及以上	人	324215	228647	121427	107220	68715	26853
三、城镇及街道人口	人	**578460**	**446656**	**285926**	**160730**	**91709**	**40095**
占总人口比重	%	61.14	62.86	70.66	52.54	55.55	56.91
四、人口自然变动							
出生人数	人	3241	2698	1654	1044	393	150
死亡人数	人	9472	6790	3632	3158	1977	705
自然增长人数	人	-6231	-4092	-1978	-2114	-1584	-555
人口自然增长率	‰	-6.56	-5.75	-4.89	-6.88	-9.51	-7.82
五、人口机械变动							
本年迁入	人	5716	5042	4098	944	536	138
#省外	人	3125	2708	2095	613	357	60
本年迁出	人	5589	3004	2129	875	1898	687
#省外	人	1556	1219	849	370	220	117
净迁出	人	-127	-2038	-1969	-69	1362	549

1-24 乡镇和街道人口

（2023 年）

县(区)	所辖街道、镇(乡)	所辖居委会、村委会	年末户籍人口（人）
定海区	城东街道	社区居委会 15 个：檀香、檀东、畚金、颐景园、桔北、桔南、东园、昌东、紫竹、檀树、港北、港南、鸿毛湾、小洋岙、阳光园；村委会 4 个：洞桥、小碶、胜利、大洋岙	50938
	环南街道	社区居委会 10 个：卫海、利民、蓬莱、海滨、东山、南珍、西园、晓峰、竹山、海山；村委会 3 个:盘峙、五联、大猫	31647
	昌国街道	社区居委会 14 个：虎山、西山、西安、东管庙、留方、北园、合源、香园、开源、文昌、翁山、西管庙、金寿、文慧；村委会 3 个：义桥、城北、东湾	52923
	临城街道	社区居委会 15 个:翁洲、吴榭、桃湾、长峙、舟中、锦湾、南海、甬金、如心、金鸡山、田螺峙、中湾、马鞍、蕙兰、海悦；村委会 8 个:惠民桥、王家墩、东蟹峙、三官堂、黄土岭、甬东、甬庆、毛竹山	60937
	千岛街道	社区居委会 11 个:万阳、荷花、星岛、海宇、桂花城、怡岛、绿岛、泽普、红茅山、富都、合兴；村委会 2 个:高峰、城隍头	45965
	盐仓街道	社区居委会 3 个：塔山、惠舟、翁沁；村委会 5 个：叉河、虹桥、兴舟、昌洲、新螺头	19047
	小沙街道	村委会 10 个：东风、毛峙、青岙、光华、庙桥、大沙、增辉、后岸、前湾、三龙	18288
	岑港街道	社区居委会 1 个：桃花苑；村委会 9 个：桥头、涨次、司前、烟墩、坞垳、马目、南岙、桃夭门、册北	16823
	马岙街道	村委会 6 个：三江、五一、马岙、团结、北海、三星	8936
	双桥街道	村委会 6 个:临港、石礁、桥头施、南山、浬溪、紫微	17051
	金塘镇	村委会 13 个：山潭、东堠、西堠、沥平、大观、新丰、大浦、河平、柳行、仙居、穆岙、和建、海港	37852
	白泉镇	社区居委会 2 个：万金湖、兴泉；村委会 14 个：和平、潮面、繁强、白泉、金山、柯梅、河东、米林、皋泄、洪家、星塔、星马、小展、新港	35000
	干礅镇	社区居委会 1 个：滨港；村委会 6 个：青龙、新建、龙潭、东升、西码头、双庙	9270

1-24 续表 1

县(区)	所辖街道、镇(乡)	所辖居委会、村委会	年末户籍人口(人)
普陀区	沈家门街道	社区居委会 20 个:新街、教场、小蒲湾、西河、大蒲湾、海星、中洲、茶湾、墩头、中兴、大干、鲁东、鲁西、荷东、荷外、西大、东大、中大、泗湾、小干;村委会 14 个:马峙、大干、鲁家峙、平阳浦、中弄、东岙、大山、教场、蒲湾、泗湾、蚂蚁岛、大岙、竹东、沙头	79815
普陀区	东港街道	社区居委会 10 个:文康、安康、莲安、中昌、灵秀、兴普、浦西、和津、新北、莲洋;村委会 10 个:葫芦、永兴、陈家后、塘头、南岙、芦花、蒲岙、曙光、浦东、红旗	70902
普陀区	朱家尖街道	社区居委会 1 个:福兴;村委会 12 个:顺母新、西岙、中欣、莲兴、莲花、南沙、三和、白沙港、大洞岙、莲和、新桉、沙湾	28655
普陀区	展茅街道	社区居委会 1 个:沙井;村委会 8 个:横街、螺门、茅洋新、大展、沙井、黄杨尖、梁横、晓辉	20574
普陀区	六横镇	社区居委会 5 个:东靖、蟑螂山、棕榈湾、新民、台门;村委会 30 个:峧头新、石柱头、龙山新、大脉坑、山西、嵩山、积峙、五星、滚龙岙、双塘新、礁潭新、高峰、台门、田岙、梅峙、小湖、小郭巨、平峧、苍洞、悬山、双屿港、和润、岑夏、杜庄、青联、青山、佛渡、洋山新、张家塘新、沙浦新	59995
普陀区	桃花镇	社区居委会 1 个:公前;村委会 7 个:公前、盐厂、茅山、沙岙、塔湾、对峙、青龙	15228
普陀区	虾峙镇	社区居委会 1 个:灵和;村委会 6 个:黄石、湖泥、晨港、兴港、灵和、东晓	20325
普陀区	东极镇	村委会 1 个:东极	5299
普陀区	普陀山镇	社区居委会 4 个:合兴、中山、白华、龙沙	5101

1-24 续表 2

县(区)	所辖街道、镇(乡)	所辖居委会、村委会	年末户籍人口(人)
岱山县	高亭镇	社区居委会 10 个:山外、浪激渚、沙涂、安澜、蓬莱、兰亭、闸口、育才、嘉和、竹屿;村委会 21 个:高亭一、高亭二、大岙二、闸口二、大峧山、东海、大岙一、闸口一、小蒲门、大蒲门、江南、南峰、黄官泥岙、板井潭、枫树、石马岙、渔山、官山、塘墩、南浦、大峧	60098
	东沙镇	社区居委会 2 个:东沙、桥头;村委会 3 个:泥峙、司基、桥头	14868
	衢山镇	社区居委会 1 个:瀛洲;村委会 30 个:岛斗、幸福、岛扎、小衢、黄泽、皇坟、枕头山、三弄、太平、塘岙、打水、黄沙、桂花、樟木山、沙塘、沼潭、四平、渔耕碗、石子门、涨网套、凉峙、马足、龙潭、乍浦门、万南、万北、鼠浪、田涂、东岙、高涂	46929
	长涂镇	村委会 4 个:东剑、倭井潭、港南、长西	10680
	岱西镇	村委会 8 个:青黑、后岸、前岸、摇星浦、茶前山、双合、海丰、火箭	13331
	岱东镇	村委会 5 个:涂口、北峰、沙洋、龙头、虎斗	12678
	秀山乡	村委会 3 个:秀东、秀南、秀北	6510
嵊泗县	菜园镇	社区居委会 4 个:东海、沙河、菜圃、海滨;村委会 9 个:基湖、高场湾、青沙、关岙、石柱、小关岙、马迹、金平、绿华	29891
	嵊山镇	村委会 4 个:壁下、箱子岙、陈钱山、泗洲塘	7636
	洋山镇	社区居委会 4 个:城东、圣港、滨海、雄洋;村委会 1 个:滩浒	11330
	五龙乡	村委会 4 个:边礁、黄沙、田岙、会城	4391
	黄龙乡	村委会 4 个:南港、北岙、大岙、峙岙	7868
	枸杞乡	村委会 5 个:龙泉、干斜、里西、东昇、奇观	7486
	花鸟乡	村委会 2 个:花鸟、灯塔	1850

1-25 生育情况

年份	一孩率（%）	二孩及多孩		育龄妇女人数（人）	已婚育龄妇女人数（人）
		出生人数（人）	二孩及多孩率（%）		
1980	64.83	3624	35.17		138497
1985	69.20	3806	30.80	262830	179713
1990	84.09	1821	15.91	280180	213049
1995	87.63	1029	12.36	277735	226501
1999	93.23	461	6.77	285373	231506
2000	93.67	453	6.33	289329	233374
2001	93.82	379	6.18	285746	231727
2002	93.85	379	6.14	287059	230926
2003	94.03	333	5.97	295431	230819
2004	94.66	345	5.34	291096	231998
2005	93.88	363	6.12	286842	226131
2006	94.41	331	5.59	282672	221872
2007	94.40	368	5.60	276572	218192
2008	93.89	393	6.10	265520	213371
2009	92.42	465	7.58	261893	209000
2010	91.45	510	8.55	258681	205133
2011	90.08	625	9.92	255169	201949
2012	88.43	862	11.57	254645	201687
2013	85.78	863	14.22	250244	198176
2014	83.92	1165	16.08	240675	190281
2015	77.09	1397	22.92	234042	173939
2016	72.00	2075	28.00	226661	168344
2017	64.81	2379	35.19	226381	171104
2018	63.86	2011	35.16	221024	167214
2019	64.70	1984	35.30	214097	160447
2020	66.34	1438	33.66	206964	152928
2021	68.65	1179	31.35	199156	144704
2022	71.18	946	28.82	191952	137025
2023	73.04	807	26.96	186115	129976

1-26 全社会就业人员数

单位:万人

年 份	舟山市	定海区	普陀区	岱山县	嵊泗县
2007	58.67	24.30	18.86	11.40	4.11
2008	60.52	24.74	19.75	11.81	4.22
2009	62.26	25.00	20.28	12.63	4.35
2010	63.49	26.78	20.56	11.90	4.25
2011	64.80	27.80	21.05	11.95	4.00
2012	67.98	29.28	22.50	12.00	4.20
2013	67.78	29.60	22.01	11.95	4.22
2014	69.64	30.40	22.63	12.21	4.40
2015	70.53	30.81	22.83	12.33	4.56
2016	71.00	30.90	23.10	12.50	4.50
2017	71.25	31.06	22.59	13.24	4.36
2018	71.36	31.12	22.54	13.37	4.33
2019	71.57	31.20	22.60	13.43	4.34
2020	72.14	31.34	22.34	14.10	4.36
2021	72.52	31.49	22.36	14.31	4.36
2022	72.38	31.29	21.98	14.81	4.30
2023	72.87	31.31	22.04	15.22	4.30

注:2007-2019 年就业人数按照人口普查数据进行了修订。

1-27 分三次产业就业人员数

单位:万人

年 份	舟山市	第一产业	第二产业	第三产业
2007	58.67	12.40	21.09	25.18
2008	60.52	12.02	21.87	26.63
2009	62.26	11.73	22.42	28.11
2010	63.49	11.27	22.93	29.29
2011	64.80	10.66	23.35	30.79
2012	67.98	10.43	25.03	32.52
2013	67.78	10.01	25.20	32.57
2014	69.64	9.84	26.12	33.68
2015	70.53	9.36	27.52	33.65
2016	71.00	9.12	29.01	32.87
2017	71.25	8.80	30.23	32.22
2018	71.36	8.36	30.67	32.33
2019	71.57	8.02	30.88	32.67
2020	72.14	7.56	31.33	33.25
2021	72.52	7.51	31.94	33.07
2022	72.38	7.35	33.09	31.94
2023	72.87	7.99	33.29	31.59

注:分三次产业就业人数由浙江省统计局统一测算。

1-28 劳 动 就 业

单位:人

年 份	登记失业人员再就业合 计	安 置 去 向			
		国有单位	集体单位	个体经济单位	其 他
1978	4987	1205	3682		100
1980	5077	1500	1973	153	1451
1985	2453	863	870	94	626
1990	2295	1381	893	15	6
1995	2242	1434	496	256	56
2000	4341	1091	759	2088	403
2003	5489	593	848	2831	1217
2004	5667	492	893	3259	1023
2005	5770	542	561	1031	3636
2006	5334	431	519	1408	2976
2007	5654				
2008	3982				
2009	3924				
2010	6019				
2011	4450				
2012	4630				
2013	4695				
2014	4005				
2015	3598				
2016	4635				
2017	4811				
2018	5817				
2019	5047				
2020	4355				
2021	4037				
2022	7850				
2023	5751				

注:2007 年起,不再开展就业安置。

1-29 失 业 情 况

单位:人

指 标	2010 年	2013 年	2014 年	2015 年	2016 年	2017 年	2018 年	2019 年	2020 年	2021 年	2022 年	2023 年
登记失业人员数	5985	6160	6147	7457	8762	11453	11773	9025	7603	7431	5259	6428
按文化程度分												
高中及以上	2834	3459	3092	4552	6009	6786	7028					
初中及以下	3151	2701	3055	2905	2753	4667	4745					
按性别分												
男	1689	2233	2145	2393	3250	4221	3529	2506	2449	2604	2033	2487
女	4296	3927	4002	5064	5512	7232	8244	6519	5154	4827	3226	3941
失业人员中失业青年	879	775	885	2797	2795	2153	2995					
登记失业率(%)	2.90	2.70	2.71	2.91	2.98	2.62	2.47	1.76	1.55	1.56	1.40	

1-30 主要年份城镇职工离休、退休、退职人数

单位:人

年 份	合 计	离 休	退 休
1990	16092	1031	14446
1993	19333	1280	17348
1994	21111	1848	18496
1995	21305	1151	19412
1996	19563	1084	17924
1997	21715	1038	20020
1998	30682	1027	29034
1999	23608	1122	21676
2000	23040	931	21482
2001	30582	924	27897
2002	33063	890	30177
2003	35548	874	32720
2004	37972	859	36237
2005	42044	807	41237
2006	37515	354	37161
2007	41421	338	41083
2008	44376	321	44055
2009	47505	306	47199
2010	49653	287	49366
2011	56684	270	56414
2012	60956	299	60657
2013	78938	243	78695
2014	83769	200	82712
2015	176860	172	176688
2016	197206	140	197066
2017	212727	125	212602
2018	229834	105	229729
2019	243232	85	243147
2020	253761	77	253684
2021	253375	60	253315
2022	259405	49	259356
2023	266754	35	266719

注:2005 年起,不再单独统计退职人员,退休人员中含退职人员数。

1-31 规模以上工业企业景气指数

（景气指数临界值=100）

指 标 名 称	一季度	二季度	三季度	四季度
2014 年规模以上工业企业景气指数	119.7	120.2	124.5	120.4
2015 年规模以上工业企业景气指数	113.7	114.5	113.5	119.2
2016 年规模以上工业企业景气指数	109.0	109.7	108.7	110.7
2017 年规模以上工业企业景气指数	127.3	127.9	119.0	120.1
2018 年规模以上工业企业景气指数	122.8	127.6	126.6	132.0
2019 年规模以上工业企业景气指数	130.5	127.3	128.6	134.3
2020年规模以上工业企业景气指数	100.4	114.9	129.4	126.2
2021 年规模以上工业企业景气指数	136.6	132.3	124.5	126.9
2022 年规模以上工业企业景气指数	125.5	126.5	126.5	122.6
2023 年规模以上工业企业景气指数	132.8	129.1	127.3	128.2

1-32 规模以上工业企业家信心指数

（信心指数临界值=100）

指 标 名 称	一季度	二季度	三季度	四季度
2014 年规模以上工业企业家信心指数	116.8	120.4	122.1	116.4
2015 年规模以上工业企业家信心指数	96.6	114.5	96.2	93.9
2016 年规模以上工业企业家信心指数	98.5	103.4	92.9	100.3
2017 年规模以上工业企业家信心指数	114.5	113.7	115.4	115.4
2018 年规模以上工业企业家信心指数	122.0	127.4	128.5	132.5
2019 年规模以上工业企业家信心指数	130.7	127.1	128.0	132.6
2020年规模以上工业企业家信心指数	96.3	116.0	128.5	127.8
2021 年规模以上工业企业家信心指数	136.6	131.4	125.5	127.8
2022 年规模以上工业企业家信心指数	126.5	126.5	126.2	123.2
2023 年规模以上工业企业家信心指数	135.5	131.7	128.6	129.3

1-33 浙江自贸试验区舟山片区发展主要指标

指标	计量单位	2020年	2021年	2022年	2023年
一、企业注册情况					
新增注册企业数	家	7357	8954	6725	4728
其中：内资企业	家	7298	8909	6687	4695
内资企业注册资本	亿元	870.75	696.10	860.59	540.03
外商投资企业	家	59	45	38	33
外商投资企业注册资本	亿元	50.27	52.05	183.02	18.15
其中：新增油品企业	家	1880	1696	2432	2175
新增油品企业注册资本	亿元	455.86	390.57	652.21	359.41
二、进出口情况					
外贸货物进出口总额	亿元	1236.19	1950.93	3021.76	3094.44
其中：进口	亿元	947.33	1433.59	2121.85	2285.84
其中：油品	亿元	639.25	969.50	1819.76	1984.91
其中：出口	亿元	288.86	517.34	899.91	808.59
其中：油品	亿元	233.86	475.54	836.61	713.57
口岸进出口总额	亿元	393.71	555.58	449.67	453.77
其中：进口	亿元	352.44	535.89	430.06	419.92
其中：铁矿砂及其精矿	亿元	278.99	463.12	352.79	327.48
其中：出口	亿元	41.27	19.69	19.61	33.84
三、利用外资情况					
合同外资	万美元	90734	79385	255942	37106
实际利用外资	万美元	23458	26405	26936	26558
办结境外投资项目	个	2		6	8
中方协议投资额	万美元	11050	2675	1046	1018
四、船用燃料油加注情况					
船用燃料油直供量	万吨	472.39	552.17	602.49	704.64
其中:本港直供量	万吨	288.10	276.65	276.22	324.89
跨关区直供量	万吨	184.29	275.52	326.27	379.75
船用燃料油调拨量	万吨	366.38	318.29	254.34	347.37
船用燃料油结算量	万吨	848.88	1100.17	1183.19	1110.80
五、金融					
银行机构数	家	70	74	74	72
银行机构营业收入	亿元	39.67	52.22	56.81	65.86
融资租赁企业数	家	277			
人民币贷款余额	亿元	1160.87	1593.70	1872.60	2149.25
跨境人民币结算量	亿元	1048.33	1038.65	249.72	747.12
六、港口					
港口货物吞吐量	万吨	23853	26506	26581	26947
其中：铁矿石	万吨	12248	12967	13026	13313
石油	万吨	2126	2642	3671	4848
集装箱吞吐量	标箱	271691	346805	572657	693325
七、科技					
新增专利授权	个	365	549	622	483
高新技术企业	家	59	70	70	101
高新技术企业营业收入	亿元	29.59	37.87	30.56	2706.08
八、四上企业经营情况					
规模以上工业总产值	亿元	806.87	1485.73	2411.71	2662.02
限额以上批发业销售额	亿元	2834.65	3452.91	4153.80	5675.87

主要统计指标解释

国内生产总值（GDP） 指按市场价格计算的一个国家所有常住单位在一定时期内生产活动的最终成果。国内生产总值有三种表现形态，即价值形态、收入形态和产品形态。从价值形态看，它是所有常住单位在一定时期内生产的全部货物和服务价值与同期投入的全部非固定资产货物和服务价值的差额，即所有常住单位的增加值之和；从收入形态看，它是所有常住单位在一定时期内创造并分配给常住单位和非常住单位的初次收入之和；从产品形态看，它是所有常住单位在一定时期内最终使用的货物和服务价值与货物和服务净出口价值之和。在实际核算中，国内生产总值有三种计算方法，即生产法、收入法和支出法。三种方法分别从不同的方面反映国内生产总值及其构成。

对于一个地区来说，称为地区生产总值或地区 GDP。

三次产业 根据国家统计局《三次产业划分规定》和《国民经济行业分类》(GB/T4754-2017)，我国的三次产业划分是：

第一产业是指农、林、牧、渔业（不含农、林、牧、渔专业及辅助性活动业）。

第二产业是指采矿业（不含开采专业及辅助活动），制造业（不含金属制品、机械和设备修理业），电力、热力、燃气及水生产和供应业，建筑业。

第三产业即服务业，是指除第一、二产业以外的其他行业。

当年价格 指报告期的实际价格，如工厂的出厂价格，农产品的收购价格，商业的零售价格等。按当年价格计算，是指一些以货币表现的物量指标，如工农业总产值、国内生产总值等，按照当年的实际价格来计算总量。使用当年价格计算的数字，是为了使国民经济各项指标互相衔接，便于考察当年社会经济效益，便于对生产和流通，生产和分配，生产和消费进行经济核算和综合平衡。

按当年价格计算的价值指标，在不同年份之间进行对比时，因为包含有各年间价格变动的因素，不能确切地反映实物量的增减变动。必须消除价格变动因素后，才能真实反映经济发展动态。因此，在计算增长速度时都使用按可比价格计算的数字。

可比价格 指在不同时期的价格指标对比时，扣除了价格变动的因素，以确切表示物量的变化。按可比价格计算有两种方法：一种是直接按产品产量乘其不变价格计算；一种是用物价指数换算。

不变价格 用某一时期的同类产品的平均价格作为固定价格，来计算各个时期的产品价格。新中国成立后，随着工农业产品价格水平的变化，国家统计局制定了全国统一的工业产品不变价格和农业产品不变价格，从 1949 年到 1957 年使用 1952 年不变价格，从 1957 年到 1971 年使用 1957 年不变价格，从 1971 年到 1981 年使用 1970 年不变价格，从 1981 年到 1990 年使用 1980 年不变价格，从 1990 年到 1999 年使用 1990 年不变价格，2000 年及以后采用的是物价指数换算。

本《年鉴》所列“国内生产总值指数”是按可比价格计算的。如计算有关年份产值增长情况，可用指数直接进行对比。

平均每年增长速度 在我国计算平均速度有两种方法，一种是习惯上经常使用的“水平法”，又称几何平均法，是以间隔期最后一年的水平同基期水平对比来计算平均每年增长（或下降）速度的。另一种是“累计法”，又称代数平均法或方程法，是以间隔期内各年水平的总和同基期水平对比来计算平均每年增长（或下降）速度的。

在一般正常情况下，两种方法计算的平均每年增长速度比较接近，但在经济发展不平衡，出现大起大落时，两种方法的结果差别较大。

本《年鉴》内所列的平均每年增长速度，除固定资产投资用“累计法”计算外，其余都是用“水平法”计算的。

常住人口数 指户口在本村（居）委会，居住在本村（居）委会的人口，或者户口不在本村（居）委会，居住在本村（居）委会半年以上的人口。计算方法为：用本村（居）委会户籍人口数，加上外来半年以上人口，减去外出半年以上人口数。

性别比 指在总人口中或各组年龄人口中男性人数和女性人数之比。计算公式：

$$性别比=\frac{男性人口人数}{女性人口人数}\times 100\%$$

出生率 指一年内平均每千人所出生的人数比例，一般以千分率表示。计算公式：

$$出生率=\frac{全年出生人数}{年平均人数}\times 1000‰$$

出生人数指活产婴儿，即胎儿脱离母体时（不管怀孕月数），有过呼吸或其他生命现象。年平均人数是年初、年末人口数的平均数。

死亡率 指一年内平均每千人所死亡的人数比例，一般以千分率表示。计算公式：

$$死亡率=\frac{全年死亡人数}{年平均人数}\times 1000‰$$

人口自然增长率 指一年内人口自然增长数(出生人数减死亡人数)与平均人数之比例,一般以千分率表示。计算公式:

$$人口自然增长率=\frac{年内出生人数-年内死亡人数}{年平均人数}\times1000‰$$

或

人口自然增长率=人口出生率-人口死亡率

人口密度 指在一定时点一定地区的人口数与该地区的面积数之比,即一定时点的单位土地面积上的人口数,通常以每平方公里的居民人数来表示。计算公式:

$$人口密度=\frac{该地区的人口数}{该地区的土地面积}$$

登记失业人员 指年满16周岁(含)至依法享受基本养老保险待遇,有劳动能力、有就业要求并处于无业状态而进行失业登记的人员。

登记失业率 计算公式:

$$登记失业率=\frac{登记失业人员期末实有人数}{期末从业人员总数+登记失业人员期末实有人数}\times100\%$$

企业家信心指数 亦称宏观经济景气指数,是根据企业决策者对企业外部市场经济环境与宏观政策的认识、看法、判断与预期(对“乐观”“一般”“不乐观”的选择)而编制的指数,反映企业决策者对国家宏观经济发展的信心和预期,是企业决策者对当前宏观经济状况及未来走势的一种感受、体验与期望。

企业景气指数 亦称企业综合生产经营景气指数,是根据企业决策者对本企业当前生产经营情况的判断及未来企业生产经营状况的预期(对“良好”“一般”“不佳”的选择)而编制的指数,是企业决策者对企业生产经营现状及未来景气动向的一种综合评价和判断。

二、渔　业

舟 山 统 计 年 鉴

ZHOUSHAN STATISTICAL YEARBOOK

2-1 渔业基本情况

指　　标	单位	2022 年	2023 年	2023 年分县(区)			
				定 海	普 陀	岱 山	嵊泗
渔业乡镇(街道)	个	28	28	6	11	4	7
渔 业 村	个	166	167	11	71	55	30
渔 业 户	户	67456	67095	4888	24562	21098	16547
渔 业 人 口	人	182693	179607	12349	72124	52622	42512
渔业从业人员	人	98012	98247	12064	47065	23044	16074
1.专业从业人员	人	63699	63762	10241	27795	13701	12025
捕　　捞	人	41281	41769	6236	16299	11284	7950
养　　殖	人	2839	2893	361	736	738	1058
加　　工	人	5361	5188	1642	1612	1065	869
其　　他	人	14218	14150	2002	9148	852	2148
2.兼业从业人员	人	4827	5049	593	2912	484	1030
海水苗种							
1.海水鱼苗数	万尾	4282	2784	174	310	2300	
2.虾类育苗数	亿尾	9.78	6.89	2.60	2.79	1.50	
3.贝类育苗数	万粒	20010	15015		15		15000
4.蟹类育苗数	万只	12385	13214		12214	1000	

2-2 历年渔船拥有量

年　份	机动渔船		
	艘　数 （艘）	总吨位 （吨）	总动力 （万千瓦）
1955	6	208	0.02
1960	695	21202	2.62
1965	1762	57279	8.55
1966	1986	66250	9.71
1967	2211	78251	10.88
1968	2390	87314	11.88
1969	2597	93111	12.52
1970	2730	99121	13.71
1971	2818	109210	14.04
1972	2872	116572	14.93
1973	3030	127155	16.16
1974	3213	135596	17.83
1975	3378	143682	19.40
1976	3512	157867	21.36
1977	3685	168832	23.07
1978	3969	171311	24.75
1979	4243	175255	26.01
1980	4906	198255	31.33
1981	5322	207777	33.54
1982	6022	225637	36.98
1983	6840	230061	38.08
1984	7961	236740	39.27
1985	9170	251001	41.77
1986	10001	275687	44.68
1987	10232	288056	47.75
1988	10252	303089	52.40
1989	10296	308657	58.08
1990	10538	306291	58.85
1991	12088	369467	69.70
1992	12114	417365	80.88
1993	11928	456196	88.91
1994	11552	490473	91.82
1995	12353	635013	115.20
1996	12148	657177	119.48
1997	11991	662076	121.21
1998	11650	719632	131.26
1999	11252	739985	135.74
2000	10910	843338	146.79
2001	10777	892984	152.98
2002	10333	886026	150.99
2003	9841	859367	146.85
2004	9231	826869	141.81
2005	9103	804165	136.99
2006	9107	838470	141.50
2007	8966	849604	141.92
2008	8851	828808	141.71
2009	9091	858778	142.22
2010	8995	871623	141.40
2011	9086	949028	145.22
2012	9132	1059945	156.07
2013	8973	1101121	159.04
2014	8617	1119442	162.48
2015	7758	1147772	162.89
2016	7629	1185040	166.73
2017	7333	1239209	172.58
2018	7286	1274800	182.26
2019	7178	1268296	185.47
2020	7062	1334263	194.81
2021	6583	1265785	180.99
2022	6210	1221353	175.21
2023	5934	1254099	176.88

2-3 历年水产品总产量

单位：吨

年份	总产量	海洋捕捞产量	# 远洋渔业	# 地方渔业	海水养殖	淡水养殖
1955	134117	134021			96	
1960	228071	226978			945	148
1965	303734	302666			1055	13
1966	328516	326711			1801	4
1967	366417	363645			2772	
1968	213071	210295			2776	
1969	203655	201016			2622	16
1970	226408	222734			3633	41
1971	263160	258689			4455	16
1972	343635	338773			4836	26
1973	403025	398955			4032	38
1974	478257	472851			5307	99
1975	401618	397230		375113	4301	87
1976	402632	399238		378521	3265	129
1977	375207	370294		346523	4855	58
1978	487793	483433		447770	4291	69
1979	427894	423308		391873	4516	70
1980	396967	393669		350821	3219	79
1981	394705	392770		340579	1865	70
1982	398273	395143		331225	2982	148
1983	343562	340465		295820	2866	231
1984	400202	396056		335544	3918	228
1985	425917	421172		369071	4379	366
1986	478504	471805		394727	6375	324
1987	504562	495707		406781	8485	370
1988	476960	468109		413821	8564	287
1989	484865	476420		396829	8215	230
1990	532103	521681		440113	10210	212
1991	564647	553379	4200	488361	11045	223
1992	599212	581701	21188	507914	17207	304
1993	607421	587020	26562	532064	19779	622
1994	829952	804066	55163	732973	24910	976
1995	979998	954837	90009	887921	23769	1392
1996	1051796	1023640	102421	960630	26322	1834
1997	1174921	1149830	122576	1059009	22572	2519
1998	1325356	1294077	130621	1233492	28893	2386
1999	1328813	1288244	148752	1271291	37749	2820
2000	1349213	1292967	133644	1261576	51891	4355
2001	1293851	1224524	121484	1202614	63427	5900
2002	1246147	1155486	133024	1128381	83774	6887
2003	1244864	1127861	167936	1075498	109484	7519
2004	1304229	1169981	199907	1092772	126264	7984
2005	1240833	1116988	155224	1072969	115399	8446
2006	1252606	1124255	150584	1085952	119461	8890
2007	1238272	1113420	162628	1085446	115861	8991
2008	1255179	1132727	168601	1085085	113797	8655
2009	1237819	1101987	104249	1074030	127402	8430
2010	1311218	1168065	121791	1133562	134210	8943
2011	1419491	1312186	210599	1280769	98627	8678
2012	1483039	1356921	250539	1336030	115931	10187
2013	1553822	1422453	296598	1400682	122453	8916
2014	1669397	1531380	393499	1495272	130218	7799
2015	1764581	1615022	465211	1562372	141701	7858
2016	1563533	1403241	283394	1378785	151780	8512
2017	1672506	1418229	382269	1387209	242276	12001
2018	1736303	1464072	491268	1431776	262788	9443
2019	1755530	1465530	541963	1440004	285043	4957
2020	1791610	1497763	630509	1469732	292221	1626
2021	1828104	1541289	675146	1510417	285539	1276
2022	1883051	1585106	734644	1534875	297382	563
2023	1956235	1642688	797399	1600492	312962	585

2-4 水 产 品 分

指　　标	1980 年	1985 年	1990 年	1995 年	2000 年	2005 年	2010 年	2014 年	2015 年
合　　计	**396967**	**425916**	**532103**	**979998**	**1349213**	**1240833**	**1311218**	**1669397**	**1764581**
一、海水产品产量	**396888**	**425550**	**531891**	**978606**	**1344858**	**1232387**	**1302275**	**1661598**	**1756723**
1.鱼　　类	360989	346893	418597	596365	818038	660490	723254	704455	725293
#大 黄 鱼	35139	5984	65	5637	327	1936	252	515	623
小 黄 鱼	2786	646	354	13094	56801	26326	46794	52423	55935
带　　鱼	162572	149611	142364	192651	210323	152366	143797	108104	117173
鲳　　鱼	4855	9636	8267	21273	20786	22269	24033	13369	15408
鳓　　鱼	1240	1373	1040	829	335	853	959	334	1665
鲅鱼(马鲛鱼)	925	3054	8049	1312	2673	3754	5085	5189	6427
马 面 鲀	16863	39670	74107	10652	141	2551	2375	1654	782
鲐 鲹 鱼	17539	17488	41120	24554	16021	88610	118837	79285	61962
2.蟹　　类	10882	27485	26638	82435	77834	93799	85600	211409	183904
3.虾　　类	21825	48415	71759	225285	292894	238737	228662	227761	249789
#对　虾	191	1505	3267	1843	5612	7430	11251	7055	7671
4.藻　　类	2568	277	648	3382	3054	2726	1391	2208	2412
#海　带	2430	160	595	3350	3020	1820	870	1150	1850
5.贝壳、头足类	30184	9826	14249	65540	151767	231383	252977	491838	566814
#乌　贼	29560	7346	7582	1102	671	470	868	595	700
二、淡水产品产量	**79**	**366**	**212**	**1392**	**4355**	**8446**	**8943**	**7799**	**7858**
合计中主要作业产量									
灯光围网	16370	16546	15441	18641	15523	77183	127315	82575	70660
机拖虾	1830	11058	51729	316388	368227	235481	200295	257953	265254
底拖网		43034		183572	167958	185133	155638	164077	172451
定置作业	40928	67679		161376	152234	99876	77007	86278	87284

品　　种　　产　　量

单位:吨

2016年	2017年	2018年	2019年	2020年	2021年	2022年	2023年	2023年分县(区)			
								定海	普陀	岱山	嵊泗
1563533	**1672506**	**1736303**	**1755530**	**1791610**	**1828104**	**1883051**	**1956235**	**241830**	**969900**	**299857**	**444648**
1555021	**1660505**	**1726860**	**1750573**	**1789984**	**1826828**	**1882488**	**1955650**	**241697**	**969900**	**299405**	**444648**
697608	697623	702867	679992	643591	617564	623757	656015	83301	242860	174495	155359
740	1110	1196	1697	2669	4529	3950	4184	16	4106	25	37
53646	53084	53972	52001	59945	70642	61566	61342	51	14538	29755	16998
119757	114809	105197	86743	80744	84157	84524	86636	548	30106	44833	11149
21178	24732	22240	21006	26023	21637	20312	22384	80	9785	4431	8088
2925	1187	446	2289	580	1544	787	2474		2295	175	4
7693	7100	6795	6998	4646	8166	10676	8400	117	4733	1390	2160
756	1062	856	725	1510	813	655	901	10	760	125	6
73697	65197	59659	47958	39827	42548	45877	64784		21397	17367	26020
174557	174773	144152	132275	124273	123040	106852	92969	296	22852	57102	12719
248582	218570	221697	219636	198821	199135	208349	216205	15719	132751	46504	21231
13220	18908	77590	57586	46720	52166	54824	58440	5790	34053	16493	2104
2239	4271	4376	4818	5214	7651	6783	10021		4135	4	5882
1376	3766	3470	4318	4687	4601	4520	4080		4080		
357217	517078	598729	408403	767219	808176	864823	900516	130530	508085	21235	240666
739	913	1475	1031	1687	1983	1939	2902	56	1127	1682	37
8512	**12001**	**9443**	**4957**	**1626**	**1276**	**563**	**563**	**131**		**432**	
88544	63756	70202	58811	56181	40266	34972	43937		19128		24809
288474	261125	243897	246206	241028	272342	276351	309087	12302	163842	82962	49981
158972	130884	112585	77117	81303	65720	55189	45782		42580	2541	661
75868	62085	74229	347315	70715	61812	83259	91793	2060	16311	14158	59264

2-5 海 水 养 殖

指 标	1990年	1995年	2000年	2005年	2009年	2010年	2014年	2015年
养殖面积合计(公顷)	**2471**	**3813**	**6753**	**9397**	**7978**	**7813**	**5864**	**5779**
#蛏子	39	298	672	1155	773	788	419	391
贻贝	117	145	332	1124	1644	1645	1251	1404
蛤		380	468	880	804	677	390	398
螺		623	1033	701	323	390	210	148
对虾	2130	1655	1976	2109	1959	1909	989	1165
海带	58	52	42	30	74	87	89	137
紫菜	24	13	12	36	29	26	36	48
养殖产量合计(吨)	**10210**	**23769**	**51891**	**115399**	**127402**	**134210**	**130218**	**141701**
#蛏子	250	2151	8448	16740	11948	12710	11539	10754
贻贝	4940	11244	17369	50528	76330	81201	84214	97629
蛤		3616	5407	9492	10234	10504	7079	6273
螺		271	665	1572	768	799	468	393
对虾	2937	394	930	4741	3887	4279	4569	4907
海带	595	3350	3020	1820	920	870	1150	1850
紫菜	53	32	34	102	86	71	48	43

注:2003年起,螺指标代替原泥螺指标。

面　　积　　和　　产　　量

2016年	2017年	2018年	2019年	2020年	2021年	2022年	2023年	2023年分县(区)			
								定海	普陀	岱山	嵊泗
4254	**4377**	**4401**	**4176**	**3977**	**3926**	**3988**	**4716**	**339**	**1424**	**568**	**2386**
214	309	238	250	239	200	195	199		107	92	
1301	1493	1510	1524	1484	1475	1486	2122		27		2095
204	322	202	235	222	226	262	271	38	77	156	
152	147	86	82	73	61	61	51		7	44	
692	614	814	751	718	711	697	747	273	311	134	29
63	93	72	94	81	101	92	82		82		
37	35	55	8	28	2	4	4		2	2	
151780	**242276**	**262788**	**285043**	**292221**	**285539**	**297382**	**312962**	**3905**	**48497**	**18949**	**241611**
6478	23142	21598	23424	19290	16001	13877	16258		12525	3733	
104020	151367	163183	189702	212964	210458	227297	236780		3910		232870
8564	11369	18905	23347	19623	17056	14860	13846	100	7560	6186	
720	1298	2676	803	2653	2219	2272	2362		74	2288	
9929	14309	17782	13901	9956	9878	10543	11514	3754	4077	3372	311
1376	3766	3470	4318	4687	4601	4520	4080		4080		
118	145	481	120	127	50	63	59		55	4	

2-6 年末渔业

指　　标	单位	2005年	2010年	2012年	2013年	2014年	2015年	2016年
一、机动渔船合计	艘	**9103**	**8995**	**9132**	**8973**	**8617**	**7758**	**7629**
	吨	804165	871623	1059945	1101121	1119442	1147772	1185040
	千瓦	1369940	1414035	1560693	1590375	1624760	1628940	1667303
1.生产渔船	艘	7949	7866	8011	7875	7540	6698	6554
	吨	693750	721038	858661	884277	889549	921806	935650
	千瓦	1202427	1184751	1295725	1306919	1297461	1292314	1297736
2.辅助渔船	艘	1154	1129	1121	1098	1077	1060	1075
	吨	110415	150585	201284	216844	229893	225966	249390
	千瓦	167513	229284	264968	283456	327299	336626	369567
二、捕捞渔船按功率分								
441千瓦以上	艘	223	185	352	349	364	380	437
	吨	75221	77611	177523	194481	203254	222985	246563
	千瓦	115346	109454	220555	246490	260869	286781	323839
184-440千瓦	艘	3927	4162	4018	3857	3887	3822	3597
	吨	515830	590414	632676	633044	643703	661566	638535
	千瓦	882392	959875	966678	943889	946021	935153	885381
44-183千瓦	艘	1459	589	571	569	393	357	448
	吨	87493	38529	33522	41410	29007	27478	39487
	千瓦	164268	70455	60957	69268	48033	42043	61650
43千瓦以下	艘	2128	2532	2632	2647	2192	1449	1353
	吨	14682	13310	13594	13869	11861	8004	9251
	千瓦	38536	41868	43949	43377	37572	23285	21614
捕捞渔船合计	艘	7737	7468	7573	7422	6836	6008	5835
	吨	693226	719864	857315	882804	887825	920033	933836
	千瓦	1200542	1181652	1292139	1303024	1292495	1287262	1292483

生产船只

2017年	2018年	2019年	2020年	2021年	2022年	2023年	2023年分县(区)			
							定海	普陀	岱山	嵊泗
7333	**7286**	**7178**	**7062**	**6583**	**6210**	**5934**	**385**	**2217**	**1639**	**1693**
1239209	1274800	1268296	1334263	1265785	1221353	1254099	210871	627044	317546	98638
1725816	1822601	1854740	1948055	1809923	1752147	1768837	306327	868120	449012	145378
6238	6188	6172	6045	5696	5360	5103	349	1806	1364	1584
959206	1004221	1047878	1102342	1062441	1034412	1047397	190341	502400	266242	88414
1307906	1399620	1471288	1547002	1448027	1405338	1405117	272921	706833	308587	116776
1095	1098	1006	1017	887	850	831	36	411	275	109
280003	270579	220418	231921	203344	186941	206702	20530	124644	51304	10224
417910	422982	383452	401053	361896	346809	363720	33406	161287	140425	28602
486	561	585	649	622	636	702	216	470	14	2
312055	358393	398272	456022	431974	449919	493586	180057	308920	3911	698
420162	523610	596381	690820	640991	662262	722206	257393	457032	6851	930
3253	3201	3232	3127	2962	2737	2488	51	957	1132	348
599541	598498	607965	601458	591736	550112	518488	8222	181121	257382	71763
808084	800710	811729	793631	749390	687271	625894	12367	233627	294225	85675
369	349	274	256	270	237	251	18	86	50	97
34623	34023	26409	22639	24645	20434	22524	1727	8545	3261	8991
50960	47499	33939	29877	31189	26311	27316	2530	9902	4410	10474
1404	1276	1281	1202	963	899	882	64	280	163	375
11019	11343	13152	19812	11028	10426	9956	335	2993	1549	5079
23096	22185	23226	25788	18524	17114	16024	631	4264	2762	8367
5512	5387	5372	5234	4817	4509	4323	349	1793	1359	822
957238	1002257	1045798	1099931	1059383	1030891	1044554	190341	501579	266103	86531
1302302	1394004	1465275	1540116	1440094	1392958	1391440	272921	704825	308248	105446

三、农　业

舟山统计年鉴

ZHOUSHAN STATISTICAL YEARBOOK

3-1 历年农林牧渔业总产值

单位:万元

年 份	农林牧渔业总产值	农 业	#种植业	林 业	牧 业	渔 业	农林牧渔专业及辅助性活动产值
1955	6935	2066	1984	49	383	4437	
1960	9443	2177	2094	70	302	6894	
1965	17390	4021	3920	108	834	12427	
1967	18660	3313	3216	203	700	14444	
1968	14044	3995	3889	223	628	9198	
1969	14364	4516	4408	91	734	9023	
1970	15479	4670	4561	43	749	10017	
1971	16167	4326	4046	109	1185	10547	
1972	19707	5071	5122	166	1060	13410	
1973	22407	5662	5544	230	1122	15393	
1974	25185	5902	5765	96	1184	18003	
1975	17888	4211	4102	64	904	12709	
1976	18035	4296	4138	85	862	12792	
1977	16770	4141	3965	51	837	11741	
1978	21147	4784	4670	116	944	15303	
1979	26651	6447	6028	147	1727	18330	
1980	30182	8672	7778	151	1747	19612	
1981	30903	8532	7329	209	1588	20574	
1982	34676	8157	7275	195	1605	24719	
1983	31988	6838	5959	207	1771	23172	
1984	55488	13300	10030	379	2882	38927	
1985	81149	16735	10114	544	4202	59666	
1986	92393	19012	10668	863	5537	66981	
1987	119404	22442	13543	855	5142	90965	
1988	145338	26714	15500	877	7911	109836	
1989	149743	25881	15421	1062	9690	113110	
1990	178831	29995	19944	1332	10217	137287	
1991	212163	32273	22041	1631	11300	166959	
1992	239154	33858	20771	1142	12244	191910	
1993	323371	46390	27789	1762	13269	261950	
1994	462626	57012	43717	2779	18975	383860	
1995	576233	69443	54802	3617	22047	481126	
1996	608372	77591	61027	2684	20357	507740	
1997	631836	71702	54897	2556	19985	537593	
1998	647096	73431	55001	2438	19652	551575	
1999	674421	73062	54103	2110	17859	581390	
2000	745242	70861	52604	2394	18444	653543	
2001	738139	74583	55681	2125	20299	641132	
2002	728506	63371	57495	1887	21997	641251	
2003	745276	63444	59487	1743	24817	655272	
2004	834867	57801	54929	1858	25154	750054	
2005	871891	59161	56599	1759	26950	784021	
2006	820064	60281	60112	1661	28516	729606	
2007	872126	65054	64460	1721	38226	767125	
2008	950324	71581	69955	1911	41583	835249	
2009	979913	79726	78072	2614	40095	857478	
2010	1143350	87485	87485	2241	45432	1006246	
2011	1392131	94717	94717	2823	49923	1242332	
2012	1496750	98413	98413	3514	49436	1342662	
2013	1690607	102420	102420	3227	46983	1533550	
2014	1769248	100807	100807	2591	46430	1610157	
2015	1914138	100313	100313	2280	44350	1758808	
2016	2167669	105093	105093	2120	36290	2015139	
2017	2403341	104132	104132	2260	24987	2262231	
2018	2613298	97962	97962	2203	17631	2484989	
2019	2675221	100796	100796	2208	24056	2536836	11325
2020	2808763	102071	102071	2179	41311	2650898	12304
2021	2855458	107796	107796	3142	43915	2687367	13238
2022	3055235	113717	113717	3028	40238	2884194	14057
2023	3439883	132515	132515	2486	35550	3254683	14650

注:1.2008 年起,原蔬菜中的马铃薯作为粮食作物处理,下同。

2.2006—2016 年数据根据第三次全国农业普查数据作相应调整。

3.2010 年起,农业产值包括粮食、油料、棉花、麻类、糖类、烟草和其他农作物产值,蔬菜、食用菌、花卉盆景园艺作物产值,以及水果、坚果、茶、饮料、香料和中草药材产值。2010-2021 年农业产值数据按现行制度要求进行修订,下同。

3-2 历年农林牧渔业总产值构成

单位：%

年份	农林牧渔业总产值	农业产值	林业产值	牧业产值	渔业产值	农林牧渔专业及辅助性活动产值
1955	100	29.8	0.7	5.5	64.0	
1960	100	23.1	0.7	3.2	73.0	
1965	100	23.1	0.6	4.8	71.5	
1966	100	23.7	1.0	4.8	70.5	
1967	100	17.8	1.1	3.8	77.3	
1968	100	28.4	1.6	4.5	65.5	
1969	100	31.4	0.6	5.1	62.9	
1970	100	30.2	0.3	4.8	64.7	
1971	100	26.8	0.7	7.3	65.2	
1972	100	25.7	0.8	5.4	68.1	
1973	100	25.3	1.0	5.0	68.7	
1974	100	23.4	0.4	4.7	71.5	
1975	100	23.5	0.4	5.1	71.0	
1976	100	23.8	0.5	4.8	70.9	
1977	100	24.6	0.3	5.1	70.0	
1978	100	22.6	0.5	4.5	72.4	
1979	100	24.1	0.6	6.5	68.8	
1980	100	28.8	0.4	5.8	65.0	
1981	100	27.6	0.7	5.1	66.6	
1982	100	23.5	0.6	4.6	71.3	
1983	100	21.3	0.6	5.5	72.4	
1984	100	23.9	0.7	5.2	70.2	
1985	100	20.7	0.7	5.2	73.5	
1986	100	20.5	0.9	6.0	72.5	
1987	100	18.8	0.7	4.3	76.2	
1988	100	18.4	0.6	5.4	75.6	
1989	100	17.3	0.7	6.5	75.5	
1990	100	16.8	0.7	5.7	76.8	
1991	100	15.2	0.8	5.3	78.7	
1992	100	14.2	0.5	5.1	80.2	
1993	100	14.4	0.5	4.1	81.0	
1994	100	12.3	0.6	4.1	83.0	
1995	100	12.1	0.6	3.8	83.5	
1996	100	12.8	0.4	3.3	83.5	
1997	100	11.3	0.4	3.2	85.1	
1998	100	11.3	0.4	3.0	85.3	
1999	100	10.8	0.3	2.7	86.2	
2000	100	9.5	0.3	2.5	87.7	
2001	100	10.1	0.3	2.8	86.8	
2002	100	8.7	0.3	3.0	88.0	
2003	100	8.5	0.2	3.3	88.0	
2004	100	6.9	0.2	3.0	89.9	
2005	100	6.8	0.2	3.1	89.9	
2006	100	7.4	0.2	3.5	89.0	
2007	100	7.5	0.2	4.4	88.0	
2008	100	7.5	0.2	4.4	87.9	
2009	100	8.1	0.3	4.1	87.5	
2010	100	7.7	0.2	4.0	88.0	
2011	100	6.8	0.2	3.6	89.2	
2012	100	6.6	0.2	3.3	89.7	
2013	100	6.1	0.2	2.8	90.7	
2014	100	5.7	0.1	2.6	91.0	
2015	100	5.2	0.1	2.3	91.9	
2016	100	4.8	0.1	1.7	93.0	
2017	100	4.3	0.1	1.0	94.1	
2018	100	3.7	0.1	0.7	95.0	
2019	100	3.8	0.1	0.9	94.8	0.4
2020	100	3.6	0.1	1.5	94.4	0.4
2021	100	3.8	0.1	1.5	94.2	0.5
2022	100	3.7	0.1	1.3	94.4	0.5
2023	100	3.9	0.1	1.0	94.6	0.4

注：2006–2016 年数据根据第三次全国农业普查数据作相应调整。

3-3 历年农作物播种面积

单位:千公顷

年　份	农作物播种面　积	#粮食作物	#油　料	#蔬　菜	#瓜果类
1950	47.56	37.25	0.45	0.67	0.15
1955	59.35	45.29	0.47	0.01	0.19
1960	52.50	35.21	1.67	2.20	0.07
1965	57.25	37.11	0.73	2.07	0.07
1966	56.72	37.28	0.58	2.00	0.05
1967	52.03	35.15	0.37	1.27	0.13
1968	48.79	36.02	0.24	0.53	0.09
1969	52.15	37.19	0.41	0.67	0.07
1970	52.49	35.93	0.41	0.80	0.07
1971	54.17	36.33	0.64	1.20	0.08
1972	55.67	37.59	0.79	1.87	0.10
1973	58.17	40.78	0.86	2.00	0.09
1974	57.85	41.75	1.16	2.07	0.10
1975	58.29	41.78	1.30	1.93	0.09
1976	59.07	42.46	1.32	2.00	0.09
1977	60.37	43.39	1.60	2.07	0.09
1978	62.98	44.08	1.99	2.80	0.13
1979	61.03	41.03	1.99	4.00	0.20
1980	59.83	39.38	2.43	3.80	0.33
1981	59.44	37.59	3.10	3.80	0.40
1982	57.57	38.10	2.49	3.47	0.27
1983	57.95	38.67	2.54	3.35	0.20
1984	56.44	38.49	2.19	4.59	0.33
1985	54.43	37.29	2.14	5.19	0.95
1986	50.64	34.25	2.29	6.03	1.82
1987	49.94	34.69	2.63	6.19	2.31
1988	47.85	33.43	2.99	6.81	1.78
1989	44.94	32.71	2.38	7.14	1.35
1990	49.52	34.57	4.21	7.92	0.75
1991	50.35	34.51	4.57	7.89	0.99
1992	47.73	32.48	4.35	7.79	1.40
1993	42.80	28.49	3.68	6.60	1.29
1994	42.94	28.96	3.55	8.31	1.04
1995	43.70	30.50	4.16	6.82	1.09
1996	43.00	29.75	4.04	6.98	1.06
1997	41.73	28.30	3.83	7.12	1.19
1998	39.17	25.47	3.63	7.35	1.32
1999	39.53	25.24	3.83	7.72	1.59
2000	35.20	20.27	3.82	8.55	1.66
2001	32.53	15.38	3.40	10.85	2.02
2002	30.45	13.42	3.13	11.03	2.01
2003	28.38	11.97	2.96	10.60	2.01
2004	27.54	12.04	2.72	9.98	1.94
2005	27.23	11.78	2.73	9.95	1.88
2006	26.01	10.88	2.52	9.92	1.92
2007	21.32	6.88	2.23	9.50	1.96
2008	19.76	6.47	2.01	8.32	2.16
2009	20.15	6.55	1.95	8.84	2.11
2010	18.09	5.29	1.87	8.21	1.95
2011	17.52	4.86	1.80	8.21	1.98
2012	17.59	5.26	1.74	7.97	1.90
2013	16.81	4.75	1.67	7.76	1.86
2014	15.56	4.92	0.82	7.33	1.70
2015	15.81	4.71	1.46	7.14	1.72
2016	16.16	5.08	1.43	7.20	1.68
2017	16.18	5.13	1.40	7.24	1.70
2018	15.41	4.88	1.29	6.83	1.63
2019	15.77	4.97	1.62	6.87	1.56
2020	15.54	5.26	1.60	6.92	1.51
2021	15.29	5.29	1.64	6.86	1.24
2022	15.79	5.82	1.61	7.02	1.11
2023	16.95	6.58	1.75	7.22	1.18

注:2008年起,原蔬菜中的马铃薯作为粮食作物处理,下同。

3-4 历年粮食总产量

年份	粮食作物		大麦（吨）	早稻（吨）	晚稻（吨）	番薯（吨）
	总产量（万吨）	公顷产量（公斤）				
1950	6.50	1740	1945	24950	21135	11040
1955	9.30	2055	3995	29510	23870	28610
1960	9.81	2790	5375	36210	22225	30170
1965	11.97	3225	6175	50870	22260	35840
1966	14.79	3960	6490	60795	31875	44565
1967	10.52	3000	7560	62080	11900	20315
1968	12.67	3510	9000	45285	25970	40025
1969	13.50	3630	6725	47185	34275	42955
1970	14.20	3945	5365	56800	33970	42030
1971	13.39	3690	8660	56940	22615	39235
1972	16.89	4500	9300	65760	35005	52375
1973	18.17	4455	9210	69285	45135	51790
1974	17.47	4185	13675	69755	34405	47220
1975	15.48	3705	7805	62745	37655	38895
1976	16.40	3855	9735	65605	37490	41770
1977	15.88	3660	7030	59565	37345	46750
1978	18.38	4170	11960	67660	48640	44300
1979	15.91	3870	12350	74265	33155	29325
1980	16.57	4215	9100	68420	43630	35765
1981	13.81	3675	6130	71310	27535	24730
1982	17.30	4545	8180	71440	52890	28880
1983	13.05	3375	7985	58910	29165	24440
1984	18.01	4680	8170	73775	56930	28100
1985	17.35	4650	11134	69954	53349	25055
1986	15.07	4395	8662	65177	45081	18959
1987	15.34	4425	8758	59482	49126	23667
1988	15.10	4515	6138	63001	52358	18163
1989	15.19	4650	1640	60245	56106	21761
1990	16.37	4740	2995	64336	58665	22957
1991	16.94	4905	2255	65074	64519	22676
1992	15.21	4681	1682	63166	55119	18503
1993	13.94	4849	586	47988	60542	16738
1994	14.57	5031	657	54914	63862	13937
1995	14.52	4761	421	49781	63902	14984
1996	14.45	4858	535	57676	53399	13679
1997	13.22	4673	381	50376	48639	14318
1998	12.41	4873	183	31042	61862	13519
1999	12.31	4876	293	26417	62492	14378
2000	8.84	4363	239	8134	47596	12843
2001	7.55	4907	150	3506	49140	11142
2002	6.60	4923	63	1985	43709	9716
2003	5.38	4497	2	907	33842	8795
2004	5.93	4927		1234	38714	8904
2005	5.20	4415	17	343	32174	8644
2006	5.22	4795	18	372	32833	8525
2007	3.20	4651	9	248	21818	2338
2008	3.01	4649	239	24	19423	2585
2009	3.10	4731	41	42	17719	2735
2010	2.54	4789	71	30	13338	2603
2011	2.42	4983	38	45	12197	2476
2012	2.70	5134	19	18	11947	3174
2013	2.27	4780	199	28	10143	2260
2014	2.45	4980	13		13325	3322
2015	2.36	5012	9		11978	3923
2016	2.54	5001	24	10	13458	3525
2017	2.55	4976	105	9	13786	3246
2018	2.61	5347	15	10	14010	3060
2019	2.65	5333	11		14941	2967
2020	2.87	5461	89		17482	4051
2021	2.86	5416	…	805	16161	3677
2022	2.92	5016	40	1062	15772	2434
2023	3.35	5094	13	1127	17889	3222

3-5 农业机械年末拥有量

（2023年）

指　标	单位	全市	指　标	单位	全市
一、农业机械总动力	**千瓦**	**1309985**	（四）收获机械		
其中：柴油发动机动力	千瓦	1247164	其中：1.脱粒机	台	78
汽油发动机动力	千瓦	17109	2.谷物联合收割机	台	121
电动机动力	千瓦	45712	3.油菜籽收获机	台	22
二、拖拉机及配套机械			4.采茶机	台	20
（一）拖拉机	台	327	5.饲料（草）收获机械	台	3
其中：1.小型（22.1千瓦及以下）	台	126	6.秸秆粉碎还田机	台	15
2.中型（22.1-73.5千瓦）	台	166	**四、农产品初加工机械**	**台（套）**	**1300**
3.大型及以上（73.5千瓦及以上）	台	35	（一）粮食初加工机械	台（套）	312
（二）拖拉机配套农具	台	480	（二）油料初加工机械	台	59
三、种植业机械			（三）棉花初加工机械	台	23
（一）耕整地机械			（四）果蔬初加工机械	台（套）	67
其中：1.耕整机	台	114	（五）茶叶初加工机械	台（套）	400
2.微型耕耘机	台	1138	**五、畜牧机械**	**台（套）**	**1298**
3.犁	台	52	（一）饲料（草）加工机械	台（套）	225
4.旋耕机	台	355	（二）饲养设备	台（套）	981
5.耙	台	8	（三）畜禽粪污资源化利用设备	台（套）	33
（二）种植施肥机械			**六、水产机械**	**台**	**14753**
其中：1.播种机械	台	31	（一）水产养殖机械	台	10471
2.栽植机械	台	130	（二）捕捞机械设备	台	3377
（三）排灌机械			**七、农田基本建设机械**	**台**	**518**
其中：1.农用水泵	台	6409	**八、农用航空器**	**架**	**54**
2.节水灌溉类机械	台（套）	1720	（一）植保无人驾驶航空器	架	53
			（二）其他无人驾驶航空器	架	1

3-6 农机作业情况

（2023 年）

指 标	单位	2023 年
一、农作物生产机械化作业总体情况		
（一）机耕面积	亩	135878
（二）机播面积	亩	48993
（三）机电灌溉面积	亩	111583
（四）机械植保面积	亩	113351
（五）机收面积	亩	72613
二、畜牧养殖机械化作业情况		
（一）机械收获饲草秸秆量	吨	310
（二）机械饲喂的畜禽数量（折算为羊单位）	个	69605
（三）机械清粪的畜禽数量（折算为羊单位）	个	54573
（四）机械环控的畜禽数量（折算为羊单位）	个	108339
（五）机械捡蛋的蛋禽数量（折算为羊单位）	个	800
三、水产养殖机械化作业情况		
（一）池塘养殖		
1.机械投饲池塘养殖产量	吨	15195
2.机械水质调控池塘养殖产量	吨	35922
3.机械起捕池塘养殖产量	吨	266
4.机械清淤池塘养殖产量	吨	29469
（二）网箱养殖		
1.机械投饲网箱养殖产量	吨	4520
2.机械清洗网箱养殖产量	吨	6399
3.机械起捕网箱养殖产量	吨	1320
（三）工厂化养殖		
1.机械投饲工厂化养殖产量	吨	1186
2.机械起捕工厂化养殖产量	吨	220
（四）筏式吊笼与底播养殖		
1.机械投苗养殖产量	吨	123808
2.机械采收养殖产量	吨	242560
四、设施农业（种植）机械化作业情况		
（一）机械耕整地面积	亩	6985
（二）机械种植面积	亩	2911
（三）机械采运面积	亩	1380
（四）机械灌溉施肥面积	亩	5302
（五）机械调控环境面积	亩	3382

3-7 分县(区)主要农作物播种面积和产量

指标	单位	2022年	2023年	2023年分县(区)			
				定海	普陀	岱山	嵊泗
农作物播种面积	亩	**236840**	**254224**	**122818**	**74045**	**53502**	**3859**
1.大麦面积	亩	175.80	39.97		39.97		
总　产	吨	39.50	12.99		12.99		
2.早稻面积	亩	3324	3369	955	1602	813	
总　产	吨	1062	1127	257	587	284	
3.晚稻面积	亩	33777	37746	23608	7316	6822	
总　产	吨	15772	17889	11843	3037	3009	
4.玉米面积	亩	9039	6261	3318	1153	1478	312
总　产	吨	2774	1866	1066	305	413	83
5.番薯面积	亩	6542	7429	3922	1771	1332	403
总　产	吨	2434	3222	1822	704	570	126
6.油菜籽面积	亩	16859	17949	7237	6644	4068	
总　产	吨	2206	2263	994	712	556	
7.棉花面积	亩						
总　产	吨						
8.蔬菜面积	亩	105267	108264	54154	29304	21869	2938
总　产	吨	123399	130905	69878	31660	26428	2940
9.果用瓜的面积	亩	16549	17742	7320	6821	3570	31
总　产	吨	26772	30421	12845	11922	5633	20

3-8 分县(区)农林牧渔业总产值及构成

指 标	单位	2018 年	2019 年	2020 年	2021 年	2022 年	2023 年
一、农林牧渔业总产值	**万元**	**2613298**	**2675221**	**2808763**	**2855458**	**3055235**	**3439883**
定海区	万元	180309	188496	227815	236833	246290	307290
普陀区	万元	1085591	1161430	1298607	1346337	1485278	1697326
岱山县	万元	820608	767765	702552	667439	661629	701069
嵊泗县	万元	526790	557530	579789	604850	662037	734199
二、农林牧渔业总产值构成	**%**	**100**	**100**	**100**	**100**	**100**	**100**
定海区	%	6.9	7.1	8.1	8.3	8.1	8.9
普陀区	%	41.5	43.4	46.2	47.1	48.6	49.3
岱山县	%	31.4	28.7	25.0	23.4	21.6	20.4
嵊泗县	%	20.2	20.8	20.6	21.2	21.7	21.3

3-9 农作物分品种播种面积和产量

指　标	单位	2022年	2023年	指　标	单位	2022年	2023年
农作物播种面积合计	**亩**	**236840**	**254224**				
一、粮食作物面积	**亩**	**87262**	**98730**	6.大豆面积	亩	7083	7037
亩产量	公斤	334	340	总产	吨	1218	1203
总产	吨	29180	33530	**二、棉花面积**	**亩**		
1.春粮面积	亩	25651	32904	亩产量	公斤		
亩产量	公斤	216	221	总产	吨		
总产	吨	5553	7271	**三、油菜籽面积**	**亩**	**16859**	**17949**
#小麦面积	亩	8972	17475	亩产量	公斤	131	126
亩产量	公斤	197	220	总产	吨	2206	2263
总产	吨	1771	3845	**四、花生面积**	**亩**	**6955**	**7824**
#大麦面积	亩	176	40	总产	吨	1478	1744
亩产量	公斤	225	325	**五、芝麻面积**	**亩**	**358**	**334**
总产	吨	40	13	总产	吨	41	38
2.早稻面积	亩	3324	3369	**六、蔬菜面积**	**亩**	**105267**	**108264**
亩产量	公斤	319	335	总产	吨	123399	130905
总产	吨	1062	1127	**七、瓜果类面积**	**亩**	**16549**	**17742**
3.晚稻面积	亩	33777	37746	总产	吨	26772	30421
亩产量	公斤	467	474	#西瓜面积	亩	11033	11895
总产	吨	15772	17889	总产	吨	21161	23489
4.番薯面积	亩	6542	7429	#草莓面积	亩	1712	1971
亩产量	公斤	372	434	总产	吨	1985	2274
总产	吨	2434	3222				
5.玉米面积	亩	9039	6261				
总产	吨	2774	1866				

3-10 畜牧业生产

指　　标	单位	1985年	1990年	1995年	2000年	2005年	2010年	2015年	2018年	2019年	2020年	2021年	2022年	2023年
一、生猪年末存栏	**万头**	**10.43**	**11.52**	**9.11**	**8.68**	**12.45**	**17.06**	**10.21**	**3.42**	**3.06**	**6.30**	**6.96**	**7.90**	**7.76**
能繁殖的母猪	万头	0.61	0.67	0.65	0.67	1.19	1.74	0.74	0.32	0.49	0.55	0.48	0.63	0.63
肥猪出栏头数	万头	8.08	13.68	13.47	14.66	20.72	24.63	18.7	4.45	4.52	5.60	10.34	9.55	9.61
全年饲养量	万头	18.51	26.66	22.58	23.34	33.17	41.69	28.91	7.58	7.57	11.90	17.30	17.45	17.37
二、牛年末存栏	**头**	**5544**	**3235**	**1942**	**1438**	**1137**	**801**	**299**	**291**	**327**	**302**	**336**	**164**	**259**
#乳牛	头	448	303	179	217	446	228	5	7	9				
年内出栏数	头	339	200	298	355	291	225	93	56	66	74	78	59	92
三、羊年末存栏	**万只**	**1.15**	**1.34**	**1.39**	**1.72**	**1.88**	**1.55**	**1.27**	**0.83**	**0.59**	**0.76**	**0.71**	**0.75**	**0.56**
年内出栏数	万只	0.89	1.13	1.18	1.52	1.95	1.72	1.37	0.82	0.66	0.43	0.50	0.46	0.45
四、家禽年末存栏	**万只**	**103.96**	**91.73**	**127.11**	**126.93**	**122.60**	**102.27**	**66.73**	**33.90**	**36.09**	**30.43**	**20.97**	**22.50**	**20.43**
年内出栏	万只	**78.65**	**119.06**	**151.61**	**163.16**	**139.84**	**122.37**	**60.68**	**38.15**	**42.06**	**47.88**	**42.97**	**36.86**	**33.28**
五、兔年末存栏	**万只**	**7.49**	**0.46**	**0.15**	**6.53**	**1.87**	**2.83**	**5.66**	**0.25**	**0.16**	**0.14**	**0.13**	**0.06**	**0.01**
年内出栏	万只	0.84	0.16	0.05	3.07	3.00	6.55	9.44	0.21	0.08	0.07	0.02	0.07	0.06
六、畜禽产品产量														
1.肉产量	吨	6207	10294	10699	12158	18646	22508	17365	4261	4685	5566	9455	8412	8581
#猪　肉	吨	4935	7953	7912	9019	15379	19118	15562	3612	3593	4494	8293	7558	7814
牛　肉	吨	30	42	42	61	47	50	17	7	10	14	13	12	13
羊　肉	吨	79	135	164	217	286	287	201	101	59	71	87	77	73
禽　肉	吨	1156	2163	2581	2814	2855	2952	1462	541	1023	987	1062	765	681
2.禽蛋产量	吨	4484	5503	8321	7208	8324	6599	4535	1096	955	1059	713	672	694

3-11 茶叶、水果及食用坚果生产情况

指　　标	单位	2022 年	2023 年
一、茶叶产量	**吨**	**62**	**35**
二、园林水果产量	**吨**	**36230**	**42780**
（一）梨	吨	1244	1340
（二）柑橘类水果	吨	14196	15618
（三）其他水果	吨	20791	25822
1.桃	吨	3211	3226
2.猕猴桃	吨	152	137
3.葡萄	吨	4011	3990
4.柿子	吨	362	333
5.枇杷	吨	793	705
6.杨梅	吨	5154	11154
7.李子	吨	5312	4562
8.其他	吨	1796	1715
三、果用瓜产量	**吨**	**26772**	**30421**
四、年末实有茶园面积	**亩**	**5182**	**4856**
五、年末果园面积	**亩**	**49661**	**49947**
（一）梨园	亩	1328	1324
（二）柑橘园	亩	14294	13722
（三）桃园	亩	2766	2723
（四）猕猴桃园	亩	264	263
（五）葡萄园	亩	2807	2729
（六）柿子园	亩	420	403
（七）枇杷园	亩	1680	1441
（八）杨梅园	亩	19134	20488
（九）李子园	亩	4816	4654
（十）其他果园	亩	2153	2199
六、年末实有桑园面积	**亩**	**80**	**95**
七、果用瓜面积	**亩**	**16549**	**17742**

3-12 林业生产情况

指标	单位	1980年	1985年	1990年	1995年	2000年	2005年	2010年	2015年	2018年	2019年	2020年	2021年	2022年	2023年
一、造林面积	公顷	1497.5	513.4	165.5	496	807	579	162	139	52	84	593	238	122	
用材林	公顷	1365.9	43.3	14.9	4										
经济林	公顷	77.2	263.1		292	652	24	7		10	8	54			
防护林	公顷	4.7	51.5	45.6	125	151	555	155	139	22	76	538	238	122	
薪炭林	公顷	49.7		103.5	74										
其他林	公顷	116.4	155.5	1.5	1	4				20		1			
二、迹地更新面积	公顷	569.3	7.0	62.7	198	604									
三、年末封山育林面积	公顷	393.3	4994.7	8924.2	6233	3660	8756	12498	2539	201					
四、四旁植树	万株	61.5	34.2	33.9	41.2	32.7	27.5	36.2	29.81	19.45	18.11	6.00	7.00	8.00	8.50
五、育苗面积	公顷	40.4	37.2	13.2	20	80	384	455	410	412		374	161	141	141
六、幼林抚育作业面积	公顷	4249.2	1426.8	2125.3	2017	3235	1406	2259		701	466	400	460	1017	657
七、有林地造林面积	公顷						2261	333	86						
八、低产林改造	公顷	2.2	4.0	3.9	23	449	193	358	38						42
九、年末实有母树林面积	公顷	3.7	10.4	10.5		20	18	18							
十、年末实有种子园面积	公顷	1.0	6.3	2.7				18							
十一、木材采伐量	立方米	3577	2789	7175	9880	7679	45		400	726	824	301	291		4737
十二、毛竹采伐量	万根	11.9	6.5	18.5	24.9	14.4	0.9								
十三、林木种子采集	吨	28.4	2.4				2								
十四、主要产品产量															
油菜籽	吨	17.4	19.4	7.7	2		6	3	3	1	3	2	3	2	2
棕片	吨	2.7	25.2	24.6	17	5									
竹笋干	吨	1207	82.1	69	62	38	92	46	40	36	38	32	12		
板栗	吨						43	27	12	1	1	1	1		
中药材	吨								1509	1027					

3-13 历年农田水利基本情况

年份	水库年末实有数(座)	正常库容(万立方米)	总灌溉面积(千公顷)	水闸(座)	机电井(眼)	堤防长度(公里)	有效灌溉面积(千公顷)	除涝面积(千公顷)	治理水土流失面积(千公顷)
1980	163	7209	11.39	69	130	312	14.55	4.13	8.47
1985	169	8129	12.49	78	62	317	14.96	4.37	9.01
1990	161	8698	12.47	99	62	323	14.41	4.39	9.10
1995	181	10796	13.74	110	62	329	13.48	4.54	9.45
2000	197	12392	13.86	298	93	391	13.56	4.78	15.70
2005	199	12612	13.02	356	102	453	12.57	4.85	23.46
2010	210	14252	13.30	523	102	492	12.85	5.35	31.06
2011	211	14252	13.98	529	105	494	13.71	5.35	32.12
2012	210	14634	14.20	529	105	506	13.93	5.45	32.30
2013	214		12.36	816	18	779	10.62	5.97	54.48
2014	209		15.37	815	18	699	15.07	6.17	54.23
2015	209	14137	15.41	815	18	695	15.12	6.20	55.24
2016	209	14110	15.49	815	18	949	15.22	6.20	56.24
2017	209	14126	15.58	832	18	939	15.58	6.20	56.24
2018	208	14087	15.63	832	17	939	15.63	6.20	56.57
2019	209	14107	14.83	834	17	941	14.83	6.20	56.81
2020	209	14116	14.83	832	18	941	14.83	6.20	57.22
2021	209	14129	14.83	834	18	941	14.83	6.20	58.42
2022	209	15142	14.84	840	18	941	14.83	6.23	58.59
2023	209	15136	14.75	840	18	941	14.56	6.23	59.02

3-14 分县(区)农田水利基本情况

（2023 年）

指　　标	单位	市本级	定海区	普陀区	岱山县	嵊泗县
一、有效灌溉面积	**千公顷**	——	**7.53**	**3.95**	**2.89**	**0.18**
二、除涝面积	**千公顷**	——	**3.40**	**2.13**	**0.70**	
三、治理水土流失面积	**千公顷**	——	**24.23**	**17.37**	**13.38**	**4.04**
四、堤防长度	**公里**	——	**347.43**	**456.37**	**123.66**	**13.79**
五、已建成水库	**座**	——	**89**	**55**	**58**	**7**
六、水闸	**座**	——	**321**	**296**	**217**	**6**
七、机电井	**眼**	——	**2**		**7**	**9**
八、年用水量	**万立方米**	——	**7514**	**6248**	**17709**	**486**
1.农田灌溉用水量	万立方米	——	799	684	606	4
2.林牧渔畜用水量	万立方米	——	112	31	203	1
3.工业用水量	万立方米	——	2639	1958	15488	26
4.城镇公共用水量	万立方米	——	1186	1323	463	186
5.居民生活用水量	万立方米	——	2405	1974	839	243
6.生态与环境用水量	万立方米	——	373	278	110	26
九、本年水利总投入	**万元**	**14050**	**52364**	**35116**	**55662**	**33950**
1.中央	万元	186	605	1761	177	120
2.省级	万元	5304	37097	9072	36607	2699
3.市、县区	万元	8560	14662	24283	18878	26131
4.其他	万元					5000

主要统计指标解释

农林牧渔业总产值 指以货币表现的农林牧渔业全部产品产量。它用价值量形式综合反映一定时期(通常一年)农林牧渔业生产的总成果和总规模。

农、林、牧、渔业的统计范围是:

①农业:包括种植业和其他农业。

种植业包括粮食、油料、棉花、麻类、糖料、烟叶、药材、蔬菜、瓜类、饲料作物和茶、桑、果等的生产。

其他农业包括野生植物的果实、纤维、油料以及野生药材、菌类、柴草等采集,以及农民家庭兼营手工业商品部分。

②林业:包括人工植树造林,森林抚育、迹地更新,村及村以下竹、木材采伐,油桐籽、油茶籽、核桃等林品的采集。

③牧业:包括猪、牛、羊等饲养和放牧业,鸡、鸭、鹅等家禽养殖业以及兔、蚕、蜂等小动物饲养,野生动物的狩猎、诱捕、猎物饲养、野生动物产品的采集。

④渔业:包括利用海水进行鱼、虾、贝、藻类等水生动、植物的养殖和对海洋水生动、植物的捕捞,内陆水域进行鱼、虾、蟹、贝类、珍珠等水生动物的养殖和捕捞。

农业总产值的计算方法,一般采用"产品法"进行计算,即凡是有产品产量的,都按产品产量乘以其产品单价求得一种农产品的产值,然后将四业产品的产值相加求得。

1957 年以前的农业总产值中包括了厩肥和农民自给性手工业(如农民自制衣服、鞋、袜,自己从事粮食初步加工等)。1958 年及以后的农业总产值,林业增加了村及村以下竹林采伐产值;牧业中取消了厩肥产值;副业中取消了农民自制性手工业产值,增加了村及村以下办的工业产值;渔业中增加了机械化补鱼产值。1980 年以后的农业总产值,在副业中增加了农民商品性家庭手工业的产值。从 1958 年起村及村以下办工业产值划归工业。1993 年取消副业产值,将副业产值中的采集野生植物和农民家庭兼营工业产值划入农业产值中的其他农业,捕猎野兽、野禽产值划入牧业产值统计,并对 1993 年以前的农业总产值数字均按此口径作调整。2010 年开始将农业中采集野生植物调整到林业中,将林业中坚果生产调整到种植业中。

粮食产量 指全社会的产量。包括国有农场等全民所有制经营的产量、集体统一经营的和农民家庭经营的产量,还包括工矿企业家属办的农场和其他生产单位的产量。粮食除包括稻谷、小麦、大麦、玉米、高粱、谷子及其他杂粮外,还包括薯类和大豆。其产量计量方法,豆类按去豆荚后的豆干计算,薯类按 5 公斤鲜薯折 1 公斤粮食计算。其他粮食一律按脱粒后的原粮计算。

造林面积 指本年度内在荒山、荒地、沙地沙丘等一切可以造林的土地上,采用人工播种、植苗、飞机播种等方法,新植的成片乔木林和灌木林,经过检查验收,符合"造林技术规程"要求的株数,成活率达 85%以上(1986 年以前成活率按 40%以上计算)的面积。四旁植树在四行以上,连续面积在一亩以上,应统计在造林面积内,但不包括补植面积,重造面积、迹地更新面积、低产林改造面积和零星植树折算面积。

迹地更新面积 指在采伐或火灾毁损后的林地上进行人工更新或人工促进天然更新的面积,不包括天然更新面积。

肥猪出栏头数 指年内农村合作经济组织、农民、国有农场、机关、团体、工矿企业、部队等单位以及城镇居民饲养的,供屠宰并已出栏的全部肉猪头数,包括交售给国家、集市上出售和农民自食的部分。

猪、牛、羊肉产量 指当年出栏中已屠宰的猪、牛、羊的肉产量。即屠宰后除去头蹄下水后带骨的(即胴体中)重量。

有效灌溉面积 指具有一定的水源、地块比较平整、灌溉工程或设备已经配套,在一般年景下当年能够进行正常灌溉的耕地面积。

农业机械总动力 指主要用于农、林、牧、渔业的耕作机械、排灌机械、收获机械、农产品加工机械、运输机械、植保机械、林业机械、渔业机械和其他农业机械等各种动力机械的动力总和。电动机械功率按千瓦计算,内燃机功率按引擎马力折成千瓦计算。

四、工业、能源

4-1　规模以上工业企业单位数、总产值和增加值

（2023 年）

指标名称	企业单位（个）	工业总产值（万元）	工业增加值（万元）
总　计	**510**	**37414796**	**6608093**
按登记注册类型分			
内资企业	483	34817501	6055698
有限责任公司	457	34183233	5878711
股份有限公司	16	392978	112463
非公司企业法人	4	227468	61578
个人独资企业	5	10728	2205
合伙企业	1	3094	740
港澳台投资企业	9	1474789	217389
外商投资企业	18	1122507	335006
按轻重工业分			
轻工业	162	2612953	242627
重工业	348	34801844	6365466
按规模分			
大型企业	8	26851995	4473274
中型企业	49	4812990	1090993
小型企业	397	5457832	928487
微型企业	56	291980	115339
按工业行业分			
采矿业	**9**	**284963**	**114869**
非金属矿采选业	9	284963	114869
制造业	**476**	**35993734**	**5983013**
农副食品加工业	124	2335814	174757
#水产品加工	116	1342251	153194

4-1 续表

指标名称	企业单位数（个）	工业总产值（万元）	工业增加值（万元）
食品制造业	5	32760	13024
酒、饮料和精制茶制造业	1	6297	2741
纺织业	3	60599	10213
纺织服装、服饰业	3	8895	2000
家具制造业	1	423	198
造纸和纸制品业	5	56125	5188
印刷和记录媒介复制业	1	4258	1637
文教、工美、体育和娱乐用品制造业	2	4556	1504
化学原料和化学制品制造业	20	27001440	4308362
医药制造业	3	34820	15882
化学纤维制造业	3	9778	2924
橡胶和塑料制品业	9	45391	12355
非金属矿物制品业	52	417433	43768
黑色金属冶炼和压延加工业	2	44222	1179
有色金属冶炼和压延加工业	1	3988	545
金属制品业	23	770743	56471
通用设备制造业	22	401491	98530
专用设备制造业	52	637741	211176
汽车制造业	15	316085	103818
铁路、船舶、航空航天和其他运输设备制造业	30	1735686	312935
# 金属船舶制造	18	1652510	298074
电气机械和器材制造业	20	251973	64062
计算机、通信和其他电子设备制造业	8	43016	13211
仪器仪表制造业	8	26511	6993
废弃资源综合利用业	5	71789	9530
金属制品、机械和设备修理业	58	1671902	510012
电力、热力、燃气及水生产和供应业	**25**	**1136100**	**510211**
电力、热力生产和供应业	15	913629	383501
燃气生产和供应业	6	162135	100925
水的生产和供应业	4	60336	25785

4-2 分县(区)规模以上工业企业单位数和总产值

(2023 年)

指标名称	全　市	定海区	普陀区	岱山县	嵊泗县
工业企业单位数(个)	**510**	**250**	**169**	**76**	**15**
#大中型工业企业	57	27	19	11	
按登记注册类型分组					
内资企业	483	239	161	69	14
有限责任公司	457	225	154	64	14
股份有限公司	16	7	6	3	
非公司企业法人	4	2	1	1	
个人独资企业	5	4		1	
合伙企业	1	1			
港澳台投资企业	9	3	4	2	
外商投资企业	18	8	4	5	1
按轻重工业分					
轻工业	162	57	88	12	5
重工业	348	193	81	64	10
工业总产值(万元)	**37414796**	**6483502**	**3351384**	**27456698**	**123212**
#大中型工业企业	31664984	3288876	1883092	26493016	
按登记注册类型分组					
内资企业	34817501	4779571	3075265	26862791	99874
有限责任公司	34183233	4375172	2877276	26830911	99874
股份有限公司	392978	176798	194647	21533	
非公司企业法人	227468	215791	3342	8335	
个人独资企业	10728	8716		2012	
合伙企业	3094	3094			
港澳台投资企业	1474789	1349742	115703	9344	
外商投资企业	1122507	354189	160416	584563	23338
按轻重工业分					
轻工业	2612953	1507118	954933	133233	17669
重工业	34801844	4976384	2396452	27323465	105543

4-3 大、中、小、微型规模以上工业

类　　别	企　　业 亏损面 (%)	每百元固定 资产原值 实现产值	每百元固定 资产原值 实现利税	每百元工业 总产值 实现利税
1995 年				
全部工业企业	33.29	147.58	10.85	6.61
大型企业		168.26	16.98	8.85
中型企业	26.30	108.36	11.78	10.74
小型企业	34.00	176.53	8.36	4.08
2000 年				
全部工业企业	15.46	121.26	11.66	9.62
大型企业	16.67	144.26	14.87	13.31
中型企业	16.67	72.83	7.34	10.08
小型企业	15.34	157.71	14.50	9.14
2005 年				
全部工业企业	17.19	276.7	13.85	5.00
大型企业		243.8	15.39	6.31
中型企业	6.45	173.0	12.41	7.17
小型企业	18.23	446.1	15.15	3.40
2010 年				
全部工业企业	18.36	260.84	17.49	6.70
大型企业		305.48	16.79	5.50
中型企业	14.58	215.08	18.15	8.44
小型企业	18.81	337.04	16.42	4.87
2015 年				
全部工业企业	26.67	231.87	4.86	2.10
大型企业	30.00	265.06	-2.99	-1.13
中型企业	20.97	241.85	9.44	3.91
小型企业	27.18	285.93	4.25	1.49
微型企业	35.00	74.71	5.94	7.95
2016 年				
全部工业企业	23.47	244.08	6.75	2.76
大型企业	22.22	248.29	-0.96	-0.39
中型企业	25.86	267.27	11.18	4.18
小型企业	22.34	329.47	7.03	2.13
微型企业	30.77	49.39	5.23	10.59
2017 年				
全部工业企业	23.08	128.35	5.20	4.05
大型企业	50.00	123.48	-7.16	-5.80
中型企业	17.65	84.43	7.32	8.67
小型企业	21.85	241.04	10.53	4.37
微型企业	41.67	209.00	5.59	2.67
2018 年				
全部工业企业	24.36	93.78	3.69	3.93
大型企业	33.33	54.41	-6.43	-11.82
中型企业	19.05	84.05	5.21	6.20
小型企业	23.43	125.76	6.86	5.45
微型企业	47.37	78.30	3.90	4.98
2019 年				
全部工业企业	23.40	112.01	4.90	4.37
大型企业	50.00	123.73	3.57	2.88
中型企业	18.37	78.12	1.57	2.02
小型企业	23.00	165.83	12.31	7.42
微型企业	33.33	119.90	4.96	4.14
2020 年				
全部工业企业	28.39	102.97	13.76	14.17
大型企业		99.69	20.45	20.38
中型企业	21.74	141.09	3.82	5.40
小型企业	27.42	67.91	11.76	7.99
微型企业	53.33	327.03	5.30	17.33
2021 年				
全部工业企业	27.53	120.46	22.86	18.98
大型企业		140.85	36.37	25.82
中型企业	15.56	76.57	3.94	5.14
小型企业	29.59	130.46	10.22	7.84
微型企业	28.57	43.05	5.19	12.05
2022 年				
全部工业企业	26.51	107.23	11.59	10.81
大型企业		111.79	13.18	11.79
中型企业	14.89	87.71	6.90	7.87
小型企业	27.61	132.25	9.99	7.56
微型企业	34.21	19.84	6.50	32.75
2023 年				
全部工业企业	29.22	112.36	10.85	9.66
大型企业		115.23	11.62	10.08
中型企业	14.29	112.22	11.44	10.19
小型企业	30.73	119.92	8.18	6.82
微型企业	35.71	25.22	3.75	14.86

注:2018 年及以前“每百元营业收入实现利税”为“每百元主营业务收入实现利税”,“每百元营业成本实现利税”为“每百元主营业务成本实现利税”,下同。

企业主要经济效益指标比较

单位:元

每百元营业收入实现利税	每百元营业成本实现利税	平均每一个职工实现利税	平均每一个职工占有固定资产原值
6.58	8.03	4124	38000
6.97	8.46	6303	37146
9.15	11.24	7438	63103
4.77	5.80	2372	28381
7.80	8.99	13711	117556
8.13	9.57	14419	96964
5.12	5.83	11825	161041
10.13	11.87	15543	100295
5.55	6.35	18816	135875
6.21	7.17	14263	225976
7.21	8.37	31393	437561
4.16	4.69	14337	94621
7.48	8.47	63974	365799
6.18	7.10	65044	387448
9.02	10.22	146366	806535
5.77	6.46	26892	163739
2.86	3.08	38766	797707
-1.72	-1.78	-23212	776231
5.12	5.53	65689	695539
2.00	2.16	25446	598473
9.83	12.13	631005	10625428
3.75	4.09	64617	957733
-0.62	-0.67	-8810	915901
5.36	5.82	102813	919390
2.89	3.15	45734	650346
12.21	15.25	469007	8964822
4.23	4.48	52976	1019539
-5.83	-6.12	-84696	1182939
7.99	8.25	106716	1458420
5.25	5.79	54128	513889
3.20	3.20	112213	2008327
4.02	4.56	42449	1151483
-14.75	-15.39	-93154	1448402
6.48	7.40	71101	1364084
5.31	6.09	60101	876742
3.96	4.83	87650	2248637
4.65	5.37	51121	1044194
6.24	7.46	55626	1559162
1.92	2.15	19945	1266539
6.51	7.64	79580	646663
3.90	4.53	53945	1087221
14.25	18.32	294195	2137287
23.12	32.75	1268912	6206466
4.92	5.76	66741	1744893
7.00	8.36	88784	754785
12.05	16.39	242873	4582550
19.74	26.97	558577	2442974
30.04	47.10	1911063	5254857
4.62	5.31	79274	2013645
6.71	7.85	102011	997982
10.57	13.73	323946	6246493
10.63	12.36	446417	3850725
11.96	13.89	1487811	11290068
7.53	8.80	134010	1941640
6.71	7.73	100873	1009579
22.08	30.66	1068468	16442684
9.13	10.65	417564	3847307
9.83	11.51	1247452	10734387
9.10	10.62	187282	1637106
6.03	6.87	98800	1208103
9.02	11.28	444987	11875035

4-4 按登记注册类型分的规模以上工业企业主要财务指标

（2023 年） 单位:万元

指标名称	总　计	有限责任公司	股份有限公司	非公司企业法人	个人独资企业	合伙企业	港澳台投资企业	外商投资企业
企业单位数(个)	510	457	16	4	5	1	9	18
#亏损企业	149	134	5			1	3	6
工业总产值(当年价格)	37414796	34183233	392978	227468	10728	3094	1474789	1122507
资产总计	50938853	44576423	2181152	676963	12257	4896	589829	2897333
#流动资产合计	16919934	13538207	1209534	598983	6854	4665	376878	1184813
固定资产原价	33300366	29845071	1001750	125374	8846	663	530589	1788072
固定资产累计折旧	7492053	5853228	565236	66834	6221	433	388295	611807
#本年折旧	1863000	1736139	23517	4176	428	39	17299	81403
负债合计	35594666	31044189	2172420	485164	11663	4595	309394	1567241
所有者权益合计	15344185	13532232	8732	191799	595	301	280436	1330092
#实收资本	10507342	8620486	803092	29218	616	658	173363	879909
营业收入	39596065	35783203	539933	237172	10051	3094	1467728	1554885
营业成本	33945702	30676389	444294	200357	8209	2878	1294918	1318658
销售费用	192083	164140	15056	4688	221	18	2821	5139
管理费用	547932	420197	43690	21341	757	224	14210	47514
财务费用	867963	845937	9632	-2965	318	42	1003	13995
研发费用	1053160	1004209	17566	5209	265	61	2412	23439
利润总额	681398	476491	17622	10028	364	-148	37686	139355
利税总额	3614226	3240873	36354	14637	605	-42	166869	154929
劳动者报酬	1201612	971476	64772	43976	1320	741	28043	91285

4-5 规模以上工业企业主要财务指标

（2023 年）

单位：万元

指标名称	企业单位数（个）	工业总产值（当年价格）	资产总计	流动资产合计	其中：应收账款	固定资产原价
总　　计	**510**	**37414796**	**50938853**	**16919934**	**2469666**	**33300366**
轻工业	162	2612953	3061375	1981342	210038	973563
重工业	348	34801844	47877478	14938593	2259628	32326803
采矿业	**9**	**284963**	**959266**	**534597**	**20771**	**217243**
非金属矿采选业	9	284963	959266	534597	20771	217243
制造业	**476**	**35993734**	**45103621**	**15399946**	**2099746**	**28880589**
农副食品加工业	124	2335814	2696399	1781416	158164	759058
# 水产品加工	116	1342251	1625577	1009491	118045	614779
食品制造业	5	32760	88675	41008	3480	52925
酒、饮料和精制茶制造业	1	6297	9232	5478		6290
纺织业	3	60599	54684	35151	5739	25205
纺织服装、服饰业	3	8895	8615	7835	2140	2244
家具制造业	1	423	883	291	271	1052
造纸和纸制品业	5	56125	67807	33128	9853	36822
印刷和记录媒介复制业	1	4258	4976	2656	1582	3704
文教、工美、体育和娱乐用品制造业	2	4556	3632	2676	552	3394
化学原料和化学制品制造业	20	27001440	30707873	6784984	100823	22768364
医药制造业	3	34820	36125	20344	6361	22044
化学纤维制造业	3	9778	16412	14343	2338	12349
橡胶和塑料制品业	9	45391	52542	35752	12968	27813
非金属矿物制品业	52	417433	696755	447633	281996	235226
黑色金属冶炼和压延加工业	2	44222	5407	4293	2277	1895
有色金属冶炼和压延加工业	1	3988	3113	3102	1133	384
金属制品业	23	770743	638979	428783	168409	195883
通用设备制造业	22	401491	643477	455880	130556	160258
专用设备制造业	52	637741	1374204	585669	157194	656263
汽车制造业	15	316085	471674	305810	121375	189479
铁路、船舶、航空航天和其他运输设备制造业	30	1735686	4346701	2587235	487484	2363916
# 金属船舶制造	18	1652510	4009169	2438144	435641	2198679
电气机械和器材制造业	20	251973	422542	246553	82733	94353
计算机、通信和其他电子设备制造业	8	43016	105816	54984	16555	46542
仪器仪表制造业	8	26511	34424	25877	10090	9647
废弃资源综合利用业	5	71789	66529	22899	5268	26447
金属制品、机械和设备修理业	58	1671902	2546147	1466166	330408	1179031
电力、热力、燃气及水生产和供应业	**25**	**1136100**	**4875966**	**985391**	**349150**	**4202534**
电力、热力生产和供应业	15	913629	3510624	610815	304146	3272276
燃气生产和供应业	6	162135	1009302	305605	40512	575319
水的生产和供应业	4	60336	356039	68972	4492	354939

4-5 续表1

单位:万元

指标名称	累计折旧	负债合计	流动负债合计	所有者权益合计	实收资本	销售费用
总　　计	**7492053**	**35594666**	**20050697**	**15344185**	**10507342**	**192083**
轻工业	342233	2256052	2011691	805323	604394	38136
重工业	7149820	33338614	18039006	14538862	9902947	153947
采矿业	**86540**	**698468**	**328187**	**260798**	**140913**	**5461**
非金属矿采选业	86540	698468	328187	260798	140913	5461
制造业	**6116510**	**31811953**	**18663793**	**13291666**	**9067366**	**169707**
农副食品加工业	250618	2057265	1823739	639133	501831	26132
#水产品加工	187363	1117056	905033	508520	311371	23245
食品制造业	17988	27979	24487	60696	38267	1956
酒、饮料和精制茶制造业	3691	4929	4929	4303	500	218
纺织业	13809	47027	46326	7657	3920	473
纺织服装、服饰业	1552	7182	7182	1433	1676	107
家具制造业	814	628	628	255	500	
造纸和纸制品业	9615	49000	45318	18807	28698	1676
印刷和记录媒介复制业	2226	1992	1992	2984	550	123
文教、工美、体育和娱乐用品制造业	2453	2404	2404	1227	682	234
化学原料和化学制品制造业	3388801	21202937	9448454	9504936	5846018	18040
医药制造业	10161	11722	9136	24403	6200	6144
化学纤维制造业	9653	5992	5992	10419	1055	220
橡胶和塑料制品业	13911	20856	19989	31686	6898	695
非金属矿物制品业	110207	565974	538892	130781	107468	18927
黑色金属冶炼和压延加工业	781	5439	5439	-32		30
有色金属冶炼和压延加工业	1	271	271	2841		167
金属制品业	49999	470840	464800	168138	143235	7992
通用设备制造业	70762	346109	312291	297368	45818	12130
专用设备制造业	259532	855414	678027	518790	244094	16428
汽车制造业	71732	109773	98533	361902	42337	11527
铁路、船舶、航空航天和其他运输设备制造业	1178469	4057568	3316093	289133	1369064	9265
#金属船舶制造	1128706	3807153	3070151	202016	1277627	8062
电气机械和器材制造业	32007	236067	167745	186475	123394	6008
计算机、通信和其他电子设备制造业	12552	59918	37065	45898	27936	765
仪器仪表制造业	3686	16096	16096	18328	7219	1341
废弃资源综合利用业	9723	36460	30130	30069	25432	878
金属制品、机械和设备修理业	591768	1612110	1557835	934037	494573	28230
电力、热力、燃气及水生产和供应业	**1289004**	**3084245**	**1058717**	**1791721**	**1299063**	**16915**
电力、热力生产和供应业	1049818	2338352	560562	1172272	987401	
燃气生产和供应业	115675	515378	394076	493925	227761	2394
水的生产和供应业	123511	230516	104080	125524	83900	14521

4–5 续表 2 单位:万元

指标名称	管理费用	营业收入	营业成本	税金及附加	利润总额	利税总额
总　　计	**547932**	**39596065**	**33945702**	**2452689**	**681398**	**3614226**
轻工业	69799	3128837	2925728	9844	19636	48057
重工业	478133	36467228	31019975	2442845	661762	3566169
采矿业	**13343**	**312448**	**186589**	**10249**	**62698**	**85499**
非金属矿采选业	13343	312448	186589	10249	62698	85499
制造业	**512088**	**37905787**	**32696464**	**2435997**	**424771**	**3301454**
农副食品加工业	53204	2775388	2628947	7500	4085	21156
# 水产品加工	47946	1519823	1397925	6010	–3190	12220
食品制造业	2179	37313	25315	346	4919	6950
酒、饮料和精制茶制造业	1189	6658	4169	544	372	1201
纺织业	1958	62913	55801	211	1952	2699
纺织服装、服饰业	562	8894	8395	36	–235	99
家具制造业	83	478	363	11	8	73
造纸和纸制品业	2490	56007	51565	298	–1500	594
印刷和记录媒介复制业	411	4513	3228	20	742	977
文教、工美、体育和娱乐用品制造业	379	4430	3403	31	218	274
化学原料和化学制品制造业	64344	27563442	23661062	2382080	56483	2728755
医药制造业	2441	34662	18336	373	6447	9114
化学纤维制造业	835	81153	78472	125	1238	1821
橡胶和塑料制品业	4082	46317	36583	196	3765	5249
非金属矿物制品业	28069	433837	384238	2447	–10988	5080
黑色金属冶炼和压延加工业	1885	56171	54127	48	–130	440
有色金属冶炼和压延加工业	220	3978	3268	152	177	435
金属制品业	16269	853075	797097	1895	15989	24902
通用设备制造业	21931	435995	344953	1666	38174	50281
专用设备制造业	43061	705774	574393	6445	36520	73213
汽车制造业	16895	327636	243455	2201	44408	54363
铁路、船舶、航空航天和其他运输设备制造业	85770	2185380	1890655	13937	74816	111319
# 金属船舶制造	79097	2088630	1802070	11965	79718	112633
电气机械和器材制造业	21290	266301	222624	869	3514	8722
计算机、通信和其他电子设备制造业	4667	54618	42042	322	2465	4156
仪器仪表制造业	2362	28572	21791	154	2194	3553
废弃资源综合利用业	2053	109209	106502	932	640	8720
金属制品、机械和设备修理业	133458	1763072	1435679	13161	138498	177307
电力、热力、燃气及水生产和供应业	**22501**	**1377830**	**1062649**	**6443**	**193928**	**227273**
电力、热力生产和供应业	8860	1059768	846881	4918	127065	154419
燃气生产和供应业	6721	241935	159413	730	63625	67066
水的生产和供应业	6921	76128	56356	795	3238	5788

4-6 规模以上工业企业主要经济效益指标

（2023年）

指标名称	成本费用利润率(%)	营业收入利润率(%)	每百元固定资产原值实现利税(元)	每百元营业收入实现利税(元)	总资产贡献率(%)
总　　计	**1.86**	**1.72**	**10.85**	**9.13**	**8.48**
轻工业	0.63	0.63	4.94	1.54	2.42
重工业	1.98	1.81	11.03	9.78	8.87
采矿业	**26.14**	**20.07**	**39.36**	**27.36**	**12.05**
非金属矿采选业	26.14	20.07	39.36	27.36	12.05
制造业	**1.21**	**1.12**	**11.43**	**8.71**	**8.71**
农副食品加工业	0.15	0.15	2.79	0.76	1.60
#水产品加工	-0.21	-0.21	1.99	0.80	2.01
食品制造业	15.05	13.18	13.13	18.63	8.60
酒、饮料和精制茶制造业	6.46	5.59	19.09	18.03	14.98
纺织业	3.20	3.10	10.71	4.29	6.88
纺织服装、服饰业	-2.56	-2.64	4.41	1.11	1.60
家具制造业	1.73	1.61	6.95	15.30	8.28
造纸和纸制品业	-2.56	-2.68	1.61	1.06	2.49
印刷和记录媒介复制业	19.12	16.44	26.37	21.65	20.58
文教、工美、体育和娱乐用品制造业	5.16	4.93	8.07	6.19	8.03
化学原料和化学制品制造业	0.22	0.20	11.98	9.90	10.65
医药制造业	22.52	18.60	41.35	26.30	25.72
化学纤维制造业	1.55	1.53	14.74	2.24	11.36
橡胶和塑料制品业	8.72	8.13	18.87	11.33	10.81
非金属矿物制品业	-2.46	-2.53	2.16	1.17	2.01
黑色金属冶炼和压延加工业	-0.23	-0.23	23.23	0.78	9.60
有色金属冶炼和压延加工业	4.72	4.46	113.23	10.93	16.85
金属制品业	1.91	1.87	12.71	2.92	4.50
通用设备制造业	9.55	8.76	31.37	11.53	8.21
专用设备制造业	5.45	5.17	11.16	10.37	5.79
汽车制造业	15.65	13.55	28.69	16.59	11.87
铁路、船舶、航空航天和其他运输设备制造业	3.61	3.42	4.71	5.09	3.18
#金属船舶制造	4.04	3.82	5.12	5.39	3.45
电气机械和器材制造业	1.35	1.32	9.24	3.28	1.98
计算机、通信和其他电子设备制造业	4.67	4.51	8.93	7.61	5.24
仪器仪表制造业	8.07	7.68	36.83	12.44	10.82
废弃资源综合利用业	0.57	0.59	32.97	7.98	14.27
金属制品、机械和设备修理业	8.56	7.86	15.04	10.06	7.23
电力、热力、燃气及水生产和供应业	**16.40**	**14.07**	**5.41**	**16.49**	**5.63**
电力、热力生产和供应业	13.79	11.99	4.72	14.57	5.44
燃气生产和供应业	35.34	26.30	11.66	27.72	7.37
水的生产和供应业	3.98	4.25	1.63	7.60	2.56

4-7 规模以上国有控股工业企业主要财务指标

（2023年）

单位:万元

指标名称	企业单位数（个）	工业总产值（当年价格）	资产总计	流动资产合计	其中：应收账款	固定资产原价
总　　计	**37**	**3638171**	**6143932**	**2269876**	**429345**	**4606947**
轻工业	10	253380	501082	234773	15553	236371
重工业	27	3384791	5642850	2035103	413791	4370576
采矿业	**1**	**168630**	**350381**	**86715**	**1831**	**91247**
非金属矿采选业	1	168630	350381	86715	1831	91247
制造业	**22**	**2504399**	**2497265**	**1602150**	**175970**	**1399803**
农副食品加工业	7	230739	441224	207826	10030	200514
#水产品加工	7	230739	441224	207826	10030	200514
食品制造业	2	19857	52239	19659	635	35373
化学原料和化学制品制造业	3	1343457	388844	272176	11420	373349
非金属矿物制品业	4	29806	51044	33612	21912	2052
金属制品业	2	134274	237580	103917	64920	108803
通用设备制造业	1	87504	157735	119788	30922	41775
铁路、船舶、航空航天和其他运输设备制造业	1	430447	515472	336051	19203	421370
#金属船舶制造	1	430447	515472	336051	19203	421370
金属制品、机械和设备修理业	2	228315	653127	509121	16929	216567
电力、热力、燃气及水生产和供应业	**14**	**965141**	**3296287**	**581012**	**251544**	**3115897**
电力、热力生产和供应业	7	843653	2809998	450778	245135	2685846
燃气生产和供应业	3	61152	130250	61263	1917	75113
水的生产和供应业	4	60336	356039	68972	4492	354939

4-7 续表 1

单位:万元

指标名称	累计折旧	负债合计	流动负债合计	所有者权益合计	实收资本	销售费用
总　　计	**1801534**	**4133030**	**2085580**	**2010903**	**1601062**	**32406**
轻工业	51210	241649	112090	259433	129647	3679
重工业	1750323	3891380	1973490	1751470	1471415	28727
采矿业	**29256**	**236603**	**81875**	**113778**	**79733**	**1251**
非金属矿采选业	29256	236603	81875	113778	79733	1251
制造业	**704965**	**1654433**	**1416350**	**842832**	**669306**	**14643**
农副食品加工业	39588	234151	104697	207073	104637	3031
# 水产品加工	39588	234151	104697	207073	104637	3031
食品制造业	11357	4455	4350	47784	25000	434
化学原料和化学制品制造业	286927	253746	236604	135098	76860	2064
非金属矿物制品业	659	46453	38896	4591	5950	499
金属制品业	13659	178276	175423	59305	56500	229
通用设备制造业	17511	29293	29133	128441	15000	4337
铁路、船舶、航空航天和其他运输设备制造业	226717	386310	326025	129162	280000	2995
# 金属船舶制造	226717	386310	326025	129162	280000	2995
金属制品、机械和设备修理业	108547	521749	501221	131378	105359	1056
电力、热力、燃气及水生产和供应业	**1067312**	**2241994**	**587356**	**1054293**	**852023**	**16511**
电力、热力生产和供应业	918766	1972371	458918	837627	758536	
燃气生产和供应业	25036	39107	24359	91143	9587	1991
水的生产和供应业	123511	230516	104080	125524	83900	14521

4–7 续表 2

单位:万元

指标名称	管理费用	营业收入	营业成本	税金及附加	利润总额	利税总额
总　　计	**76781**	**3892093**	**3338206**	**127895**	**191701**	**367443**
轻工业	14817	361601	324433	2166	–2111	1414
重工业	61964	3530492	3013773	125729	193812	366029
采矿业	**2532**	**163972**	**109541**	**5869**	**33726**	**43068**
非金属矿采选业	2532	163972	109541	5869	33726	43068
制造业	**58410**	**2611323**	**2307917**	**116646**	**55534**	**197075**
农副食品加工业	13790	334136	306022	1864	–8317	–6363
# 水产品加工	13790	334136	306022	1864	–8317	–6363
食品制造业	893	24048	16333	263	5220	6456
化学原料和化学制品制造业	4908	1331056	1199542	108021	5198	132041
非金属矿物制品业	764	28997	28025	53	–1079	–1008
金属制品业	3810	113922	106416	818	813	3159
通用设备制造业	5916	96841	76319	378	7017	10109
铁路、船舶、航空航天和其他运输设备制造业	11123	448251	373845	4376	33310	37724
# 金属船舶制造	11123	448251	373845	4376	33310	37724
金属制品、机械和设备修理业	17206	234072	201416	873	13372	14958
电力、热力、燃气及水生产和供应业	**15838**	**1116798**	**920748**	**5379**	**102441**	**127300**
电力、热力生产和供应业	7494	950345	779710	4376	96693	118032
燃气生产和供应业	1424	90325	84682	208	2510	3480
水的生产和供应业	6921	76128	56356	795	3238	5788

4-8 规模以上国有控股工业企业主要经济效益指标

（2023 年）

指标名称	成本费用利润率(%)	营业收入利润率(%)	每百元固定资产原值实现利税(元)	每百元营业收入实现利税(元)	总资产贡献率(%)
总　　计	**5.39**	**4.93**	**7.98**	**9.44**	**6.79**
轻工业	-0.59	-0.58	0.60	0.39	1.12
重工业	6.05	5.49	8.37	10.37	7.29
采矿业	**27.11**	**20.57**	**47.20**	**26.27**	**14.38**
非金属矿采选业	27.11	20.57	47.20	26.27	14.38
制造业	**2.29**	**2.13**	**14.08**	**7.55**	**8.07**
农副食品加工业	-2.49	-2.49	-3.17	-1.90	-0.49
#水产品加工	-2.49	-2.49	-3.17	-1.90	-0.49
食品制造业	27.66	21.71	18.25	26.84	12.35
化学原料和化学制品制造业	0.43	0.39	35.37	9.92	34.75
非金属矿物制品业	-3.63	-3.72	-49.13	-3.48	-1.61
金属制品业	0.72	0.71	2.90	2.77	1.33
通用设备制造业	7.73	7.25	24.20	10.44	5.91
铁路、船舶、航空航天和其他运输设备制造业	8.24	7.43	8.95	8.42	7.28
#金属船舶制造	8.24	7.43	8.95	8.42	7.28
金属制品、机械和设备修理业	6.06	5.71	6.91	6.39	1.97
电力、热力、燃气及水生产和供应业	**10.13**	**9.17**	**4.09**	**11.40**	**5.02**
电力、热力生产和供应业	11.49	10.17	4.39	12.42	5.48
燃气生产和供应业	2.86	2.78	4.63	3.85	1.81
水的生产和供应业	3.98	4.25	1.63	7.60	2.56

4-9 规模以上私营工业企业主要财务指标

（2023 年）

单位：万元

指标名称	企业单位数（个）	工业总产值（当年价格）	资产总计	流动资产合计	其中：应收账款	固定资产原价
总　　计	**369**	**4964553**	**6428663**	**4086247**	**1221097**	**2493895**
轻工业	124	1148814	1102341	746357	125211	427822
重工业	245	3815739	5326322	3339889	1095885	2066073
采矿业	**6**	**84528**	**490955**	**382175**	**16415**	**96222**
非金属矿采选业	6	84528	490955	382175	16415	96222
制造业	**362**	**4877787**	**5915455**	**3695353**	**1202726**	**2380833**
农副食品加工业	98	1006022	930773	645788	94962	320198
#水产品加工	93	864568	835927	589060	86755	281876
食品制造业	1	5347	11985	5278	1594	8795
纺织业	3	60599	54684	35151	5739	25205
纺织服装、服饰业	2	5237	5417	5066	1428	839
家具制造业	1	423	883	291	271	1052
造纸和纸制品业	3	6607	12514	9595	2989	3449
印刷和记录媒介复制业	1	4258	4976	2656	1582	3704
文教、工美、体育和娱乐用品制造业	2	4556	3632	2676	552	3394
化学原料和化学制品制造业	9	42961	45633	25493	9734	32343
医药制造业	2	6666	9331	5283	1748	6175
化学纤维制造业	2	6959	11599	9758	2085	12021
橡胶和塑料制品业	8	31686	42773	30839	10561	22811
非金属矿物制品业	34	288374	393399	302785	200342	134636
黑色金属冶炼和压延加工业	1	14623	3868	2754	1896	1895
有色金属冶炼和压延加工业	1	3988	3113	3102	1133	384
金属制品业	17	568119	281270	216720	39014	74324
通用设备制造业	18	251675	381440	297971	85215	85811
专用设备制造业	46	330926	495902	310220	99784	259137
汽车制造业	13	236852	285331	217116	100563	94422
铁路、船舶、航空航天和其他运输设备制造业	17	627382	1286110	669064	214764	629803
#金属船舶制造	8	577351	1057484	605223	208817	498685
电气机械和器材制造业	16	173888	186415	120472	50625	56038
计算机、通信和其他电子设备制造业	7	32878	87326	45267	11079	37556
仪器仪表制造业	8	26511	34424	25877	10090	9647
废弃资源综合利用业	4	70678	40636	18565	2589	13486
金属制品、机械和设备修理业	48	1070574	1302022	687567	252388	543710
电力、热力、燃气及水生产和供应业	**1**	**2238**	**22253**	**8718**	**1956**	**16840**
电力、热力生产和供应业	1	2238	22253	8718	1956	16840

4-9　续表 1　　　　单位:万元

指标名称	累计折旧	负债合计	流动负债合计	所有者权益合计	实收资本	销售费用
总　　计	**1021135**	**4325577**	**3944237**	**2103084**	**823624**	**110741**
轻工业	199117	792050	719868	310291	202236	20206
重工业	822018	3533527	3224369	1792794	621389	90536
采矿业	**41818**	**365772**	**176519**	**125183**	**37380**	**4174**
非金属矿采选业	41818	365772	176519	125183	37380	4174
制造业	**975444**	**3954024**	**3767837**	**1961430**	**776244**	**106568**
农副食品加工业	140862	678730	611691	252043	169602	17811
#水产品加工	123363	611875	561682	224051	152842	16621
食品制造业	4164	13015	9628	-1030	1000	751
纺织业	13809	47027	46326	7657	3920	473
纺织服装、服饰业	488	4998	4998	419	758	39
家具制造业	814	628	628	255	500	
造纸和纸制品业	2072	9164	8482	3349	3240	88
印刷和记录媒介复制业	2226	1992	1992	2984	550	123
文教、工美、体育和娱乐用品制造业	2453	2404	2404	1227	682	234
化学原料和化学制品制造业	20520	27251	27250	18382	7288	4264
医药制造业	3464	1502	1502	7829	4200	
化学纤维制造业	9553	1685	1685	9914	550	95
橡胶和塑料制品业	13735	14872	14005	27902	3628	650
非金属矿物制品业	81739	291112	290022	102286	54999	14063
黑色金属冶炼和压延加工业	781	3454	3454	414		30
有色金属冶炼和压延加工业	1	271	271	2841		167
金属制品业	32402	211073	209887	70196	53350	6969
通用设备制造业	39444	247866	234452	133574	21103	2751
专用设备制造业	129126	265874	237896	230028	46322	11034
汽车制造业	41123	64742	57444	220589	27349	9752
铁路、船舶、航空航天和其他运输设备制造业	136880	1086589	1078820	199521	177392	3098
#金属船舶制造	110347	865692	858380	191792	147200	2116
电气机械和器材制造业	25094	89790	88240	96624	31894	4494
计算机、通信和其他电子设备制造业	9682	51842	30664	35483	18249	705
仪器仪表制造业	3686	16096	16096	18328	7219	1341
废弃资源综合利用业	5537	26685	25579	13951	16132	878
金属制品、机械和设备修理业	255791	795359	764419	506663	126319	26758
电力、热力、燃气及水生产和供应业	**3873**	**5781**	**-119**	**16472**	**10000**	
电力、热力生产和供应业	3873	5781	-119	16472	10000	

4–9 续表 2

单位:万元

指标名称	管理费用	营业收入	营业成本	税金及附加	利润总额	利税总额
总　　计	**259781**	**5237335**	**4413363**	**29877**	**225030**	**350523**
轻工业	37592	1211033	1104391	4183	13672	27563
重工业	222189	4026302	3308972	25695	211357	322960
采矿业	**7363**	**115260**	**51932**	**3580**	**23187**	**30802**
非金属矿采选业	7363	115260	51932	3580	23187	30802
制造业	**252378**	**5118793**	**4360170**	**26291**	**200150**	**317626**
农副食品加工业	28835	1066225	980869	3321	10022	19607
# 水产品加工	26937	924527	849012	3150	6250	15190
食品制造业	311	6294	4719	57	–498	–239
纺织业	1958	62913	55801	211	1952	2699
纺织服装、服饰业	330	5237	4882	25	–145	28
家具制造业	83	478	363	11	8	73
造纸和纸制品业	606	6583	5879	16	–179	24
印刷和记录媒介复制业	411	4513	3228	20	742	977
文教、工美、体育和娱乐用品制造业	379	4430	3403	31	218	274
化学原料和化学制品制造业	4081	44003	31740	330	1238	3218
医药制造业	976	6839	5181	83	544	945
化学纤维制造业	423	7576	5559	97	1185	1608
橡胶和塑料制品业	3429	33252	25437	194	3185	5040
非金属矿物制品业	13627	288154	254699	1416	–1733	10491
黑色金属冶炼和压延加工业	678	14623	13435	25	235	590
有色金属冶炼和压延加工业	220	3978	3268	152	177	435
金属制品业	8241	603012	567122	866	13220	18112
通用设备制造业	11971	252996	197380	873	25686	32962
专用设备制造业	24275	340904	266320	2573	21100	35376
汽车制造业	9128	247255	183656	1487	37135	43518
铁路、船舶、航空航天和其他运输设备制造业	37245	650072	534467	4620	–3606	11975
# 金属船舶制造	33895	597020	484992	2935	52	13181
电气机械和器材制造业	13597	173665	134221	726	14228	19518
计算机、通信和其他电子设备制造业	3752	44898	35238	321	1434	3076
仪器仪表制造业	2362	28572	21791	154	2194	3553
废弃资源综合利用业	1201	98789	99493	817	–1190	6631
金属制品、机械和设备修理业	84261	1123535	922024	7865	72997	97137
电力、热力、燃气及水生产和供应业	**40**	**3282**	**1261**	**6**	**1693**	**2095**
电力、热力生产和供应业	40	3282	1261	6	1693	2095

4-10　规模以上私营工业企业主要经济效益指标

（2023 年）

指标名称	成本费用利润率(%)	营业收入利润率(%)	每百元固定资产原值实现利税(元)	每百元营业收入实现利税(元)	总资产贡献率(%)
总　　计	**4.52**	**4.30**	**14.06**	**6.69**	**6.88**
轻工业	1.14	1.13	6.44	2.28	4.08
重工业	5.59	5.25	15.63	8.02	7.46
采矿业	**27.76**	**20.12**	**32.01**	**26.72**	**10.24**
非金属矿采选业	27.76	20.12	32.01	26.72	10.24
制造业	**4.09**	**3.91**	**13.34**	**6.21**	**6.58**
农副食品加工业	0.95	0.94	6.12	1.84	3.71
# 水产品加工	0.68	0.68	5.39	1.64	3.42
食品制造业	-7.27	-7.90	-2.72	-3.80	2.38
纺织业	3.20	3.10	10.71	4.29	6.88
纺织服装、服饰业	-2.70	-2.77	3.31	0.53	1.50
家具制造业	1.73	1.61	6.95	15.30	8.28
造纸和纸制品业	-2.62	-2.71	0.68	0.36	2.03
印刷和记录媒介复制业	19.12	16.44	26.37	21.65	20.58
文教、工美、体育和娱乐用品制造业	5.16	4.93	8.07	6.19	8.03
化学原料和化学制品制造业	2.92	2.81	9.95	7.31	8.98
医药制造业	8.22	7.95	15.31	13.82	10.06
化学纤维制造业	18.65	15.64	13.38	21.22	13.86
橡胶和塑料制品业	10.38	9.58	22.09	15.16	12.56
非金属矿物制品业	-0.59	-0.60	7.79	3.64	3.79
黑色金属冶炼和压延加工业	1.63	1.61	31.12	4.03	17.28
有色金属冶炼和压延加工业	4.72	4.46	113.23	10.93	16.85
金属制品业	2.24	2.19	24.37	3.00	7.72
通用设备制造业	11.45	10.15	38.41	13.03	9.32
专用设备制造业	6.56	6.19	13.65	10.38	8.03
汽车制造业	17.63	15.02	46.09	17.60	15.65
铁路、船舶、航空航天和其他运输设备制造业	-0.57	-0.55	1.90	1.84	3.16
# 金属船舶制造	0.01	0.01	2.64	2.21	3.90
电气机械和器材制造业	8.90	8.19	34.83	11.24	11.00
计算机、通信和其他电子设备制造业	3.26	3.19	8.19	6.85	4.66
仪器仪表制造业	8.07	7.68	36.83	12.44	10.82
废弃资源综合利用业	-1.16	-1.20	49.17	6.71	18.23
金属制品、机械和设备修理业	6.99	6.50	17.87	8.65	7.91
电力、热力、燃气及水生产和供应业	**107.16**	**51.60**	**12.44**	**63.83**	**10.70**
电力、热力生产和供应业	107.16	51.60	12.44	63.83	10.70

4-11 规模以上外商和港澳台商投资工业企业主要财务指标

（2023年）

单位:万元

指标名称	企业单位数（个）	工业总产值（当年价格）	资产总计	流动资产合计	其中：应收账款	固定资产原价
总　　计	**27**	**2597295**	**3487162**	**1561691**	**354217**	**2318662**
轻工业	9	167916	192082	115846	10322	90065
重工业	18	2429380	3295080	1445845	343895	2228597
制造业	**22**	**2459398**	**2013291**	**1183226**	**266231**	**1354658**
农副食品加工业	8	164258	188884	113077	9610	88660
#水产品加工	8	164258	188884	113077	9610	88660
纺织服装、服饰业	1	3657	3198	2769	712	1405
化学原料和化学制品制造业	2	1367760	427361	294999	5622	390549
黑色金属冶炼和压延加工业	1	29600	1539	1539	381	
铁路、船舶、航空航天和其他运输设备制造业	3	448430	513987	406559	178591	306120
电气机械和器材制造业	1	48069	184027	89177	18909	24619
金属制品、机械和设备修理业	6	397625	694295	275106	52406	543306
电力、热力、燃气及水生产和供应业	**5**	**137897**	**1473871**	**378465**	**87985**	**964004**
电力、热力生产和供应业	3	41804	597273	136076	49391	464995
燃气生产和供应业	2	96093	876598	242389	38595	499009

4–11 续表 1

单位:万元

指标名称	累计折旧	负债合计	流动负债合计	所有者权益合计	实收资本	销售费用
总　　计	**1000102**	**1876635**	**1407904**	**1610527**	**1053272**	**7959**
轻工业	33233	105761	73759	86321	24151	1625
重工业	966869	1770874	1334145	1524207	1029122	6335
制造业	**826504**	**1078167**	**959770**	**935124**	**635232**	**7558**
农副食品加工业	32169	103578	71575	85307	23232	1556
#水产品加工	32169	103578	71575	85307	23232	1556
纺织服装、服饰业	1064	2184	2184	1014	919	68
化学原料和化学制品制造业	284445	258868	241516	168493	117070	1738
黑色金属冶炼和压延加工业		1985	1985	–446		
铁路、船舶、航空航天和其他运输设备制造业	223643	257821	257265	256166	62675	1968
电气机械和器材制造业	988	117110	50969	66917	77083	755
金属制品、机械和设备修理业	284195	336621	334277	357673	354254	1472
电力、热力、燃气及水生产和供应业	**173598**	**798468**	**448135**	**675403**	**418040**	**402**
电力、热力生产和供应业	83670	322454	78641	274820	200866	
燃气生产和供应业	89928	476014	369493	400584	217174	402

4–11 续表 2

单位:万元

指标名称	管理费用	营业收入	营业成本	税金及附加	利润总额	利税总额
总　　计	**61723**	**3022613**	**2613576**	**114061**	**177041**	**321798**
轻工业	9350	193534	177058	1037	751	4098
重工业	52373	2829079	2436518	113024	176290	317700
制造业	**55876**	**2808511**	**2503349**	**113343**	**98883**	**237478**
农副食品加工业	9118	189877	173545	1026	840	4027
#水产品加工	9118	189877	173545	1026	840	4027
纺织服装、服饰业	233	3657	3513	11	–90	71
化学原料和化学制品制造业	5509	1354589	1227550	107872	1547	128993
黑色金属冶炼和压延加工业	1208	41549	40693	24	–365	–150
铁路、船舶、航空航天和其他运输设备制造业	10161	771823	708841	126	49129	51987
电气机械和器材制造业	2801	36422	39327	40	–11481	–12421
金属制品、机械和设备修理业	26847	410595	309881	4245	59302	64970
电力、热力、燃气及水生产和供应业	**5847**	**214102**	**110227**	**718**	**78159**	**84321**
电力、热力生产和供应业	788	67487	39285	219	17999	21843
燃气生产和供应业	5059	146615	70942	499	60160	62478

4-12 规模以上外商和港澳台商投资工业企业主要经济效益指标

（2023 年）

行　　业	成本费用利润率(%)	营业收入利润率(%)	每百元固定资产原值实现利税(元)	每百元营业收入实现利税(元)	总资产贡献率(%)
总　　计	**6.50**	**5.86**	**13.88**	**10.65**	**9.55**
轻工业	0.38	0.39	4.55	2.12	2.69
重工业	6.97	6.23	14.26	11.23	9.95
制造业	**3.82**	**3.52**	**17.53**	**8.46**	**11.92**
农副食品加工业	0.44	0.44	4.54	2.12	2.70
#水产品加工	0.44	0.44	4.54	2.12	2.70
纺织服装、服饰业	-2.36	-2.45	5.07	1.95	1.76
化学原料和化学制品制造业	0.12	0.11	33.03	9.52	30.78
黑色金属冶炼和压延加工业	-0.87	-0.88		-0.36	-9.71
铁路、船舶、航空航天和其他运输设备制造业	6.83	6.37	16.98	6.74	9.61
电气机械和器材制造业	-26.02	-31.52	-50.45	-34.10	-7.59
金属制品、机械和设备修理业	17.00	14.44	11.96	15.82	9.81
电力、热力、燃气及水生产和供应业	**57.04**	**36.51**	**8.75**	**39.38**	**6.31**
电力、热力生产和供应业	36.77	26.67	4.70	32.37	3.71
燃气生产和供应业	68.29	41.03	12.52	42.61	8.09

4-13 大中型工业企业主要财务指标

（2023 年）

单位:万元

指标名称	企业单位数（个）	工业总产值（当年价格）	资产总计	流动资产合计	其中：应收账款	固定资产原价
总　计	**57**	**31664984**	**38926785**	**10846403**	**1115803**	**27591263**
轻工业	10	344791	657701	320649	25793	322950
重工业	47	31320194	38269084	10525755	1090009	27268313
采矿业	**1**	**168630**	**350381**	**86715**	**1831**	**91247**
非金属矿采选业	1	168630	350381	86715	1831	91247
制造业	**53**	**30710766**	**37050376**	**10551030**	**1043640**	**25956096**
农副食品加工业	8	285508	606134	284146	18105	291297
# 水产品加工	8	285508	606134	284146	18105	291297
纺织业	1	31129	24773	21443	3075	15785
化学原料和化学制品制造业	2	26654341	30055409	6577519	73893	22463006
医药制造业	1	28154	26794	15060	4613	15869
通用设备制造业	3	164367	289149	182454	55474	79395
专用设备制造业	8	324430	740453	273104	63893	429312
汽车制造业	5	264728	395965	250917	87622	158795
铁路、船舶、航空航天和其他运输设备制造业	4	1404813	2355148	1464857	401653	1449226
电气机械和器材制造业	3	139018	286831	159646	52653	46961
金属制品、机械和设备修理业	18	1414277	2269720	1321884	282658	1006452
电力、热力、燃气及水生产和供应业	**3**	**785588**	**1526028**	**208658**	**70332**	**1543920**
电力、热力生产和供应业	2	747317	1350364	187155	68310	1352446
水的生产和供应业	1	38271	175664	21503	2023	191474

4-13　续表 1　　单位:万元

指标名称	累计折旧	负债合计	流动负债合计	所有者权益合计	实收资本	销售费用
总　　计	**5640837**	**26420532**	**13670519**	**12506253**	**7595180**	**95407**
轻工业	75389	440217	278230	217484	118977	9727
重工业	5565448	25980315	13392288	12288769	7476204	85680
采矿业	**29256**	**236603**	**81875**	**113778**	**79733**	**1251**
非金属矿采选业	29256	236603	81875	113778	79733	1251
制造业	**4829855**	**25115035**	**13210972**	**11935341**	**7053019**	**81310**
农副食品加工业	55639	413012	254312	193122	113977	3245
#水产品加工	55639	413012	254312	193122	113977	3245
纺织业	13053	16985	16284	7788	3000	339
化学原料和化学制品制造业	3338883	20756469	9277148	9298940	5655850	8827
医药制造业	6697	10220	7635	16574	2000	6144
通用设备制造业	32890	124837	102054	164312	23469	9593
专用设备制造业	159588	429121	381768	311332	166790	6066
汽车制造业	56703	80472	71060	315493	36988	10240
铁路、船舶、航空航天和其他运输设备制造业	678958	1786976	1703226	568172	541681	6998
电气机械和器材制造业	10670	148605	81483	138226	85883	2393
金属制品、机械和设备修理业	476774	1348338	1316004	921382	423382	27466
电力、热力、燃气及水生产和供应业	**781726**	**1068894**	**377672**	**457134**	**462429**	**12846**
电力、热力生产和供应业	714524	962912	322697	387453	407229	
水的生产和供应业	67202	105982	54975	69681	55200	12846

4–13 续表 2

单位:万元

指标名称	管理费用	营业收入	营业成本	税金及附加	利润总额	利税总额
总　　计	**275787**	**32943513**	**28139689**	**2404568**	**466374**	**3198629**
轻工业	17482	455217	413444	2809	–12132	–7082
重工业	258305	32488295	27726245	2401760	478506	3205711
采矿业	**2532**	**163972**	**109541**	**5869**	**33726**	**43068**
非金属矿采选业	2532	163972	109541	5869	33726	43068
制造业	**261527**	**31959897**	**27311759**	**2394225**	**380723**	**3091778**
农副食品加工业	14892	391775	370962	2427	–20547	–18242
# 水产品加工	14892	391775	370962	2427	–20547	–18242
纺织业	1125	35620	29328	92	2513	2991
化学原料和化学制品制造业	53329	27211983	23336062	2365431	83571	2718379
医药制造业	1465	27823	13155	289	5903	8169
通用设备制造业	10452	195092	159089	744	10774	14852
专用设备制造业	22346	417133	347456	3585	22917	34289
汽车制造业	12889	272752	198498	1981	41968	49296
铁路、船舶、航空航天和其他运输设备制造业	34601	1784484	1536979	8515	99000	118383
电气机械和器材制造业	7175	127885	108565	523	1930	5344
金属制品、机械和设备修理业	103254	1495351	1211666	10639	132696	158317
电力、热力、燃气及水生产和供应业	**11727**	**819643**	**718389**	**4473**	**51924**	**63783**
电力、热力生产和供应业	6963	767789	685711	3893	44166	54075
水的生产和供应业	4764	51854	32678	581	7758	9708

4-14 大中型工业企业主要经济效益指标

（2023年）

指标名称	成本费用利润率(%)	营业收入利润率(%)	每百元固定资产原值实现利税(元)	每百元营业收入实现利税(元)	总资产贡献率(%)
总　　计	**1.55**	**1.42**	**11.59**	**9.71**	**9.76**
轻工业	-2.64	-2.67	-2.19	-1.56	-0.12
重工业	1.61	1.47	11.76	9.87	9.93
采矿业	**27.11**	**20.57**	**47.20**	**26.27**	**14.38**
非金属矿采选业	27.11	20.57	47.20	26.27	14.38
制造业	**1.30**	**1.19**	**11.91**	**9.67**	**9.89**
农副食品加工业	-5.09	-5.24	-6.26	-4.66	-2.18
#水产品加工	-5.09	-5.24	-6.26	-4.66	-2.18
纺织业	7.58	7.05	18.95	8.40	16.36
化学原料和化学制品制造业	0.34	0.31	12.10	9.99	10.83
医药制造业	26.82	21.22	51.48	29.36	31.18
通用设备制造业	5.70	5.52	18.71	7.61	5.47
专用设备制造业	5.79	5.49	7.99	8.22	5.08
汽车制造业	18.21	15.39	31.04	18.07	12.69
铁路、船舶、航空航天和其他运输设备制造业	6.01	5.55	8.17	6.63	6.07
电气机械和器材制造业	1.58	1.51	11.38	4.18	1.29
金属制品、机械和设备修理业	9.78	8.87	15.73	10.59	7.11
电力、热力、燃气及水生产和供应业	**6.79**	**6.33**	**4.13**	**7.78**	**5.42**
电力、热力生产和供应业	6.19	5.75	4.00	7.04	5.37
水的生产和供应业	15.17	14.96	5.07	18.72	5.84

4-15 分县（区）规模以上工业企业主要经济指标

（2023 年）

指　　标	单位	舟山市	定海区	普陀区	岱山县	嵊泗县
企业单位数	家	510	250	169	76	15
亏损企业	家	149	72	57	16	4
工业总产值（当年价格）	万元	37414796	6483502	3351384	27456698	123212
资产总计	万元	50938853	8938024	6460104	34231943	1308783
# 流动资产合计	万元	16919934	4960691	3131290	8556007	271946
固定资产原价	万元	33300366	4016605	3591012	24638001	1054748
累计折旧	万元	7492053	1682323	1565421	4132111	112198
负债合计	万元	35594666	6018073	4556607	24131823	888162
所有者权益合计	万元	15344185	2919950	1903496	10100119	420621
# 实收资本	万元	10507342	1748611	1497012	6933755	327964
营业收入	万元	39596065	7224948	3646810	28540041	184266
营业成本	万元	33945702	6364135	3094152	24371575	115840
销售费用	万元	192083	96898	52274	39827	3084
管理费用	万元	547932	240210	139798	165507	2417
财务费用	万元	867963	83455	58480	699479	26549
研发费用	万元	1053160	121901	64560	864071	2627
利润总额	万元	681398	189950	211565	246162	33721
利税总额	万元	3614226	433289	278379	2859817	42740

4-16 历年全市电网用电情况

单位:万千瓦时

类　　别	1990年	2000年	2005年	2010年	2015年	2016年	2017年	2018年	2019年	2020年	2021年	2022年	2023年
全社会用电量	**36158**	**87411**	**184522**	**410770**	**460291**	**489112**	**525234**	**556666**	**654955**	**1033848**	**1347965**	**1826150**	**1920184**
按产业分:													
第一产业	1289	1138	1346	2373	3142	3608	3889	3446	3531	3937	3985	4424	4261
第二产业	27878	55822	117619	261761	242763	244127	262383	267899	347634	715120	991327	1439446	1501151
第三产业	2814	14843	34106	88207	134777	149663	163141	184074	198272	205563	235630	243848	267610
按主要行业分:													
一、全行业用电	31981	71803	153071	352341	380681	397398	429413	455419	549437	924619	1230942	1687719	1773022
1.农牧林渔业	1289	1138	1346	2373	3142	3608	3889	3998	4222	4531	4469	4946	4727
#农业	933	566	156	320	810	1021	1127	1221	1226	1239	1169	1377	1431
2.工业	27686	55136	114500	253129	234522	234674	243918	239318	259501	644225	975601	1422682	1484404
#交通运输设备制造业				99613	85687	78122	74349	57322	60082	66939	70095	86061	86827
食品、饮料和烟草制造业	10531	14523	24893	29535	34915	35445	35832	38701	38404	41726	47693	47018	51866
电力、热力生产和供应业	5984	20118	34708	40705	24993	28052	29306	29400	38459	53764	48788	58729	59232
3.建筑业	192	685	3119	8631	8241	9453	18465	28830	88597	71639	16681	17666	17647
4.交通运输仓储邮政业	626	2283	5136	30210	41222	44335	48793	58500	67198	68890	78864	80150	83923
5.商业、住宿和餐饮业	713	5728	9598	21860	34784	37907	40006	42760	44438	43861	51255	51694	58781
6.其他	1475	6833	19372	36138	58770	67421	74341	82013	85482	91474	104072	110580	123539
二、城乡居民生活用电	4177	15608	31451	58430	79610	91714	95821	101247	105518	109229	117023	138431	147162

4-17 规模以上工业企业能源消费量

（2023 年） 单位：吨标准煤

行　　业	综合能源消费量（等价值）	综合能源消费量（当量值）	万元产值能耗（当量）
总　　计	**41001819**	**41581136**	**1.0941**
非金属矿采选业	43992	22601	0.0575
农副食品加工业	204317	150966	0.0657
食品制造业	2499	1777	0.0721
酒、饮料和精制茶制造业	717	633	0.1078
纺织业	16338	11936	0.2318
纺织服装、服饰业	346	184	0.0183
家具制造业	20	10	0.1582
造纸和纸制品业	43392	32018	0.5448
印刷和记录媒介复制业	427	199	0.0772
文教、工美、体育和娱乐用品制造业	1055	920	0.1301
化学原料和化学制品制造业	39675935	37994186	1.4008
医药制造业	5283	3854	0.1042
化学纤维制造业	3779	1629	0.1917
橡胶和塑料制品业	6145	2734	0.0488
非金属矿物制品业	61075	43657	0.0917
黑色金属冶炼和压延加工业	1191	513	0.0034
有色金属冶炼和压延加工业	179	124	0.0598
金属制品业	27437	14289	0.0187
通用设备制造业	22741	10872	0.0345
专用设备制造业	52280	25037	0.0362
汽车制造业	49807	37587	0.1192
铁路、船舶、航空航天和其他运输设备制造业	135602	76636	0.0461
电气机械和器材制造业	23462	10261	0.0384
计算机、通信和其他电子设备制造业	2662	1147	0.0360
仪器仪表制造业	1069	477	0.0260
废弃资源综合利用业	3217	1703	0.0753
金属制品、机械和设备修理业	172659	94064	0.0567
电力、热力生产和供应业	409280	3025963	1.4305
燃气生产和供应业	14479	6319	0.0365
水的生产和供应业	20434	8840	0.1327

4-18 规模以上工业主要产品产量

（2023 年）

产品名称	计量单位	2023 年	产品名称	计量单位	2023 年
建筑用天然石料	立方米	11604055	预应力混凝土桩	米	1899379
砂石	吨	3261063	砖	万块	8514
饲料	吨	126970	钢材	吨	12000
饲料添加剂	吨	210	#焊接钢管	吨	12000
食用植物油	吨	287829	铝材	吨	1594
#精制食用植物油	吨	287829	钢结构	吨	476778
冷冻水产品	吨	529652	金属门窗及类似制品	吨	121
速冻食品	吨	392	#金属制窗及窗框	吨	121
酱油	吨	644	金属紧固件	吨	38970
营养、保健食品	吨	449	钢铁铰接链(工业链条)	吨	8821
食用盐	吨	103090	泵	台	7634984
食品添加剂	吨	27	齿轮	吨	607
饮料酒	千升	4606	金属密封件	万件	450
#黄酒	千升	4606	风机	台	11164
印染布	万米	1906	#鼓风机	台	11164
#染色布	万米	1906	包装专用设备	台	693
亚麻纱	吨	4067	铸铁件	吨	28751
亚麻布(含亚麻≥55%)	万米	180	锻件	吨	2983
服装	万件	270	塑料加工专用设备	台	3078
#针织服装	万件	181	模具	套	200
梭织服装	万件	89	饲料生产专用设备	台	1253
机制纸及纸板(外购原纸加工除外)	吨	160016	纺织专用设备	台	1048
纸制品	吨	22973	#纺纱机械	台	177
#瓦楞纸箱	吨	17506	工业机器人	套	81
多色印刷品	对开色令	8594	民用钢质船舶	载重吨	2011170
对二甲苯(PX)	吨	7919484	#钢质机动货船	载重吨	1980681
催化剂	吨	4323	钢质机动非货船	载重吨	30489
炸药	吨	11812	船舶修理	载重吨	223838154
化学药品原药	吨	1364	变压器	千伏安	1088000
#制剂用辅料及附加剂	吨	1364	#干式变压器	千伏安	1088000
化学纤维	吨	9078	配电或电器控制设备(等于或小于11万伏)	台(套、面)	4870
#合成纤维	吨	9078	#电力控制或电力分配装置	台(套、面)	4870
#涤纶	吨	9078	#高压开关板	台(套、面)	1190
#涤纶短纤维	吨	3247	低压开关板	台(套、面)	3325
塑料制品	吨	2639	电力电缆	千米	3948
#泡沫塑料	吨	218	电子元件	万只	223534
水泥	吨	2638623	工业自动调节仪表与控制系统	台(套)	3162163
#强度等级42.5水泥(含R型)	吨	2457485	熔炼用废钢	吨	235357
商品混凝土	立方米	5781422	自来水生产量	万立方米	11300

主要统计指标解释

工业 我国的工业,包括①自然资源的开采,如采矿、晒盐、森林采伐等(但不包括禽兽捕猎和水产捕捞);②对农副产品的加工、再加工,如:粮油加工、食品加工、轧花、缫丝、纺织、制革等。③对采掘品的加工、再加工,如冶金加工、石油加工、化学加工、机械加工、木材加工等,以及电力、煤气及水的生产和供应等。④对工业品的修理、翻新,如:机器设备的修理、交通运输工具(包括小汽车)的修理等。

本年鉴中涉及的企业登记注册类型:

企业单位的登记注册统计类别,依据《关于市场主体统计分类的划分规定》填写。机关、事业单位和社会团体及其他组织的登记注册统计类别，依据主要经费来源和管理方式，根据实际情况,比照《关于市场主体统计分类的划分规定》确定。

规模以上工业企业 指年主营业务收入 2000 万元及以上的工业企业。

工业总产值（当年价格） 指工业企业在本年内生产的以货币形式表现的工业最终产品和提供工业劳务活动的总价值量。

1.工业总产值计算应遵循的原则

(1)工业生产的原则。即凡是企业在本年内生产的最终产品和提供的劳务,均应包括在内。其中的最终产品,不管是否在本年内销售,只要是本年内生产的,就应包括在内。凡不是工业生产的产品,均不得计入工业总产值。

(2)最终产品的原则。即企业生产的成品价值必须是本企业生产的，经检验合格不需再进行任何加工的最终产品。企业对外销售的半成品也应视为最终产品计入工业总产值。而在本企业内各车间转移的半成品和在制品只能计算其期末期初差额价值。

(3)“工厂法”原则。即以法人工业企业作为一个整体计算工业总产值,是其本年内生产的最终产品和提供劳务的总价值量。

2.工业总产值的内容包括三部分:生产的成品价值、对外加工费收入、自制半成品在制品期末期初差额价值。

(1)成品价值:指企业在本年内生产,并在本年内不再进行加工,经检验合格、包装入库的已经销售和准备销售的全部工业成品(包括半成品)价值合计。成品价值中包括企业生产的自制设备及提供给本企业在建工程、其他非工业部门和生活福利部门等单位使用的成品价值,但不包括用订货者来料加工的成品(半成品)价值。

●工业总产值是按现行价格计算的。成品价值按成品实物量乘以本年不含应交增值税(销项税额)的产品实际销售平均单价计算。会计核算中按成本价格转账的自制设备和自产自用的成品,按成本价格计算生产成品价值。

(2)对外加工费收入:指企业在报告期内完成的对外承做的工业品加工(包括用订货者来料加工生产)的加工费收入和对外工业品修理作业所收取的加工费收入和对内非工业部门提供的加工修理、设备安装等收入。对外加工费收入按不含应交增值税(销项税额)的价格计算。

●对于以对外加工生产为主,对外加工费收入所占比重较大的企业，如果对外加工费收入出现跨年度支付的情况，为保证总产值生产口径计算的准确性,则应将对外加工费收入按实际情况调整,记录本年应实际收取的对外加工费收入。

(3)自制半成品在制品期末期初差额价值。为了使工业总产值与工业中间投入中的物耗价值一致,以便同口径地计算工业增加值,规定本指标的计算原则是:凡是企业会计产品成本核算中计算半成品、在制品成本,则工业总产值中必须包括自制半成品在制品期末期初差额价值。反之则不包括。

●自制半成品在制品期末期初差额价值等于自制半成品在制品期末价值减去期初价值后的余额,如果期末价值小于期初价值,该指标为负值,企业在计算产值时,应按负值计算,不能作为零处理。

轻工业 指提供生活的消费品和制作手工业工具的工业。按其使用的原料不同,可分为两大类:

(1)以农产品为原料的轻工业,是指直接或间接以农产品为基本原料的轻工业。主要包括食品制造、饮料制造、烟草加工、纺织、缝纫、皮革和毛皮制作、造纸以及印刷等工业。

(2)以非农产品为原料的轻工业,是指以工业品为原料的轻工业。主要包括文教体育用品、化学药品制造、合成纤维制造、日用化学制品、日用玻璃制品、日用金属制品、手工工具制造、医疗器械制造、文化和办公用机械制造等工业。

重工业 指提供生产资料的工业,是为国民经济各部门提供物质技术基础的工业。按其生产的产品用途,可分为以下三类:

(1)采掘(伐)工业,是指对自然资源的开采、非金属矿开采和木材采伐等工业。

(2)原料工业,是指提供国民经济各部门使用的原料、动力和燃料的工业。包括金属冶炼及加工、炼焦及焦炭、化学、化工原料、水泥、人造板、电力、石油加工等。

(3)制造工业，是指对原材料进行加工制造的工业。包括装备国民经济各部门和机械设备制造工业、金属结构、水泥制品等工业，以及为农业提供的生产资料和化肥、农药等工业。

根据上述划分原则，修理业中修理作业对象是重工业的划分为重工业，否则划分为轻工业。

轻重工业总产值的划分按“工厂法”计算，即一个工业企业在正常情况下生产的主要产品的性质属于轻工业，则该企业的全部总产值作为轻工业总产值；一个工业企业生产的主要产品的性质属于重工业，则该企业的全部总产值作为重工业总产值。

大、中、小微型企业 大、中、小微型企业划分标准根据从业人员数、营业收入指标是否同时满足一定条件划分。工业行业具体为：大型企业从业人员数在1000人及以上（含1000人），营业收入在40000万元及以上(含40000万元)；中型企业从业人员数在300–1000人以下(含300)，营业收入在2000–40000万元以下（含2000）；小型企业从业人员数在20–300人以下(含20)，营业收入在300–2000万元以下(含300)；微型企业从业人员数在20人以下，营业收入在300万元以下。

工业企业主要财务指标

(1)固定资产原价，指固定资产的成本，包括企业在购置、自行建造、安装、改建、扩建、技术改造某项固定资产时所发生的全部支出总额。

(2)流动资产合计，资产满足以下条件之一应归为流动资产：①预计在一个正常营业周期中变现、出售或耗用，主要包括存货、应收账款等；②主要为交易目的而持有；③预计在资产负债表日起一年内(含一年)变现；④自资产负债表日起一年内，交换其他资产或清偿负债的能力不受限制的现金或现金等价物。包括货币资金、应收票据、应收账款、存货等项目。

(3)利润总额，指企业在一定会计期间的经营成果，是生产经营过程中各种收入扣除各种耗费后的盈余，反映企业在报告期内实现的盈亏总额。

(4)利税总额，指工业企业的营业税金及附加、应交增值税和利润总额三项之和。不包括计入企业生产成本的各项税金。

(5)营业收入，指企业从事销售商品、提供劳务和让渡资产使用权等生产经营活动形成的经济利益流入。包括“主营业务收入”和“其他业务收入”。

(6)管理费用，指企业为组织和管理企业生产经营所发生的费用，包括企业在筹建期间内发生的开办费、董事会和行政管理部门在企业经营管理中发生的，或者应当由企业统一负担的公司经费等。

(7)财务费用，指企业为筹集生产经营所需资金等而发生的筹资费用，包括企业生产经营期间发生的利息支出(减利息收入)、汇兑损失(减汇兑收益)以及相关的手续费等。

单位GDP能耗 指一定时期内一个国家(地区)每生产一个单位的国内(地区)生产总值所消费的能源。能源消费的核算范围既包括全部三次产业的生产、经营及其他活动用能，也包括居民生活用能。

计算方法：单位GDP能耗降低率 =

$$\left(\frac{\text{登本年全社会能源消费总量 / 本年地区生产总值}}{\text{上年全社会能源消费总量 / 上年地区生产总值}}-1\right)\times 100\%$$

单位GDP能耗降低率 单位GDP能耗降低率是落实科学发展观，考核节能降耗的关键指标。

计算方法：单位GDP能耗降低率 =

$$\left(\frac{\text{本年全社会能源消费总量 / 本年地区生产总值}}{\text{上年全社会能源消费总量 / 上年地区生产总值}}-1\right)\times 100\%$$

计算结果为负数，表示单位GDP能耗为下降；正数，则为上升。地区生产总值为可比价。

单位工业增加值能耗降低率

单位工业增加值能耗降低率 =

$$\left(1-\frac{\text{1+ 本年规上工业用能增长率}}{\text{1+ 本年规上工业增加值增长率}}\right)\times 100\%$$

五、交通、邮电

5-1 历年全社会客货运输量

年份	旅客运输量（万人）	水运	陆运	货物运输量（万吨）	水运	陆运
1955	58	18	40	50	16	34
1960	296	52	244	186	113	73
1965	293	57	236	95	59	36
1970	315	62	253	100	72	28
1975	669	91	578	140	92	48
1976	710	101	609	134	89	45
1977	764	99	665	162	109	53
1978	966	109	857	214	152	62
1979	1154	128	1026	229	170	59
1980	1368	162	1206	243	181	62
1981	1488	195	1293	240	177	63
1982	1691	231	1460	292	215	77
1983	1880	252	1628	286	210	76
1984	2060	329	1731	301	227	74
1985	2502	399	2103	339	279	60
1986	2893	849	2044	1072	474	598
1987	2860	970	1890	1152	471	681
1988	3032	1030	2002	1568	671	897
1989	2747	933	1814	1240	554	686
1990	2769	985	1784	964	498	466
1991	3093	1151	1942	1115	586	529
1992	3320	1221	2099	1274	701	573
1993	4415	1217	3198	1649	820	829
1994	5628	1190	4438	1789	955	834
1995	6034	1361	4673	2221	1379	842
1996	6516	1247	5269	1999	1029	970
1997	6670	1354	5316	2457	1371	1086
1998	6789	1304	5485	2357	1275	1082
1999	7132	1480	5652	2597	1443	1154
2000	7518	1560	5958	2947	1679	1268
2001	7579	1479	6100	3101	1795	1306
2002	7781	1583	6198	3265	1942	1323
2003	7479	1533	5946	3777	2438	1339
2004	7990	1730	6260	5430	3991	1439
2005	8832	1880	6914	6717	4911	1806
2006	10374	2140	8202	8202	6112	2090
2007	10274	2433	7807	9299	6986	2313
2008	10603	2698	7905	10205	7799	2406
2009	15474	2759	12715	12184	8069	4115
2010	15073	2128	12945	13829	9570	4259
2011	15555	2256	13299	17887	13470	4417
2012	16108	2224	13884	19941	15244	4697
2013	4923	1839	3084	21814	16364	5450
2014	6550	3655	2895	22284	16663	5621
2015	5372	2515	2857	25068	18551	6517
2016	5233	2589	2644	28176	20932	7244
2017	5435	2806	2629	31705	23245	8460
2018	5506	2922	2584	38130	27756	10374
2019	5684	3234	2450	41977	31623	10354
2020	3642	2480	1162	39200	31965	7235
2021	5461	2830	2631	40901	31021	9880
2022	3750	1714	2036	43043	30862	12181
2023	6625	3338	3287	46315	32791	13524

注:自 2013 年起,陆运旅客运输量不包括城市运量。

5-2 历年全社会客货运输周转量

年　　份	旅　客 周转量 （万人公里）	水　运	陆　运	货　物 周转量 （万吨公里）	水　运	陆　运
1955	1147	551	596	1155	1076	79
1960	4713	1858	2855	17047	16879	168
1965	4192	1674	2518	10042	9868	174
1970	4982	2303	2679	12513	12357	156
1975	10243	4514	5729	19854	19593	261
1976	12501	6504	5997	18709	18439	270
1977	12514	6186	6328	21712	21373	339
1978	14527	6910	7617	29485	29103	382
1979	17389	8232	9157	38351	37966	385
1980	21047	9887	11160	42430	42033	397
1981	23251	10995	12256	43993	43594	399
1982	29391	14720	14671	51995	51561	434
1983	32780	16525	16255	63499	63083	416
1984	40417	22793	17624	65777	65365	412
1985	52131	30356	21775	91678	91282	396
1986	61144	33936	27208	140964	133024	7940
1987	72349	40860	31489	169600	160006	9594
1988	74692	43544	31148	235769	224404	11365
1989	77120	42597	34523	234883	222335	12548
1990	77371	42684	34687	232209	223543	8666
1991	87049	47581	39468	300443	291022	9421
1992	94171	49545	44626	369090	358692	10398
1993	106200	51209	54991	515475	492335	23140
1994	113381	50876	62511	707716	684551	23165
1995	128033	58626	69407	1114437	1094443	19994
1996	142622	59372	83520	846866	828722	18144
1997	141952	56719	85233	1029263	1009689	19574
1998	137381	51663	85718	875917	857405	18512
1999	143955	54595	89360	1005555	983735	21820
2000	148569	55786	92783	1164924	1141675	23249
2001	147442	52649	94793	1222137	1196238	25899
2002	155691	49687	106004	1365575	1333806	31769
2003	148085	44069	104016	1964420	1932174	32246
2004	172600	59270	113330	3473373	3440069	33304
2005	181400	62483	118917	5051782	5015122	36660
2006	185427	54478	130949	6675073	6631946	43127
2007	197314	56788	140526	7822059	7772619	49440
2008	203609	61070	142539	8999529	8947408	52121
2009	245294	61740	183554	10057786	9209845	847941
2010	241117	47446	193671	12916966	12038499	878467
2011	250211	50072	200139	17219446	16251268	968178
2012	249938	46927	203011	19761010	18705209	1055801
2013	123573	37418	86155	19687409	18595708	1091701
2014	127682	38695	88987	22691335	21571021	1120314
2015	137279	43944	93335	24890580	23696847	1193733
2016	153307	44914	108393	28082825	26777436	1305389
2017	154184	48805	105379	31228651	29727253	1501398
2018	161043	48649	112394	35042443	33279029	1763414
2019	172542	52561	119981	37497011	35640480	1856531
2020	89784	34876	54908	34577590	33320108	1257482
2021	102636	36446	66190	33773441	32389753	1383688
2022	71500	26373	45127	35150279	33731411	1418868
2023	105575	38580	66995	39641727	37969940	1671787

注:1955–1985 年为交通部门系统数据。

5-3 全社会海上运输船舶年末拥有量

指　标	单位	1990 年	1995 年	2000 年	2005 年	2010 年	2015 年	2018 年	2019 年	2020 年	2021 年	2022 年	2023 年
机动船合计													
艘　数	艘	835	972	1025	1582	1711	1470	1599	1561	1568	1435	1326	1238
净载重量	吨位	115422	421381	696356	1878351	4504053	5416083	7484385	7682309	7949534	8327042	8516191	8770141
功　率	千瓦	121604	257874	417426	828185	1371805	1574264	2030756	2094456	2196754	2256767	2275958	2373624
1.货　船													
艘　数	艘	712	783	759	1228	1560	1442	1552	1513	1521	1387	1280	1182
净载重量	吨位	96695	381702	542197	1509441	4014435	5416083	7484385	7682309	7949534	8327042	8516191	8770141
功　率	千瓦	78753	185066	254427	522865	1163024	1473683	1879360	1930098	2036676	2089040	2104201	2175333
#油　船													
艘　数	艘	16	34	110	172	318	428	424	431	455	430	400	365
净载重量	吨位	16761	34933	149852	348374	675437	1176055	1351088	1514266	1681437	1713589	1812643	1852195
功　率	千瓦	10332	22726	76171	132690	205452	330260	386863	443615	500129	511786	553688	582325
2.拖　船													
艘　数	艘	13	3	6	11	15	28	47	48	47	48	46	56
功　率	千瓦	5002	663	6099	22778	61802	100581	151396	164358	160078	167727	171757	198291

注:1985 年仅指交通部门船只。

5-4 舟山港主要货物吞吐量

（2023 年）

分　类	单位	合计	外贸	出港	外贸	进港	外贸
港口货物吞吐量合计	万吨	**65132**	**20596**	**33718**	**151**	**31414**	**19087**
# 煤炭及制品	万吨	4261	820	1050		3211	820
石油、天然气及制品	万吨	15732	7786	6934	481	8797	7306
金属矿石	万吨	18436	9314	9110		9326	9314
钢铁	万吨	108	10	20		88	10
水泥	万吨	213		93		120	
木材	万吨	12		6		6	
粮食	万吨	1834	1015	830	12	1003	1003

5-5 舟山港主要指标完成情况

指　标	单位	1995年	2000年	2005年	2010年	2015年	2016年	2017年	2018年	2019年	2020年	2021年	2022年	2023年
一、分航线进出港														
旅客吞吐量	万人	547	617	940	368	166	153	157	176	174	159	167	133	206
二、全港分货类吞吐量	**万吨**	**883**	**3189**	**9052**	**22084**	**37925**	**42590**	**45782**	**50787**	**53596**	**57142**	**60065**	**62412**	**65132**
#煤炭及制品	万吨	69	328	752	2115	2699	2601	2485	2711	2675	2899	3913	3684	4261
石油、天然气制品	万吨	471	1786	2574	4503	4951	6396	6994	7119	8810	12749	13252	13283	15732
钢　铁	万吨	27	15	62	216	275	422	371	87	373	183	84	93	108
水　泥	万吨	16	21	191	224	231	196	133	365	744	973	876	253	213
木　材	万吨	9	14	15	2	24	76	49	0.1	2	0.3	0.2	0.5	12.0
金属矿石	万吨				7541	13846	14362	15852	18019	17566	17279	17752	17672	18436
粮　食	万吨	9	9	175	539	849	868	828	681	727	900	1541	1668	1834
三、公用码头吞吐量	**万吨**	**214**	**441**	**960**	**1238**	**4059**	**2979**	**3146**	**3091**	**3696**	**3336**	**3683**	**3354**	**3369**

5-6 公路基本情况

指　标	单位	1995年	2000年	2005年	2010年	2015年	2017年	2018年	2019年	2020年	2021年	2022年	2023年
公路通车里程	**公里**	**864.8**	**960.9**	**952.0**	**1706.3**	**1924.9**	**1930.8**	**1921.8**	**1907.1**	**1928.5**	**1967.2**	**1934.8**	**1976.2**
按区域分:													
普陀山	公里	25.2	25.2	25.1	25.5	25.5	134.3	131.5	115.1	115.1	111.3	109.8	111.3
定海	公里	333.7	373.5	348.5	671.8	763.0	763.3	775.9	793.6	800.1	839.7	816.0	819.1
普陀	公里	197.9	266.1	273.5	496.3	553.4	440.9	432.9	432.0	440.9	442.2	434.6	447.3
岱山	公里	172.8	187.5	203.8	363.3	406.0	413.2	401.0	385.9	388.3	389.9	389.9	403.9
嵊泗	公里	135.2	89.9	101.1	149.4	177.0	179.2	180.5	180.5	184.1	184.1	184.5	194.6
按行政等级分:													
国道	公里	27.3	27.3	43.2	88.5	88.5	188.5	196.2	215.2	215.2	214.1	214.1	215.9
省道	公里	34.3	34.4	30.3	24.4	24.6	29.3	29.3	29.3	29.3	57.7	57.7	318.3
县道	公里	437.1	501.3	559.5	697.9	749.0	654.3	663.2	673.3	680.5	683.6	686.7	506.6
乡道	公里	207.1	251.4	266.8	227.3	278.0	283.9	279.1	262.5	264.5	265.9	266.6	260.0
专用道	公里	158.9	146.5	52.1	46.4	46.6	39.6	39.5	39.5	39.5	34.5	32.6	17.2
村道	公里				621.9	738.2	735.1	714.5	687.3	699.4	711.3	677.1	658.3
按技术等级分:													
高速公路	公里					41.9	41.9	41.9	41.9	41.9	69.6	69.6	69.6
一级公路	公里		15.6	45.0	197.5	214.0	232.6	256.3	279.0	277.6	299.2	294.6	332.1
二级公路	公里	40.7	65.5	137.8	191.4	248.3	260.4	265.4	262.5	276.0	255.8	267.6	280.3
三级公路	公里	96.6	180.1	177.6	207.6	227.9	221.9	224.6	224.3	228.1	240.1	250.3	259.1
四级公路	公里	320.6	291.4	328.0	1000.9	1126.3	1174.0	1133.5	1096.7	1104.9	1102.5	1052.6	1035.2
等外公路	公里	406.9	408.3	263.6	108.9	66.4							
按路面等级分:													
高级路面	公里	83.6	205.4	498.6	1541.4	1835.1	1878.0	1871.6	1864.5	1928.5	1967.2	1934.8	1976.2
简易路面	公里	217.5	413.4	420.9	147.4	81.7	50.3	48.0	40.4				
未铺装路面	公里	563.7	342.1	32.5	17.5	8.2	2.2	2.2	2.2				
按构造物分:													
桥梁	座	67	93	165	270	303	309	320	344	342	364	629	527
	延米	1065.80	1679.46	6198.9	35273.0	44099.0	46164.3	50655.1	70443.5	69100.0	94469.9	165873.2	201264.9
隧道	座	7	13	21	40	66	79	85	98	102	108	108	116
	延米	1930	4361	8059.4	17394.1	40494.0	49213.2	53696.2	75454.2	77143.2	80925.2	80925.2	87230.2

注:2007年起,村道纳入管养里程。

5-7　全社会民用车辆年末拥有量

单位：辆

指　　标	1985年	1990年	1995年	2000年	2005年	2010年	2015年	2018年	2019年	2020年	2021年	2022年	2023年
一、大中型汽车	**969**	**1239**	**1716**	**1750**	**2981**	**9605**	**8098**	**9336**	**9695**	**9709**	**10011**	**10042**	**9932**
#客　车	162	274	290	245	600	2837	2913	3210	3262	3237	3208	3182	3175
货　车	797	870	1293	1333	2110	6768	5185	6126	6433	6472	6803	6860	6757
二、小型汽车	**662**	**2081**	**4907**	**6434**	**15442**	**49654**	**112741**	**169488**	**185133**	**200003**	**212385**	**224832**	**234179**
#客　车	357	922	2890	4388	10992	41313	104722	158236	172760	186727	198740	211098	220433
货　车	289	896	1780	1773	3787	8341	8019	11252	12373	13276	13645	13734	13746
三、其他车辆	**174**	**538**	**1002**	**1252**	**186**	**4698**	**985**	**1031**	**1107**	**1213**	**1306**	**1326**	**1350**
四、摩托车	**317**	**1715**	**3229**	**19732**	**56548**	**67398**	**51280**	**30642**	**24071**	**23575**	**24555**	**31346**	**34338**
#轻便摩托车	303	357	1130	5009	13934	6092	3037	1640	559	777	1114	2158	2448

5-8　分县(区)全社会民用车辆年末拥有量

（2023年末）

单位：辆

项　　目	全　市	市属、新城、定海	普陀区	普陀山	岱山县	嵊泗县
一、大中型汽车	9932	6265	1891	205	1231	340
二、小型汽车	234179	128178	71907	164	27392	6538
三、其他车辆	1350	851	248	6	163	82
四、摩托车	34338	19520	9278	39	2922	2579
五、挂车	2324	1748	84		476	16

注：普陀山区域单指普陀山上。

5-9 海岛交通及轮渡通航情况

指　　标	单位	1995年	2000年	2005年	2010年	2015年	2016年	2017年	2018年	2019年	2020年	2021年	2022年	2023年
一、"鸭白线"轮渡通航情况														
航　次	次	18409	30161	44025	46654	14928	14074	14899	14886	16182	13461	14029	12487	11399
车运量	辆次	317745	583929	1138890	1018630	253489	198923	223601	234513	234889	169119	175876	129953	134684
客　　车	辆次	44431	331591	752407	374370	150797	130585	142963	138382	118423	71679	79704	53974	51558
旅客运量	万人	311.0	395.0	678.0	206.0	100.0	81.0	81.0	79.0	76.0	51.7	54.9	37.9	44.9
货　　车	辆次	151801	236520	386483	644260	86813	53955	80638	96131	116466	97440	96172	75979	83126
货物运量	万吨	179	295	637	436	91	51		93	187	166	254		
二、"沙岙—郭巨"线通航情况														
航　次	次	2545	4837	7029	10621	11322	12986	10992	10711	23475	23489	23847	17821	
车运量	辆次	12192	18429	48133	206310	302542	276729	279108	282759	311232	328826	284722	220433	
客　　车	辆次	2458	6675	21131	114268	201316	200912	209004	205087	212181	215255	201370	136540	
旅客运量	万人	14.3	17.2	26.3	71.8	70.2	50.6	56.9	57.5	57.4	82.2	78.0	53.5	
货　　车	辆次	6719	11754	27002	92042	101226	75812	70104	77672	87445	91766	83352	64228	
货物运量	万吨	6.0	8.8	37.4	122.4	179.2						263		
三、"白峰—沙岙"线通航情况														
航　次	次												629	9959
车运量	辆次												11836	236698
客　　车	辆次												4379	136853
旅客运量	万人												3	68
货　　车	辆次												7457	99845

注：2022年11月起，"沙岙—郭巨"航线停运，由"白峰—沙岙"航线营运。

5-10 分县(区)海上货物运输企业(本部)主要经济指标

(2022 年)

指 标	单 位	全 市	定海区	普陀区	岱山县	嵊泗县
年末企业单位数	家	198	76	84	29	9
#亏损企业	家	99	31	46	15	7
资产总计	万元	3041992	887636	1550870	477081	126404
固定资产原价	万元	2676610	855697	1386706	352536	81671
本年折旧	万元	130954	49825	44709	29794	6626
营业收入	万元	1519601	542026	680252	236347	60976
营业成本	万元	1362725	484534	616811	192824	68557
营业税金及附加	万元	7527	1562	4748	815	402
费用合计	万元	172537	51840	77116	33543	10038
销售费用	万元	19063	6946	3864	8254	
管理费用	万元	104029	33200	46430	16776	7624
财务费用	万元	49445	11694	26822	8514	2414
#利息支出	万元	46820	13264	25371	5894	2291
营业利润	万元	-10608	8371	-12145	10622	-17455
利润总额	万元	-12186	-1705	-7874	12588	-15196
所得税费用	万元	18260	6370	5142	6355	393
应付职工薪酬	万元	279246	102577	113384	42686	20599
应交增值税	万元	41780	14276	22293	3691	1519
期末用工人数	人	16779	5737	7439	2450	1153

注:1.本表范围为海上货物运输企业本部,不包括挂靠船舶和个体船舶。
2.2023 年服务业五经普数据暂不公开。

5-11 邮电业务

项　　目	单位	2010年	2015年	2020年	2021年	2022年	2023年	2023年为2022年%	2023年分县(区)				
									市本级	定海区	普陀区	岱山县	嵊泗县
一、邮电业务收入	**万元**	**145111**	**148499**	**172422**	**250873**	**268017**	**284451**	**106.1**		**134521**	**82066**	**34574**	**15494**
邮政行业业务收入	万元		27534	58851	72299	74990	82809	110.4		41334	27911	9424	4140
快递业务收入	万元		13977	40487	52242	52793	57861	109.6		29623	20011	6046	2181
邮政行业业务总量	万元		28017	63027	63990	62572	68920	110.1		35393	21441	8507	3579
快递业务量	万件		882	2136	2672	2554	2862	112.1		1626	1035	145	56
函　件	万件	1433	517	74.8	69.6	83.6	90.3	107.9		56.4	23.7	4.9	5.2
包　件	万件	14.9	15.7	276.4	388.1	414.9	451.9	108.9		311.9	133.8	5.1	1.1
特　快	万件	41.9	8.6	5.7	9.3	12.0	12.3	103.3		1.3	6.9	3.7	0.4
汇　票	万张	29.84	12.09	0.40	0.33	0.14	0.11	78.6		0.04	0.05	0.01	0.01
订销报刊期发份数	万份	22.7	21.8	13.8	15.0	16.2	15.1	93.2		8.5	3.4	2.0	1.2
订销报刊累计份数	万份	2888	2835	2220	2150	2177	2176	99.9		1290	474	260	152
二、年末邮路长度	**公里**	**1316**	**1144**	**2131**	**1494**	**1867**	**1733**	**92.8**		**1321**	**190**	**118**	**104**
三、固定电话用户数	**户**	**551779**	**363012**	**221288**	**275688**	**266215**	**256346**	**96.3**	**31270**	**120430**	**66337**	**25850**	**12459**
固定电话普及率	户/百人	57.0	31.5	19.1	23.7	22.8	21.9	96.1		23.7	17.2	12.1	19.2
四、移动电话用户数	**户**	**1310334**	**1676173**	**1927205**	**1814923**	**1873444**	**1955693**	**104.4**	**79059**	**967806**	**534607**	**270834**	**103387**
#3G及以上移动电话用户	户	86415	1298172	1771046	1499911	1569059	850011	54.2	53347	390716	244081	117499	44368
移动电话普及率	户/百人	135.4	145.5	166.3	155.8	160.1	166.7	104.1		190.3	138.5	126.9	159.1
五、互联网宽带接入用户数(固定)	**户**	**230247**	**399628**	**599090**	**629140**	**688956**	**720724**	**104.6**	**17133**	**314487**	**225479**	**115002**	**48623**

注：1.移动互联网用户数包括移动上网卡和手机上网用户。

2.2014年及以前年份，“3G以上移动电话用户”为“3G移动电话用户”。

主要统计指标解释

公路里程 指在一定时期内实际达到《公路工程技术标准 JTG B01-2003》规定的技术等级的公路，并经公路主管部门正式验收交付使用的公路里程数。包括大、中城市的郊区公路，以及公路通过小城镇（指县城、集镇）街道的公路里程和公路桥梁长度、隧道长度、渡口的宽度以及分期修建的公路已验收交付使用的里程。不包括大、中城市的街道、厂矿、林区生产用道和农业生产用道路的里程。两条或多条公路共同经由同一路段，只计算一次，不得重复计算里程长度。按公路技术等级分为等级公路和等外公路，其中等级公路分为高速公路、一级公路、二级公路、三级公路和四级公路。

货（客）运量 指在一定时期内，各种运输工具实际运送的货物（旅客）数量。是反映运输业为国民经济和人民生活服务的数量指标，是制定和检查运输生产计划、研究运输发展规模和速度的重要指标。货运按吨计算，客运按人计算。货物不论运输距离长短、货物类别，均按实际重量统计。旅客不论行程远近或票价多少，均按一人一次客运量统计；半价票、小孩票也按一人统计。

货物（旅客）周转量 指在一定时期内，由各种运输工具运送的货物（旅客）数量与其相应运输距离的乘积之总和。是反映运输业生产总成果的重要指标，也是编制和检查运输生产计划、计算运输效率、劳动生产率以及核算运输单位成本的主要基础资料。通常按发出站与到达站之间的最短距离，即计费距离计算。计算公式：货物（旅客）周转量 =∑货物（旅客）运输量 × 运输距离。

港口货物吞吐量 指经由水运进出港区范围，并经过装卸的货物数量。包括邮件及办理托运手续的行李、包裹以及补给运输船舶的燃料、物料和淡水。按货物流向分为进口吞吐量和出口吞吐量；按货物交流性质分为外贸货物吞吐量和国内贸易货物吞吐量。货物吞吐量的货类构成及其流向，是衡量港口生产能力大小的重要指标。

邮电业务总量 指以货币表现的邮电部门为用户传递信息和提供其他邮电服务的总量（包括计费和不计费两部分）。它用各种邮电分类业务量，如函件件数、电报份数、长话张数、市内电话和农村电话年平均户数、订销报刊累计份数等，分别乘以相应的平均单价（不变价格），加总后再加上电路和设备的收入、代用户的维护电话交换机和线路等设备的收入、其他业务收入求得。邮电业务总量综合反映了一定时期邮电工作的总成果，是研究邮电业务量构成和发展趋势的重要指标。

六、固定资产投资、建筑业

6-1 固定资产投资

指标	2020年 比上年增长(%)	2021年 比上年增长(%)	2022年 比上年增长(%)	2023年 比上年增长(%)
一、本年投资总额	**1.5**	**5.1**	**4.0**	**8.1**
其中:建筑安装工程	-7.3	33.2	-1.1	3.0
其中:基础设施	3.4	-15.7	33.4	53.5
1.按项目范围分				
房地产开发	6.0	-8.8	-2.9	-26.0
项目投资	0.1	9.6	5.9	16.5
2.按投资主体分				
国有及国有控股	29.7	-15.2	35.1	44.8
民间投资	-7.8	6.6	-8.7	-14.8
港澳台与外商	-19.7	1.8倍	-3.7	54.8
3.按构成分				
建筑安装工程	-7.3	33.2	-1.1	3.0
设备工器具购置	-12.5	-10.1	24.4	9.0
其他	39.3	-30.8	1.8	22.7
4.按三次产业分				
一产	-78.7	-6.6	-20.5	266.5
二产	17.2	20.2	-12.3	1.8
三产	-10.3	-11.2	27.9	13.8
二、新增固定资产	**-33.8**	**39.0**	**19.7**	**119.7**

6-2 分县（区）固定资产投资增速

（2023 年）

指　　标	计量单位	全市	定海区	普陀区	岱山县	嵊泗县	高新区	新城
固定资产投资	**%**	**8.1**	**6.4**	**2.4**	**71.6**	**76.2**	**50.5**	**-15.5**
项目投资	%	16.5	19.7	32.4	83.1	76.7	50.5	-2.3
第三产业投资	%	13.8	-0.7	5.8	61.5	110.0	-82.4	-16.8
建筑安装工程投资	%	3.0	13.9	1.7	38.0	60.0	-6.2	-7.3
基础设施投资	%	53.5	34.0	8.3	138.4	44.1	120.8	-24.5
房地产开发投资	%	-26.0	-25.5	-48.5	6.9	7.8		-20.0
工业投资	%	1.8	21.9	-1.5	86.5	38.4	152.7	507.2
其中:工业技术改造	%	65.7	2.0	101.3	102.6	350.9	515.9	-67.8
制造业投资	%	-16.2	13.0	57.0	-26.1	263.3	22.6	989.4
民间投资	%	-14.8	19.9	-15.7	33.0	-52.4	38.4	-45.0
交通投资	%	53.5	42.5	36.9	95.8	108.0	-86.2	-56.7
高新技术产业投资	%	-20.5	190.9	20.9	-56.8	-71.0	-2.3	424.4
交通、水利和能源投资	%	68.1	34.1	1.0	159.3	70.7	242.3	-46.4

6-3 项目投资主要指标

指　　　　　标	2020年比上年增长(%)	2021年比上年增长(%)	2022年比上年增长(%)	2023年比上年增长(%)
一、本年完成投资	**0.1**	**9.6**	**5.9**	**16.5**
其中:国有投资	13.0	-10.0	37.0	61.2
其中:非国有投资	-5.3	19.4	-5.9	-8.2
其中:民间投资	-5.3	18.5	-7.0	-9.0
其中:投资项目	0.1	9.6	5.9	16.5
其中:基础设施投资	3.4	-15.7	33.4	53.5
其中:公共服务投资	-41.3	-6.0	1.3倍	41.0
其中:工业投资	16.3	20.2	-12.0	1.8
其中:工业企业技术改造投资	-0.6	38.8	57.7	65.7
1.按三次产业分				
第一产业	-78.7	-6.6	-20.5	266.5
第二产业	17.2	20.2	-12.3	1.8
第三产业	-22.6	-13.7	61.5	39.9
2.按构成分				
建筑安装工程	-9.8	36.0	2.2	8.4
设备工器具购置	-12.3	-10.0	24.7	9.4
其中:购置旧设备	-70.7	94.1	-100.0	
其他费用	67.9	-23.6	-6.5	63.5
其中:建设用地费	-28.3	-11.8	48.5	105.2
3.按国民经济行业分				
农、林、牧、渔业	-78.7	-7.5	-12.0	255.2
#渔业	-79.3	-2.8	-71.2	59.9
采矿业	1.3	-0.4	-88.3	-14.7
制造业	5.7	27.3	-13.0	-16.2
#化学原料及化学制品制造业	-9.1	31.1	-12.7	-24
电力、热力、燃气及水的生产和供应业	96.6	-7.8	-4.6	92.7
批发和零售业	5.3	-84.8	26.8	150.5
交通运输、仓储和邮政业	-24.7	-2.3	72.9	57.3
住宿和餐饮业	-53.0	73.0	3.8	-4.9
信息传输、软件和信息技术服务业	10.2倍	2.2倍	-37.8	42.1
房地产业	-47.1	-22.6	71.8	53.9
租赁和商务服务业	-18.3	-67.3	-35.4	145.6
科学研究和技术服务业	-79.0	5.5倍	3.0倍	-2.2
水利、环境和公共设施管理业	-10.5	-17.3	20.8	12.5
居民服务和其他服务业	8.2倍	-15.4	1.9倍	-36.8
教育	-26.8	-4.9	78.7	54.6
卫生和社会工作	-23.7	59.7	3.2倍	-14.5
文化、体育和娱乐业	-81.0	-26.8	2.0倍	98.6
公共管理和社会组织	88.4	-92.5	1.4倍	47.0
二、本年新增固定资产	**-66.6**	**91.6**	**75.9**	**96.3**
三、项目个数				
1.施工项目个数	10.6	0.9	30.5	12.7
2.本年投产项目个数	-33.3	50.0	36.9	5.2
四、本年资金来源				
本年实际到位资金	19.0	3.9	11.2	6.4
国家预算内资金	38.1	18.5	80.6	414.9
国内贷款	19.2	19.4	-13.4	-16.1
自筹资金	-3.3	-26.2	77.5	29.1
其他资金来源	1.8倍	-76.7	4.2倍	-53.9

6-4 工业项目投资主要指标

指　　标	2020年比上年增长(%)	2021年比上年增长(%)	2022年比上年增长(%)	2023年比上年增长(%)
一、本年完成投资	**16.3**	**20.2**	**-12.0**	**1.8**
其中:国有投资	153.0	-1.7	-20.1	130.3
其中:非国有投资	5.0	24.6	-10.7	-16.4
其中:民间投资	5.0	24.6	-11.7	-17.4
其中:投资项目	16.3	20.2	-12.0	1.8
其中:基础设施投资	96.6	-7.8	-4.6	92.7
其中:工业企业技术改造投资	-0.6	38.8	57.7	65.7
1.按登记注册类型分				
内资企业	15.6	20.5	-13.2	-4.4
国有企业	-90.2	294.0	1.2倍	121.6
集体企业		9.3	74.8	-49.0
有限责任公司	22.5	20.6	-15.6	-13.1
股份有限公司	5.1倍	38.4	2.4倍	587.4
私营企业	-47.8	7.9	27.5	41.3
港、澳、台商投资企业	22.2	-43.7	79.1	1319.2
外商投资企业	4.0倍	-10.8	167.0	268.0
2.按构成分				
建筑安装工程		77.2	-10.2	-10.6
设备工器具购置	-7.5	-13.3	9.2	5.9
其中:购置旧设备	-70.7	53.4	-100.0	
其他费用	3.0倍	-26.3	-60.5	100.5
其中:建设用地费	34.2	0.6	-50.6	311.9
3.按国民经济行业分				
采矿业	1.3	-0.4	-88.3	-14.7
制造业	5.7	27.3	-13.0	-16.2
农副食品加工业	-58.1	57.8	79.6	-12.2
食品制造业			4.5	256.6
纺织业	-67.0	-100.0		-95.8
木材加工及木、竹、藤、棕、草制品业	-100.0			
家具制造业				-100.0
造纸及纸制品业	-100.0			
印刷业和记录媒介的复制业				
文教体育用品制造业		-97.2	-100.0	
石油加工、炼焦及核燃料加工业	2.6倍	8.1	-51.9	-20.9
化学原料及化学制品制造业	-9.1	31.1	-12.7	-24.0
化学纤维制造业				
橡胶和塑料制品业		-30.2	-8.4	243.8
非金属矿制品业	1.4	3.0倍	13.2	2.0
黑色金属冶炼和压延加工业	-100.0			
金属制品业	-79.7	-24.1	8.5倍	-14.0
通用设备制造业	1.2倍	-14.3	90.3	20.8
专用设备制造业	-14.8	1.7倍	66.5	-41.8
汽车制造业	2.8	1.3倍	2.9倍	-54.7
铁路、船舶、航空航天等制造业	28.7	-33.4	44.9	28.0
电气机械及器材制造业	-61.1	65.5	2.4倍	108.9
计算机、通信和其他电子设备制造业	3.9倍	58.2	26.8	240.3
仪器仪表制造业	13.4	-92.3	-100.0	
其他制造业		-98.8	-100.0	
废弃资源综合利用业	-43.2	7.4倍	30.6	-4.7
金属制品、机械和设备修理业	-54.7	-6.8	66.6	133.8
电力、热力、燃气及水的生产和供应业	96.6	-7.8	-4.6	92.7
电力、热力的生产和供应业	1.4倍	-9.2	-8.6	63.0
燃气生产和供应业	-36.0	-38.4	35.4	585.4
水的生产和供应业	15.4	5.3倍	28.8	-62.6
二、本年新增固定资产	**-23.8**	**1.3倍**	**59.2**	**203.0**
三、项目个数				
1.施工项目个数		3.0	30.3	5.5
其中:本年新开工	-12.9	5.2	40.7	-10.5
2.本年投产项目个数	5.3	-2.2	42.2	-17.2
四、本年资金来源				
本年实际到位资金	36.1	18.6	-10.5	-9.6
# 国内贷款	34.9	22.3	-20.5	-24.2
自筹资金	33.6	-2.8	82.1	71.5
其他资金来源	3.5倍	-60.6	2.4倍	-45.2

6-5 房地产开发投资主要指标

指　　标	2020 年	2021 年	2022 年	2023 年
一、投资总额(万元)	**2236062**	**2038271**	**1978596**	**1463968**
1.按构成分				
建筑安装工程	1093372	1360572	1190197	972742
设备工器具购置	14803	12017	9952	2467
其他费用	1127887	665682	778447	488759
2.按房屋用途分				
住宅	1675462	1590492	1434368	1037445
办公楼	38011	12259	14287	30868
商业营业用房	201377	165457	146348	76716
其他	321212	270063	383593	318939
二、本年新增固定资产(万元)	**669520**	**714533**	**412763**	**1230392**
固定资产交付使用率(%)	29.9	35.1	20.9	84.0
三、房屋建筑面积(万平方米)				
施工面积	926.22	1025.50	965.53	843.60
# 住宅	701.04	758.97	675.11	590.42
竣工面积	64.71	90.27	51.98	184.96
# 住宅	55.88	67.43	42.36	137.22
商品房销售面积	129.72	112.20	104.96	84.68
# 住宅	116.78	97.34	89.06	71.29
待售面积	65.19	63.54	71.66	78.29
# 住宅	28.22	29.67	43.45	49.65
四、商品房销售额(万元)	**1805884**	**1664087**	**1366516**	**1085301**

6-6 分县（区）房地产投资主要指标

（2023 年）

指　　标	全市	定海区	普陀区	岱山县	嵊泗县
一、投资总额（万元）	**1463968**	**959161**	**372491**	**127658**	**4658**
1.按构成分					
建筑安装工程	972742	593286	269078	105720	4658
设备工器具购置	2467	1952	515		
其他费用	488759	363923	102898	21938	
2.按房屋用途分					
住宅	1037445	751948	218750	63315	3432
办公楼	30868	11408		19320	140
商业营业用房	76716	33249	14804	28380	283
其他	318939	162556	138937	16643	803
二、本年新增固定资产（万元）	**1230392**	**892025**	**196810**	**141354**	**203**
固定资产交付使用率（%）	84.0	93.0	52.8	110.7	4.4
三、房屋建筑面积（万平方米）					
施工面积	843.60	515.54	232.85	68.67	26.55
#住宅	590.42	362.60	166.05	39.22	22.55
竣工面积	184.96	134.41	27.55	23.00	
#住宅	137.22	89.90	25.99	21.33	
商品房销售面积	84.68	44.23	31.56	8.17	0.73
#住宅	71.29	37.85	25.60	7.63	0.22
待售面积	78.29	36.03	15.28	25.61	1.37
#住宅	49.65	13.95	12.38	22.62	0.69
四、商品房销售额（万元）	**1085301**	**637605**	**372081**	**69922**	**5693**

6-7　房地产开发企业主要财务指标

单位:万元

指　　标	2020年	2021年	2022年	2023年	2023年比上年增长(%)
流动资产合计	13006223	13361417	13329215	12587783	-5.6
其中:存货	9381178	9085371	9300826	8707915	-6.4
资产总计	14650032	15818196	15846671	15476887	-2.3
负债合计	11867272	12072777	12662228	12643110	-0.2
所有者权益合计	2782760	3745419	3184444	2833777	-11.0
营业收入	2177162	2415550	1775513	2338693	31.7
其中:商品房销售收入	1917212	2178825	1525066	2262192	48.3
营业成本	1748613	2047513	1638360	2255443	37.7
税金及附加	53756	81117	62004	58534	-5.6
其他业务利润	4815	401	-5602	-37827	
销售费用	84574	98039	75947	56326	-25.8
管理费用	83546	95252	78061	78799	0.9
财务费用	80380	19171	38774	53871	38.9
其中:利息支出	79218	21346	18675	27206	45.7
营业利润	140295	103104	-120940	-144369	
营业外收入	11447	9089	9981	10058	0.8
营业外支出	7674	38761	5987	76528	1178.3
利润总额	141025	72847	-116944	-221136	
应付职工薪酬	51838	52470	48662	44237	-9.1
全部从业人员年均人数(人)	3143	3077	2623	2273	-13.3

6-8 民间投资主要指标

指　　　　标	2020年比上年增长(%)	2021年比上年增长(%)	2022年比上年增长(%)	2023年比上年增长(%)
一、本年完成投资	**-7.8**	**6.6**	**-8.7**	**-14.8**
其中:房地产开发投资	-14.4	-26.8	-16.3	-44.2
其中:投资项目	-5.3	18.5	-7.0	-9.0
其中:基础设施投资	-39.2	-12.4	76.2	12.6
其中:公共服务投资	-43.5	-18.4	1.9倍	-13.0
其中:工业投资	5.0	24.6	-11.7	-17.4
#工业企业技术改造投资	-35.6	45.6	74.2	-0.5
1.按三次产业分				
第一产业	-74.9	-23.2	-77.2	110.6
第二产业	5.8	24.8	-11.8	-17.5
第三产业	-23.7	-24.9	0.9	-8.2
2.按构成分				
建筑安装工程	-14.1	41.4	-12.8	-18.6
设备工器具购置	-26.5	-10.3	33.1	-9.2
#购置旧设备	-70.7	94.1	-100.0	
其他费用	35.5	-35.1	-40.8	-9.5
#建设用地费	-33.0	-38.6	-3.4	-6.7
3.按国民经济行业分				
农、林、牧、渔业	-74.9	-23.2	-77.2	173.9
#渔业	-74.5	-20.5	-77.2	110.6
采矿业	-79.4	-91.6	-100.0	
制造业	6.0	27.0	-16.2	-17.6
#化学原料及化学制品制造业	-9.1	31.1	-12.7	-24.4
电力、热力、燃气及水的生产和供应业	-2.4	-18.9	1.3倍	178.1
批发和零售业	-74.8	-81.7	1.9倍	63.1
交通运输、仓储和邮政业	-40.4	46.4	50.6	41.7
住宿和餐饮业	-63.1	2.5倍	5.6	-20.9
房地产业	-15.1	-27.4	-13.8	-38.0
租赁和商务服务业	-10.9	-69.6	-35.3	63.2
水利、环境和公共设施管理业	-51.3	-48.1	-10.6	25.6
教育	84.3	-56.8	21.9	-1.5
卫生和社会工作	-50.4	44.6	1.2倍	-42.2
文化、体育和娱乐业	-96.9	9.6倍	2.7倍	-51.1
公共管理和社会组织	81.6	-100.0		274.6
二、本年新增固定资产	**1.9倍**	**22.1**	**8.6**	**43.4**
三、项目个数				
1.施工项目个数	-2.0	-3.6	21.3	16.5
其中:本年新开工	-20.0	-7.5	55.4	-3.5
2.本年投产项目个数	-23.9	3.7	53.6	8.1
四、本年资金来源合计				
本年实际到位资金	7.0	3.7	-11.0	-20.5
#国家预算内资金	-100.0		2.3倍	192.4
国内贷款	22.5	13.8	-14.1	-26.7
自筹资金	-33.9	-28.7	28.5	13.0
其他资金来源	9.2	-3.3	-22.7	-29.1

6-9 重点领域投资主要指标

指　　　　标	2020年比上年增长(%)	2021年比上年增长(%)	2022年比上年增长(%)	2023年比上年增长(%)
一、民间投资	**-7.8**	**6.6**	**-8.7**	**-14.8**
民间项目投资	-5.3	18.5	-7	-9.0
二、制造业投资	**5.7**	**27.3**	**-13**	**-16.2**
三、交通、水利和能源投资	**-**	**-**	**-**	**55.0**
1.交通投资	**-25.1**	**-23.9**	**97.8**	**53.5**
铁路运输业	-	-66.7	976.8	52.0
道路运输业	-31.2	-36.6	6.5	37.9
水上运输业	-22.7	22.4	1.6倍	28.1
航空运输业	-61.4	45.1	-69.2	-75.9
装卸搬运业	3.3倍	-72.3	14.5倍	759.7
2.水利管理业	**-37.7**	**-48.1**	**39.9**	**74.2**
防洪除涝设施管理	20.9	-20.1	9.5	29.0
水资源管理	-7.9	-100.0		176.2
天然水收集与分配	-71.2	90.4	-11.6	180.7
其他水利管理业	-61.9	-58.0	64.6	76.8
3.能源投资				**50.4**
石油、煤炭及其他燃料加工业				-20.9
电力、热力生产和供应业	138.5	-9.2	-8.6	63.0
燃气生产和供应业	-36	-38.4	35.4	585.4
管道运输业	16.4	-76.1	501	-10.9
油气仓储				15.3
四、高新技术产业	**-8.5**	**33.9**	**-7.6**	**-20.5**
高新技术产业制造业	-8.6	31.4	-8.7	-19.9
高技术产业服务业	-7.2	1.1倍	14.4	-29.6

6-10　资质等级以上建筑企业主要经济指标

（2023 年）

指　　标	计量单位	总　计	一、二级企业	三级以下企业	经济类型		
					国有经济	集体经济	其他经济
企业单位数	个	250	133	117	9	3	238
建筑业总产值	万元	2509809	1926835	582974	215456	175264	2119089
# 建筑工程产值	万元	2024922	1537746	487176	130097	1290	1893534
# 装饰装修产值	万元	325136	251662	73474	69370	173974	81793
# 在外省完成的产值	万元	178861	147021	31840	28912		149949
竣工产值	万元	1750250	1455091	295159	60949	125761	1563540
房屋建筑施工面积	万平方米	1080.86	967.44	113.41	1.07		1079.79
房屋建筑竣工面积	万平方米	319.57	279.24	40.33	1.07		318.51
年末自有机械设备(总台数)	台	5846	4407	1439	998	499	4349
年末自有机械设备(总功率)	万千瓦	17.41	11.61	5.80	4.17	0.25	12.99
年末自有机械设备(净值)	万元	42975	24941	18034	19120	1704	22151
流动资产合计	万元	2378768	1799120	579648	194362	147370	2037035
固定资产原价	万元	368015	261733	106282	44188	54295	269532
累计折旧	万元	165270	123378	41893	18812	12874	133584
资产总计	万元	2816945	2129392	687553	247455	232458	2337032
负债合计	万元	2085965	1617841	468123	136889	180884	1768192
实收资本	万元	559658	373968	185690	50739	22232	486688
主营业务收入	万元	2232911	1729261	503650	225927	179286	1827697
主营业务成本	万元	2062316	1602696	459620	199915	159840	1702561
主营业务税金及附加	万元	6827	5568	1259	372	399	6056
管理费用	万元	128026	91946	36080	14184	18790	95052
财务费用	万元	14184	11109	3076	508	354	13323
利润总额	万元	25120	18937	6183	11683	361	13075
年末从业人员	万人	6.40	4.99	1.41	0.16	0.10	6.14
按总产值计算全员劳动生产率	万元 / 人	38.09	38.04	38.29	123.12	182.95	33.54
从业人员平均人数	万人	6.59	5.07	1.52	0.18	0.10	6.32

6-11 国有建筑企业主要经济指标

指 标	计量单位	1990年	1995年	2000年	2005年	2010年	2015年	2016年	2017年	2018年	2019年	2020年	2021年	2022年	2023年
企业单位数	个	1	7	7	12	6	7	6	7	6	7	8	9	8	9
建筑业总产值	万元	2551	28192	11934	109858	53862	67408	44375	16368	51659	34096	41305	57979	96132	215456
竣工产值	万元			7786	92501	44958	50561	49042	9534	22998	28061	56584	45061	70716	60949
年末自有机械设备总台数	台	576	990	494	1961	1048	824	702	174	347	425	175	622	870	998
年末自有机械设备总功率	万千瓦	0.31	1.73	0.90	4.05	1.52	2.20	3.12	2.31	2.67	2.62	1.36	2.87	3.49	4.17
固定资产原价	万元	1214	8602	3483	32161	15937	23062	20870	6827	7489	11648	9688	31330	39094	44188
利润总额	万元	63	296	469	1844	1121	1207	3699	2072	325	1335	775	6785	10465	11683
从事建筑业活动的平均人数	万人	0.18	0.43	0.20	0.89	0.15	0.20	0.19	0.04	0.13	0.14	0.06	0.08	0.08	0.18
按总产值计算全员劳动生产率	万元/人	1.28	6.56	5.97	12.85	35.93	33.35	23.18	38.69	40.87	24.87	72.59	71.58	114.85	123.12

注:2002年起,国有建筑企业指国有、国有控股及国有独资企业。

主要统计指标解释

固定资产投资　指固定资产投资中计划总投资500万元及以上的固定资产投资项目和房地产开发项目的投资。固定资产投资额是指以货币形式表现的在一定时期内建造和购置固定资产的工作量以及与此有关的费用的总称。它是反映固定资产投资规模、速度、比例关系和使用方向的综合性指标。固定资产投资按经济类型可分为国有、集体、个体、联营、股份制、外商、港澳台商、其他等,也可以简单划分为国有投资、民间投资、港澳台与外商投资;按照管理渠道,可分为基本建设、更新改造、房地产开发投资和其他固定资产投资四个部分。

房地产开发投资　指各种登记注册类型的房地产开发公司、商品房建设公司及其他房地产开发单位统一开发的包括统代建、拆迁还建的住宅、厂房、仓库、饭店、宾馆、度假村、写字楼、办公楼等房屋建筑物和配套的服务设施、土地开发工程,如道路、给水、排水、供电、供热、通讯、平整场地等基础设施工程。包括实际从事房地产开发或经营活动的附营房地产开发单位的开发投资。

固定资产投资项目投资　指固定资产投资中计划总投资500万元及以上的固定资产投资项目(不含房地产开发项目)的投资。

国有投资　指固定资产投资中国有、国有绝对或相对控股企业(单位)的固定资产投资。

民间投资　指固定资产投资中除国有经济投资和港澳台与外商投资外的企业(单位)的固定资产投资。

港澳台与外商投资　指固定资产投资中非国有控股的港澳台与外商投资企业(单位)的固定资产投资。

七、批发零售、住宿餐饮、外经和旅游

7-1　历年社会消费品零售总额

单位:万元

年　份	社会消费品零售总额	市　属	定　海	普　陀	岱　山	嵊　泗
1955	5697	53	1743	1889	1233	779
1960	8019		2447	2866	1707	999
1965	9507	710	2580	3067	2040	1110
1967	11370	2400	2617	2716	2428	1209
1968	11093	2337	2719	2453	2357	1227
1969	9332	1827	2635	1652	1978	1240
1970	9043	480	2503	2710	1904	1446
1971	11241	2225	2228	2993	2651	1144
1972	13606	2714	2553	3892	2753	1694
1973	14532	978	4232	4347	2923	2052
1974	16476	1232	4723	4805	3085	2631
1975	18004	1557	4991	4983	3423	3050
1976	18959	1572	5236	5540	3687	2924
1977	19171	1569	5732	5314	3708	2848
1978	19219	1349	5696	5689	3917	2568
1979	22386	1406	6676	6885	4375	3044
1980	26683	1117	7894	9067	5128	3477
1981	30377	2011	9138	9900	5772	3556
1982	32343	1529	9577	11701	6082	3454
1983	36185	2738	10648	12557	6473	3769
1984	42789	8469	8307	14309	7252	4452
1985	61994	10837	14251	20607	10050	6249
1986	72410	12107	16829	24013	11748	7713
1987	90720	16475	21788	29370	14202	8885
1988	123423	25801	30129	38186	19041	10266
1989	124968	21746	30395	43051	20233	9543
1990	122592	20197	31049	43052	19004	9290
1991	137150	25035	37569	41672	21840	11034
1992	166533	29048	44869	51570	27382	13665
1993	207001	42411	53048	62252	31751	17539
1994	268380	52468	66161	84424	42615	22712
1995	320853	146576		100827	47550	25899
1996	426987	213903		119176	55809	38099
1997	479610	234646		129798	68465	46701
1998	514560	247072		142515	75263	49711
1999	563784	263200		168014	80091	52479
2000	599190	268246		189174	85417	56352
2001	662571	293002		215126	94717	59726
2002	742509	330650		242903	106405	62550
2003	753579	83963	242857	249435	116669	60655
2004	866133	95358	285319	283448	132794	69214
2005	994196	102567	327329	331543	153761	78996
2006	1133793	123541	362535	379955	177040	90721
2007	1319667		558695	450773	206507	103692
2008	1576734		607466	566161	272722	130384
2009	1791240		761867	623442	278073	127858
2010	2032940		894665	711867	285059	141348
2011	2429046		1069180	852333	341057	166476
2012	2768444		1196866	994893	386089	190596
2013	3111131		1351392	1108145	435934	215660
2014	3510808		1522920	1260442	484696	242749
2015	3864655		1672811	1392006	533364	266474
2016	4262804		1846117	1532179	594236	290272
2017	4711771		2036805	1696624	658093	320248
2018	5116110		2205950	1847277	715893	346991
2019	5533191		2374016	2005113	778272	375790
2020	5117194		2213134	1798917	760514	344629
2021	5524053		2392673	1950679	823940	356760
2022	5752436		2478036	2016003	889698	368699
2023	6178449		2650260	2156267	975680	396242

注:1995 年至 2002 年定海商业归入市属块统计。1995 年起,零售总额中剔除住房零售。2003 年起,零售总额中不含制造业及农民对非农民零售。2007 年起,按在地统计,不再出现市属口径。2010 年起,统计口径变化,非同业的限额以下产业活动和其他类不在统计范围内。1992-2009 年数据按照第四次经济普查结果相应调整,2010-2020 年数据再次根据第四次经济普查和第七次人口普查结果相应调整。

7-2 全市各县(区)限额以上

项　　目	2016 年	2017 年	2018 年	2019 年	2020 年
限额以上社会消费品零售额	**1214756**	**1108690**	**979418**	**1026590**	**754461**
按区域分					
城镇	1055366	929305	829143	867841	626035
其中：城区	965426	866436	785214	820764	594799
乡村	159389	179384	150275	158749	128426
按消费形态分					
餐饮收入	184339	167028	147289	161639	123988
商品零售	1030417	941661	832129	864951	630473
按行业分					
1.批发业	181240	204947	161102	157847	120254
2.零售业	847382	735361	669782	705807	509366
3.住宿业	74763	73091	63237	69754	48304
4.餐饮业	111371	95291	85297	93182	76537
按单位类别分类					
1.法人单位	1102945	945563	881327	932416	685436
2.产业单位	30939	32816	33844	32533	24849
3.个体	80872	130311	64247	61641	44176

社会消费品零售额

单位:万元

2021 年	2022 年	2023 年	2023 年分县(区)			
			定海区	普陀区	岱山县	嵊泗县
926434	**1063617**	**1198426**	**758776**	**370864**	**40058**	**28728**
770712	892930	1013097	612733	346202	37230	16932
729682	840200	944440	608118	335200		1122
155722	170687	185329	146043	24662	2828	11796
142350	139230	186272	59063	97037	21899	8273
784083	924386	1012154	699713	273827	18159	20455
163497	260565	267701	198815	65490	1538	1858
618775	661647	741490	500468	205851	16574	18597
52630	49934	61933	12608	41042	4715	3567
91531	91471	127302	46884	58481	17231	4706
863050	984094	1094258	719382	333806	22053	19017
8424	21111	21444	15789	5106		549
54960	58412	82724	23605	31953	18005	9162

7-3 限额以上批发零售法人

（2023 年）

项 目	法人企业数（个）	从业人员期末人数（人）	商 品购进额	进 口
总 计	**665**	**10319**	**53670945**	**5277804**
一、批发业	**543**	**5290**	**52797420**	**5267802**
其中：国有控股	49	1365	15976635	4167375
集体控股	2	68	4314	
私人控股	477	3486	33901888	471535
港澳台商控股	6	106	1958762	218504
外商控股	9	265	955821	410388
1.按登记注册类型分				
国有独资公司	4	156	376682	
私营有限责任公司	404	2211	19127844	341847
其他有限责任公司	111	1575	29907812	4167570
私营股份有限公司	1	4	10046	
其他股份有限公司	2	570	74791	36713
全民所有制企业(国有企业)	1	344	231857	
集体所有制企业(集体企业)	1	25	2342	
个人独资企业	4	4	9058	
港澳台投资有限责任公司	6	106	1958762	218504
外商投资有限责任公司	8	56	1098226	503168
外商投资股份有限公司	1	239		
2.按批发行业小类分				
谷物、豆及薯类批发	2	62	31002	
牲畜批发	1	7	7862	
渔业产品批发	13	74	104486	1947
其他农牧产品批发	2		110687	
米、面制品及食用油批发	5	111	26166	
糕点、糖果及糖批发	2			
肉、禽、蛋、奶及水产品批发	15	794	438479	146323
盐及调味品批发	1	6	2425	
酒、饮料及茶叶批发	6	284	46023	

企业经营情况

单位:万元

商品销售额	批发额	出口	零售额	期末商品库存额	服务营业额	年末零售营业面积(平方米)
55367020	**54366347**	**5327800**	**1000673**	**1255028**	**23695**	**479206**
54393757	**54163136**	**5327800**	**230622**	**1173244**	**12984**	**13783**
16584100	16517544	4817529	66557	391635	4918	1965
4982	4325		657	1123	486	360
34354471	34341250	313613	13221	686379	6799	7305
2098788	2098788	196659		60713	1	
1351417	1201229		150187	33393	780	4153
397322	397279		43	57203	362	1023
19470204	19462388	224814	7816	389603	1078	4035
30478103	30409485	4901239	68618	586676	10763	4372
10375	10375					
78852	77355	5088	1497	2215		36
342522	342522			12582		
2510	2380		130	850		100
9949	9949					
2098788	2098788	196659		60713	1	
1131905	1129574		2332	63402	780	717
373228	223041		150187			
29335	29335			18450		
8754	8754			742		
110098	110098	9357		8362		400
110898	110898					
25673	24609		1064	15542	390	1925
447523	441456	13359	6067	53302	14	670
2628	2628			85		
49138	48060		1078	10584		130

7–3 续表 1

项目	法人企业数（个）	从业人员期末人数（人）	商品购进额	进口
烟草制品批发	1	344	231857	
其他食品批发	3	60	121796	
纺织品、针织品及原料批发	1			
服装批发	3	53	22870	
化妆品及卫生用品批发	1	100	19751	
厨具卫具及日用杂品批发	2	136	6594	
灯具、装饰物品批发	1	7	1294	
家用视听设备批发	1	1	15255	
日用家电批发	2	17	19460	
文具用品批发	2	28	212038	130142
其他文化用品批发	1		16335	
西药批发	4	174	81095	
中药批发	1	70	25776	
煤炭及制品批发	31	90	2985833	
石油及制品批发	215	1371	25603183	4769627
金属及金属矿批发	84	364	3964643	483
建材批发	37	318	910265	
其他化工产品批发	67	338	14817416	219280
汽车及零配件批发	1		103327	
五金产品批发	1	17	3073	
电气设备批发	1	10	2154	
计算机、软件及辅助设备批发	6	37	154459	
通讯设备批发	3	55	83545	
广播影视设备批发	1	1	39480	
其他机械设备及电子产品批发	10	218	256891	
再生物资回收与批发	1	17	2789	
互联网批发	2	30	6669	
其他未列明批发业	13	96	2322447	

单位:万元

商品销售额	批发额	出口	零售额	期末商品库存额	服务营业额	年末零售营业面积(平方米)
342522	342522			12582		
122437	121910		527	2183	486	260
48487	48487	4216		11245		
33611	33611			32611		
9172	6314		2859	860	1209	653
2342	2342			1370		
15258	15258					
18094	17730		365	2471	162	113
222227	222227			8482		
16339	16339					
86027	84495		1532	6040	2	2648
27567	27567			1422		
3063345	3063345			11518	53	
26768300	26556551	4998579	211748	602720	1809	4243
4056406	4056406	54336		110192	30	521
934994	934533		461	34822	2840	980
14798897	14798897	225963		134565	5954	820
103138	103138			314		
3218	3218			207		
2552	2552			526		
192483	191031		1452	320		120
83767	83767			52		
39412	39412					
266646	266516	21990	130	9933	1	200
2746	2746			898		
7080	4116		2964	396	12	
2342645	2342269		376	80449	24	100

7-3 续表 2

项　　目	法人 企业数 （个）	从业人员 期末人数 （人）	商　品 购进额	商　品 销售额
二、零售业	**122**	**5029**	**873525**	**973263**
其中：国有控股	23	910	130025	193010
私人控股	95	3866	686501	724184
港澳台商控股	2	175	21383	22453
外商控股	2	78	35616	33617
1.按登记注册类型分				
私营有限责任公司	81	2865	489249	500724
其他有限责任公司	33	1587	292750	307870
其他股份有限公司	1	98	11386	58405
港澳台投资有限责任公司	3	341	36312	63713
其他外商投资企业	2	78	35616	33617
农民专业合作社（联合社）	2	60	8211	8935
2.按零售行业小类分				
百货零售	5	542	120946	125681
超级市场零售	6	507	61196	62180
其他综合零售	1	50	2102	3237
果品、蔬菜零售	8	594	27142	35363
肉、禽、蛋、奶及水产品零售	4	89	17616	19238
营养和保健品零售	2	14	1496	1537
酒、饮料及茶叶零售	1	19	5771	6190
烟草制品零售	1	26	3700	4338
纺织品及针织品零售	1	28	286	824
服装零售	4	135	10469	11376
钟表、眼镜零售	1	52	879	1644
文具用品零售	1	45	1777	2012
图书、报刊零售	3	110	8187	9436
珠宝首饰零售	1	4	3750	3903
西药零售	9	779	49711	56284
汽车新车零售	39	1184	444298	433272
摩托车及零配件零售	1	7	2200	2118
机动车燃油零售	13	173	44296	96781
日用家电零售	3	22	4690	5630
计算机、软件及辅助设备零售	3	77	4452	5216
通信设备零售	4	138	9487	11496
互联网零售	5	255	41193	63491
生活用燃料零售	6	179	7880	12016

单位:万元

其中:通过公共网络实现的销售额	批发额	零售额	其中:通过公共网络实现的零售额	期末商品库存额	服务营业额	年末零售营业面积(平方米)
64942	203211	770052	62069	81784	10711	465423
1936	34443	158567	1936	10999		63440
57709	162220	561964	54836	66155	10045	373556
5297		22453	5297	2310	153	12214
	6548	27069		2320	513	16213
17900	99982	400742	17829	53056	5869	170052
8312	67883	239987	7271	20421	4175	241844
	21514	36890		2203		22000
38731	5965	57748	36969	3432	153	12714
	6548	27069		2320	513	16213
	1319	7617		353		2600
2873	31765	93916	2803	4099	2741	142976
4447	14856	47324	4447	5482	1	42945
	370	2867		184		9200
198	1535	33828	198	1212		11735
	392	18846		362		860
		1537		88		279
1175	1811	4379	1175	1070	39	200
292		4338	292	827		548
		824		8		415
	73	11304		1472		23350
39	616	1029	39	292		500
		2012		2501		650
1618	10	9427	1618	2538		6190
		3903				85
2646	2734	53551	2646	6331	374	58934
	104839	328434		40064	6278.8	108174
	304	1814		807		1550
	27959	68822		3026		46309
	187	5443		621		4750
	1274	3942		651	485	633
	2533	8963		1758	792	1930
51655	11015	52476	48852	8114		2150
	939	11077		275		1060

7-4 限额以上批发零售贸易业商品销售类值

（2023 年）　　单位：万元

项　　目	销售合计	批发额	零售额
合　　计	**63338798**	**62341222**	**997576**
其中：通过公共网络实现的商品销售	104618	39983	64635
1.粮油、食品类	1313673	1145034	168639
其中：粮油类	208758	189219	19538
肉禽蛋类	34406	14513	19893
水产品类	556914	535930	20985
蔬菜类	20117	774	19343
干鲜果品类	31501	25171	6330
2.饮料类	21608	8765	12842
3.烟酒类	413653	387729	25924
4.服装、鞋帽、针纺织品类	83991	44130	39861
其中：服装类	73562	40141	33421
鞋帽类	3037	755	2283
针纺织品类	7392	3234	4157
5.化妆品类	38660	34076	4584
6.金银珠宝类	13593		13593
7.日用品类	35939	16181	19759
其中：可穿戴智能设备	33		33
8.五金、电料类	4147	3990	157
9.体育、娱乐用品类	1342	498	844
其中：照相器材类			
10.书报杂志类	8223	10	8213
11.电子出版物及音像制品类	120		120
12.家用电器和音像器材类	49663	27555	22108
其中：能效等级为 1 级和 2 级的商品	10474	3556	6918
其中：智能家用电器和音像器材	8023	6287	1737
13.中西药品类	160921	113345	47576
其中：西药类	140420	96812	43608
中草药及中成药类	20219	16532	3686
14.文化办公用品类	314625	305470	9155
其中：计算机及其配套产品	162947	158913	4034
15.家具类	1310	936	374
16.通讯器材类	18261	9182	9079
其中：智能手机	15649	8380	7269
17.煤炭及制品类	4119799	4119799	
18.木材及制品类	561952	561952	
19.石油及制品类	27358825	27083736	275088
20.化工材料及制品类	18828467	18828467	
其中：化肥类	10816	10816	
21.金属材料类	5501785	5501785	
22.建筑及装潢材料类	336768	336275	494
23.机电产品及设备类	114706	112873	1834
其中：农机类			
24.汽车类	420126	102609	317517
其中：新能源汽车	106765	30355	76409
其中：新车	390110	97838	292272
二手车	1563	463	1101
25.种子饲料类			
26.棉麻类	201692	201692	
27.其他未列明商品类	3414952	3395136	19815

7-5 限额以上连锁零售业总店(公司)经营情况

项　　目	单位	总　　计					零售业超级市场				
		2019 年	2020 年	2021 年	2022 年	2023 年	2019 年	2020 年	2021 年	2022 年	2023 年
连锁总店数	个	8	7	6	6	8	3	2	1	1	1
连锁门店数	个	236	251	233	223	251	27	20	11	11	11
商品购进额	万元	87939	78336	60903	76972	91603	69442	59550	37817	45277	43818
#统一配送商品购进额	万元	85333	78336	60484	74088	85361	69442	59550	37817	45277	43818
#自有配送中心配送商品购进额	万元	65919	58567	40640	47818	63076	53280	45581	24640	28105	26790
非自有配送中心配送商品购进额	万元	16162	13969	13177	17233	22284	16162	13969	13177	17172	17028
商品销售总额	万元	156136	117028	105285	106141	123358	128074	86109	73718	69284	68042
#零售额	万元	106139	74421	71467	75915	103266	79338	45343	42139	41496	50125
年末零售营业面积	平方米	68319	52799	51143	49962	50336	49759	32759	32009	32009	32009
年末从业人员数	人	1465	1356	1269	1182	1624	547	359	328	343	339

7-6 限额以上住宿和

（2023 年）

项　　目	法人企业数（个）	从业人员期末人数（人）	营业额	客房收入	其中:通过公共网络实现的客房收入	其中:通过非自营平台实现的客房收入
总　计	**181**	**9108**	**280838**	**150010**	**60930**	**20503**
一、住宿业	**116**	**5974**	**200424**	**141523**	**58309**	**20429**
其中:国有控股	17	1748	57892	43188	23062	11588
私人控股	98	4197	141359	97220	34184	8789
外商控股	1	29	1174	1115	1064	51
1.按登记注册类型分						
私营有限责任公司	77	3018	99206	73627	29767	8350
其他有限责任公司	32	2814	95863	63074	25925	10645
全民所有制企业(国有企业)	1					
个人独资企业	4	72	2065	1825	171	
港澳台投资有限责任公司	1	41	2117	1883	1383	1383
外商投资有限责任公司	1	29	1174	1115	1064	51
2.按住宿业行业小类分						
旅游饭店	63	4446	152765	99844	40636	12401
经济型连锁酒店	10	254	9854	8650	3011	2059
其他一般旅馆	40	1239	36824	32413	14243	5679
民宿服务	2	21	770	487	290	290
露营地服务	1	14	210	129	129	
二、餐饮业	**65**	**3134**	**80414**	**8486**	**2620**	**74**
其中:国有控股	3	72	1197	281	66	66
私人控股	61	2993	76338	7745	2302	8
港澳台商控股	1	69	2879	460	252	
1.按登记注册类型分						
私营有限责任公司	36	1774	40296	1978	108	
其他有限责任公司	19	1100	32383	5775	2252	66
个人独资企业	8	129	3868	216		
港澳台投资有限责任公司	2	131	3867	517	260	8
2.按餐饮业行业小类分						
正餐服务	56	2725	72201	8486	2620	74
快餐服务	2	283	4919			
咖啡馆服务	1	44	416			
其他饮料及冷饮服务	5	72	2384			

餐饮业经营情况

单位:万元

餐费收入	其中:通过公共网络实现的餐费收入	其中:通过非自营平台实现的餐费收入	商品销售收入	其他收入	客房数(间)	床位数(个)	餐位数(位)	年末餐饮营业面积(平方米)
117046	**13799**	**2944**	**2849**	**10933**	**16036**	**26468**	**54249**	**411369**
49679	**2873**	**1835**	**1041**	**8180**	**14355**	**23726**	**23600**	**221444**
12066	1943	1801	301	2336	2409	4278	6134	47685
37574	891	34	736	5829	11897	19383	17466	171459
39	39		5	14.8	49	65		2300
20623	633	34	699	4257	8965	14520	12984	134104
28769	2201	1801	317	3702	4842	8171	9928	72373
236				4	346	738	488	12167
12			21	202	153	232	200	500
39	39		5	15	49	65		2300
45488	2619	1820	769	6664	8856	14986	19337	168401
333	21	11	30	840	1390	2067	446	7725
3496	153	2	242	673	4025	6518	3529	42518
284	2	2			52	96	180	2200
78	78			3	32	59	108	600
67367	**10926**	**1109**	**1807**	**2754**	**1681**	**2742**	**30649**	**189925**
661	74	74	39	216	91	136	336	1067
64471	10820	1035	1598	2523	1562	2562	30059	187028
2234	33		170	14	28	44	254	1830
35803	2834	536	536	1979	800	1353	23010	137144
24752	7681	573	1095	760	800	1245	5085	44773
3646	379		6		44	86	1640	3828
3165	33		170	14	37	58	914	4180
60074	8533	624	1642	1999	1681	2742	27824	180246
4046	59		119	754			2420	8040
409			7				170	900
2384	2262	412					81	315

7-7 限额以上批发和零售业

（2023 年）

项　　目	法人企业数（个）	年初存货	流动资产合计	固定资产原价	累计折旧	资产总计	流动负债合计	负债合计	所有者权益合计
总　计	**665**	**2001209**	**11858555**	**516744**	**228206**	**12808409**	**10331257**	**10985114**	**1823296**
一、批发业	**543**	**1937271**	**11580439**	**309909**	**131500**	**12237098**	**9973048**	**10549123**	**1687975**
其中：国有控股	49	502227	2689424	110887	44084	2835437	1946697	2162780	672657
集体控股	2	1176	2212	237	212	2268	1774	1778	490
私人控股	477	1246620	8534597	198056	86967	9039142	7796544	8156517	882625
港澳台商控股	6	174470	204742	94	72	205845	141504	141505	64340
外商控股	9	12779	149465	635	165	154406	86529	86543	67864
1.按登记注册类型分									
国有独资公司	4	34920	112675	29320	10111	137559	106966	117024	20535
私营有限责任公司	404	365181	5643962	74701	26892	5723541	5196638	5280051	443490
其他有限责任公司	111	724382	5039859	106132	46300	5469082	4239771	4621858	847223
私营股份有限公司	1		6902	27	6	6923	6005	6005	918
其他股份有限公司	2	582161	293880	79375	34732	388983	154758	253256	135727
全民所有制企业(国有企业)	1	10198	78012	19353	12983	84974	7638	8491	76482
集体所有制企业(集体企业)	1	868	1252	3		1255	1052	1052	203
个人独资企业	4		13			13	34	34	-21
港澳台投资有限责任公司	6	174470	204742	94	72	205845	141504	141505	64340
外商投资有限责任公司	8	45092	199142	906	405	218923	118683	119845	99078
外商投资股份有限公司	1								
2.按批发行业小类分									
谷物、豆及薯类批发	2	16016	25415	16966	6032	38883	25084	26328	12555
牲畜批发	1	1369	1056	184	82	1158	816	816	342
渔业产品批发	13	7980	28482	2353	1130	33904	16813	27043	6861
其他农牧产品批发	2		55180			69847	54715	55705	14142
米、面制品及食用油批发	5	14308	47649	12333	3936	58650	40192	49007	9643
糕点、糖果及糖批发	2								
肉、禽、蛋、奶及水产品批发	15	623649	396002	82797	35895	492057	231657	334163	157894
盐及调味品批发	1	95	467	111	96	482	38	38	444
酒、饮料及茶叶批发	6	9444	24766	1809	917	32731	24070	24158	8573

企业主要财务状况

单位:万元

实收资本	营业收入	营业成本	税金及附加	其他业务利润	销售费用	管理费用	财务费用	营业利润	利润总额	应付职工薪酬	应交增值税	从事批发和零售业活动的从业人员平均人数（人）
1296976	**49646557**	**48793533**	**85034**	**48612**	**338250**	**129788**	**58698**	**338715**	**380224**	**125193**	**123496**	**10262**
1167386	**48732816**	**47992783**	**81598**	**23638**	**261333**	**98377**	**49512**	**346445**	**384494**	**81319**	**115285**	**5282**
462207	15131500	14843411	49668	22264	71296	34757	7547	147261	164485	37658	30542	1366
351	4910	3906	18		459	470	1	56	66	650	97	70
645894	30805291	30403073	29523	1375	167416	61021	32737	170401	190241	40363	68268	3684
21327	1881205	1853721	1086		20890	650	7080	10034	10931	1901	16633	134
37607	909911	888673	1303		1273	1479	2147	18693	18771	747	-255	28
8283	354824	352623	268	769	1299	3701	1482	-1438	2265	2427	275	156
316666	17426001	17189000	20850	200	120495	44099	18436	49139	64729	18704	41198	2330
717497	27466558	27136466	17068	22670	110308	28906	20626	190667	208033	28541	44643	1606
1000	9518	9288	6		47	36	65	76	94	38	60	4
34300	229002	207072	139		637	3467	2630	37300	37808	11198	274	619
1749	304543	204553	40863		5326	14399	-3361	42774	42682	16406	12565	337
220	2221	2057	2		90	113		-41	-32	137	19	27
	9128	8870				279		-21	-21	26	13	12
21327	1881205	1853721	1086		20890	650	7080	10034	10931	1901	16633	134
66343	1049818	1029134	1316		2242	2728	2553	17954	18006	1942	-394	57
4200	28107	27001	150	728	900	1695	467	980	1407	1034	36	62
50	8754	8499	3		1	195	12	45	44	37		7
2490	101070	96695	55	60	486	1849	476	1572	1577	690	355	86
13197	101757	101547	61			1	131	17	20		1	1
6208	24960	23670	15	26	1073	1774	442	-2014	1113	1098	711	116
45345	567897	541613	219	264	3775	4255	3547	38807	39122	13264	6067	845
100	2328	2169	2		48	18		91	91	49	22	6
2494	43872	38800	70	105	3333	1317	314	38	57	1988	381	280

7–7 续表 1

项　　目	法人企业数（个）	年初存货	流动资产合计	固定资产原价	累计折旧	资产总计	流动负债合计	负债合计	所有者权益合计
烟草制品批发	1	10198	78012	19353	12983	84974	7638	8491	76482
其他食品批发	3	2004	40394	1564	316	42122	38244	38248	3874
纺织品、针织品及原料批发	1								
服装批发	3		31140	92	72	31161	27294	27294	3866
化妆品及卫生用品批发	1	37262	51340	209	153	51724	48099	48099	3625
厨具卫具及日用杂品批发	2	2265	6651	2665	1682	17331	4979	5192	12139
灯具、装饰物品批发	1	1896	4354	418	338	4527	3162	3162	1365
家用视听设备批发	1		411			1256	245	245	1011
日用家电批发	2	1670	7894			7894	7432	7432	462
文具用品批发	2	9965	22057	3		22059	19784	19784	2276
其他文化用品批发	1		959			2489	2347	2347	142
西药批发	4	7172	39501	4540	2582	43569	36842	37333	6236
中药批发	1	2581	13916	468	349	14269	12501	12534	1735
煤炭及制品批发	31	15629	846045	744	574	847290	738861	739831	107459
石油及制品批发	215	875121	5196837	87232	32912	5325610	4403945	4603214	722395
金属及金属矿批发	84	98421	1211140	15050	3602	1227067	1072589	1084576	142491
建材批发	37	32514	437777	22878	10906	458970	312609	374471	84499
其他化工产品批发	67	74866	1682251	29591	14947	1986563	1628643	1804723	181840
汽车及零配件批发	1		9327			9327	8359	8359	968
五金产品批发	1	163	394			394	268	268	126
电气设备批发	1	644	2763	72	59	2776	186	186	2590
计算机、软件及辅助设备批发	6	308	16544	5304	39	17168	5596	6034	11135
通讯设备批发	3	58	21386	3	3	21711	20149	20149	1562
广播影视设备批发	1		4478	71	67	4482	3484	3484	998
其他机械设备及电子产品批发	10	17701	151791	689	353	154599	129154	129154	25445
再生物资回收与批发	1	593	1368	498	212	1654	1640	1640	14
互联网批发	2	2261	3289	6	3	3296	3143	3143	154
其他未列明批发业	13	71116	1119406	1905	1262	1125104	1042473	1042473	82631

单位:万元

实收资本	营业收入	营业成本	税金及附加	其他业务利润	销售费用	管理费用	财务费用	营业利润	利润总额	应付职工薪酬	应交增值税	从事批发和零售业活动的从业人员平均人数（人）
1749	304543	204553	40863		5326	14399	−3361	42774	42682	16406	12565	337
3431	112656	111212	56		492	633	36	228	250	618	120	58
26	43394	20445	212		18063	468	−16	4903	4913	327	2082	41
10	29841	23660	109		4073	1538	4	502	1967	1310	45	100
825	9143	5457	150		1475	1247	38	969	962	1876	276	144
1200	2072	1826	3			128	87	29	29	46	23	7
1000	13503	13509	7			41	1	−55	−41	39		1
350	16323	16011	6		215	108	−22	5	5	90	38	17
1100	196661	189911	140		6232	437	269	218	514	230	638	25
2	14460	14455	2					3	6			1
5395	76680	72041	144	147	2176	1550	424	772	752	2083	757	172
1000	24681	22594	22	73	913	269	106	1433	1436	814	163	75
55590	2724872	2659450	2551	53	33641	4364	4790	21837	26155	1597	9444	107
592476	24542260	24255832	13566	22199	125223	34512	26240	123848	142322	19161	43888	1214
100210	3607864	3576642	2177	62	14245	8292	2184	4858	7008	4595	7698	377
59267	853484	833740	894		9790	4037	2598	2440	3276	3784	3443	325
229626	12577482	12528799	7793	41	22254	10632	10935	8317	12461	5336	3030	363
1000	91272	90533	46		384	3	17	290	305		49	1
50	2848	2675	2		55	107		9	9	72	23	17
1500	2552	2081	1		156	152	137	27	75	127	−263	11
100	170341	151148	9631		316	388	15	18558	18559	215	8672	39
620	74329	74050	23		318	121	7	−191	10	369	56	56
500	35023	34972	6			16	17	13	43	4	4	1
16207	238621	231277	359		4212	1778	−180	804	2108	2818	3446	243
50	2430	2283	1		136	10	36	−35	−32	79	5	17
300	6285	5757	2	−143	233	396	40	−143	−153	281	23	33
19718	2080452	2007882	2257	24	1791	1649	−276	74499	75443	882	11489	97

7-7 续表 2

项　　目	法人企业数（个）	年初存货	流动资产合计	固定资产原价	累计折旧	资产总计	流动负债合计	负债合计	所有者权益合计
二、零售业	**122**	**63938**	**278117**	**206835**	**96706**	**571312**	**358209**	**435991**	**135321**
国有控股	23	8893	34955	28214	14379	93129	34737	56240	36889
私人控股	95	53206	236934	171010	78084	465136	310523	365374	99762
港澳台商控股	2		1297	2230	959	4884	6878	8305	-3420
外商控股	2	1840	4930	5382	3283	8162	6073	6073	2090
1.按登记注册类型分									
私营有限责任公司	81	39010	179362	95764	37180	307197	207415	245154	62043
其他有限责任公司	33	19325	73253	90549	46890	223709	121916	160433	63277
其他股份有限公司	1	1741	2010	10133	7276	6980	9426	9426	-2446
港澳台投资有限责任公司	3	1534	15470	2606	1127	20352	9817	11244	9109
其他外商投资企业	2	1840	4930	5382	3283	8162	6073	6073	2090
农民专业合作社(联合社)	2	488	3093	2401	949	4910	3563	3662	1248
2.按零售行业小类分									
百货零售	5	5383	38587	123769	54533	168212	92431	123387	44825
超级市场零售	6	3728	10314	8580	4411	29952	24711	24711	5241
其他综合零售	1	225	5560	297	138	5720	5360	5360	360
果品、蔬菜零售	8	1481	6143	2797	2334	11226	9348	11630	-405
肉、禽、蛋、奶及水产品零售	4	420	7666	2517	966	9496	5845	5846	3650
营养和保健品零售	2	304	801	57	54	922	793	1078	-155
酒、饮料及茶叶零售	1	674	11408	726	584	11646	10024	10033	1612
烟草制品零售	1		3240	148	106	3562	669	828	2734
纺织品及针织品零售	1	13	164	111	63	215	-85	-85	300
服装零售	4	2005	14583	182	163	54906	34045	52086	2820
钟表、眼镜零售	1	255	1302	60	16	1345	1013	1013	332
文具用品零售	1	2072	2520	637	576	2581	2682	2682	-102
图书、报刊零售	3	2201	7569	2490	1742	9975	5699	6069	3906
珠宝首饰零售	1		204			206	59	59	146
西药零售	9	7505	17705	639	489	20506	20185	20807	-301
汽车新车零售	39	28674	97734	37108	18178	132313	109670	116136	16177
摩托车及零配件零售	1	588	904	6	4	906	761	761	145
机动车燃油零售	13	2472	11685	22895	10119	64209	13779	32137	32072
日用家电零售	3	1137	4552	117	100	4835	2202	2202	2633
计算机、软件及辅助设备零售	3	646	3079	131	62	3148	1723	1723	1425
通信设备零售	4	1553	5491	298	94	5731	4471	4471	1261
互联网零售	5	2230	23079	524	249	24626	11464	11465	13162
生活用燃料零售	6	374	3827	2747	1726	5076	1360	1593	3483

单位:万元

实收资本	营业收入	营业成本	税金及附加	其他业务利润	销售费用	管理费用	财务费用	营业利润	利润总额	应付职工薪酬	应交增值税	从事批发和零售业活动的从业人员平均人数(人)
129590	**913741**	**800749**	**3436**	**24974**	**76916**	**31411**	**9186**	**-7730**	**-4269**	**43874**	**8211**	**4980**
22788	174846	161791	341	681	12779	2441	1246	-3388	-3152	8575	1391	862
104492	685907	590091	2922	23882	59450	27594	7777.5	-2096	1012	33037	6662	3859
1000	21183	18126	94		3729	606	38	-1375	-1375	1229	187	175
1310	31804	30742	80	411	959	770	125	-871	-754	1032	-29	84
80121	480211	429538	1709	9917	29611	18929	5917	-5347	-2738	22753	3647	2864
46452	287480	247760	1283	14645	24435	8252	2886	3143	3309	12464	2755	1532
	51689	51569	118		2669	-98	422	-2983	-2674	1556	269	95
1132	53629	32847	248		19025	3305	-191	-1570	-1344	5746	1566	348
1310	31804	30742	80	411	959	770	125	-871	-754	1032	-29	84
575	8928	8294			218	255	27	-103	-68	323	1	57
40461	128316	98676	1842	20687	15338	5587	2914	3959	4115	4005	1541	544
6323	56639	47925	71	967	6749	1654	348	-229	-34	2659	458	506
500	3128	2321	4		377	546	31	-149	-116	413	193	66
5539	35127	30393	17	69	4496	1515	216	-1466	-1297	3105	107	527
1455	18600	17018	8		578	468	39	252	263	596	77	84
150	1408	953	3	38	202	109	15	127	127	102	34	15
600	6107	4815	25		108	554	372	233	460	327	87	19
300	3878	3190	12	23	422	282	-34	20	21	427	89	26
40	807	283	2		295	126		102	102	181	26	23
20200	15022	15676	343		763	881	2393	-5035	-4838	1032	336	135
50	1455	655	2		624	195	7	-28	-19	415	32	52
120	1780	1428	2		289	54	80	-73	-71	216	25	45
3000	9628	7554	44		1375	647	-150	183	265	1632	53	112
300	3363	3314	3		11	59	5	-29	-29	22	1	4
2294	54422	44402	101		6783	1651	7	1649	1785	5438	798	772
28153	403112	382402	526	2863	12302	11352	1800	-5016	-3062	11696	1399	1184
10	1881	1707	1		56	88		30	37	51	1	7
15796	85658	81355	218		5705	-80	1214	-2688	-2600	2463	705	175
335	5032	4666	2		314	65	33	-38	-38	181	31	22
605	5157	3892	18	201	350	771	-9	136	147	818	150	80
563	11311	9503	6	10	1127	453	48	176	133	976	302	143
1366	50850	31357	166	102	16654	3246	-141	-432	-192	5178	1485	262
1430	11060	7267	21	15	2000	1190	-3	586	573	1941	281	177

7-8 限额以上住宿和餐饮业

（2023 年）

项　　目	法人企业数（个）	年初存货	流动资产合计	固定资产原价	累计折旧	资产总计	流动负债合计	负债合计	所有者权益合计
总　计	**181**	**28768**	**408255**	**571964**	**213402**	**1373587**	**451434**	**965202**	**408342**
一、住宿业	**116**	**27134**	**360779**	**451057**	**157483**	**1227416**	**337140**	**772835**	**454581**
其中：国有控股	17	25208	59078	163075	49246	658014	183658	466052	191962
私人控股	98	1924	298098	287760	108199	551775	150193	303496	248280
外商控股	1	2	3602	221	37	17627	3288	3288	14339
1.按登记注册类型分									
私营有限责任公司	77	1327	276585	189184	65288	452845	122496	208105	244741
其他有限责任公司	32	25781	77315	260704	91323	752056	210076	559343	192713
全民所有制企业(国有企业)	1								
个人独资企业	4		1188	496	407	1600	912	1732	-132
港澳台投资有限责任公司	1	24	2089	453	428	3288	368	368	2920
外商投资有限责任公司	1	2	3602	221	37	17627	3288	3288	14339
2.按住宿业行业小类分									
旅游饭店	63	26440	323771	396275	139136	1112629	259099	672198	440431
经济型连锁酒店	10	98	5929	5389	1900	12670	9842	9842	2828
其他一般旅馆	40	582	29621	48946	16376	100277	66227	88824	11453
民宿服务	2	14	1270	32	5	1302	1495	1495	-193
露营地服务	1		188	415	66	538	477	477	61
二、餐饮业	**65**	**1633**	**47476**	**120907**	**55919**	**146172**	**114294**	**192367**	**-46238**
其中：国有控股	3	33	513	154	36	1047	695	1040	7
私人控股	61	1563	36148	85912	50311	103785	92501	149229	-45487
港澳台商控股	1	38	10815	34842	5572	41340	21098	42098	-758
1.按登记注册类型分									
私营有限责任公司	36	709	14816	20521	12420	35298	63718	68921	-33623
其他有限责任公司	19	769	20562	64359	37197	67764	27632	79302	-11538
个人独资企业	8	74	682	196	72	834	1187	1387	-597
港澳台投资有限责任公司	2	81	11416	35831	6230	42276	21757	42757	-480
2.按餐饮业行业小类分									
正餐服务	56	1502	45640	120654	55769	143630	112420	190329	-46743
快餐服务	2		695	116	67	744	550	550	195
咖啡馆服务	1		409			809	929	929	-120
其他饮料及冷饮服务	5	118	411	125	79	493	252	252	241
小吃服务	1	14	321	12	4	496	144	307	188

企业主要财务状况

单位:万元

实收资本	营业收入	营业成本	税金及附加	其他业务利润	销售费用	管理费用	财务费用	营业利润	利润总额	应付职工薪酬	应交增值税	从事住宿和餐饮业活动的从业人员平均人数(人)
479488	**272713**	**112485**	**3340**	**10182**	**75754**	**74310**	**16891**	**8080**	**5889**	**75360**	**7900**	**9039**
432086	**196052**	**74161**	**2961**	**7123**	**43823**	**61386**	**13971**	**16763**	**17240**	**54102**	**7228**	**5863**
60315	58379	29229	1644	4902	7874	14981	9695	12201	12257	21230	3115	1605
357175	136559	44571	1318	2221	35948	45603	4276	4610	5033	32613	4113	4235
14596	1115	362				802		–48	–50	259		23
305539	94859	32562	889	459	24599	32309	808	3456	3755	23725	2490	3046
109301	96074	39005	2065	6665	18480	27913	13222	12616	12784	29360	4636	2685
150	2015	711	2		740	353	3	206	210	416	25	68
2500	1989	1521	5		4	8	–62	533	541	343	76	41
14596	1115	362				802		–48	–50	259		23
387390	147280	50941	2532	6483	35192	48157	12141	15425	15727	41010	6087	4429
5658	9418	3730	29	273	2715	1599	107	1076	1087	1761	211	249
38423	38361	18904	400	368	5589	11304	1659	571	723	11011	924	1149
110	763	380			254	182	64	–118	–106	172	7	24
505	231	206			72	144		–192	–192	148		12
47402	**76660**	**38324**	**378**	**3059**	**31931**	**12925**	**2920**	**–8683**	**–11351**	**21258**	**672**	**3176**
800	1138	1401	5		156	110	7	–77	–77	555	20	74
34602	72781	35095	214	3059	31698	10563	1763	–5879	–8623	19866	778	3036
12000	2741	1829	159		78	2251	1151	–2726	–2652	837	–126	66
11704	38167	19555	59	604	17490	4248	446	–3625	–3427	12127	419	1823
23501	31237	13930	153	2395	13299	5869	1296	–2122	–5071	7215	337	1101
106	3583	2528	4	57	687	422	11	–126	–123	782	41	124
12090	3674	2311	163	2	456	2385	1168	–2809	–2731	1134	–125	128
47017	68853	33885	376	3059	29122	12132	2906	–8895	–11587	18901	594	2747
130	4661	2673	2		1259	719		8	34	1723	35	305
0	416	284			113	72	11	–58	–62	110	25	44
55	2249	659			1416		2	184	184	473	16	74
200	481	823			21	2	1	79	79	51	1	6

7-9 商品市场交易情况

单位:万元

项　　目	1990 年	1995 年	2000 年	2005 年	2010 年	2015 年	2019 年	2020 年	2021 年	2022 年	2023 年
消费品市场交易额	26506	157147	381631	594309	962896	1672909	2262968	2320482	2468683	2757130	3125848
生产资料市场交易额			42035	330520	636143	666435	2513691	2372345	2489836	2647546	2778743

7-10 个体工商业及私营企业主要指标

项　　目	计量单位	1990 年	1995 年	2000 年	2005 年	2010 年	2015 年	2016 年	2019 年	2020 年	2021 年	2022 年	2023 年
一、个体工商业户数	户	**21030**	**33497**	**40339**	**33150**	**44753**	**56090**	**61588**	**79625**	**86169**	**90744**	**95812**	**104018**
从业人员	人	31528	44233	49824	43129	73631	98482	110396	143995	152530	160240	163117	171675
注册资金	万元	8471	33940	50376	78489	198004	374368	547339	939005	1120331	1245582	1472839	1796701
二、私营企业户数	户	**168**	**1222**	**1940**	**5563**	**11160**	**20317**	**24075**	**39418**	**44996**	**52841**	**53394**	**53249**
注册资金	万元	1306	54372	135163	882318	3910319	11615843	18635849	46830350	53068946	76517337	81636617	84388411
三、私营企业中													
独资企业户数	户	78	456	608	1468	1771	3109	3130	3773	6022	9098	7199	3725
合伙企业户数	户	86	301	243	554	372	465	796	1611	1668	1756	1737	1723
有限公司户数	户	4	465	1089	3541	9013	16706	20101	33954	37207	41419	43919	47265

注:本表数据来源于市场监督管理局。

7-11 私营企业基本情况

（2023年）

项　目	计量单位	合计	#农林畜牧业	#工业	#建筑业	#交通运输业	#批发和零售业	#住宿和餐饮业
城乡私营企业								
户数	户	53249	543	5400	3568	2857	21037	756
注册资金	万元	84388411	715779	10431327	5500954	4252329	35325813	250676

7-12 城乡个体工商业基本情况

（2023年）

项　目	城乡合计		
	户数（户）	从业人员（人）	注册资金（万元）
一、总　计	**104018**	**171675**	**1796701**
1.农林畜渔业	2812	10306	273616
2.工业	4832	10586	69531
#制造业	4832	10586	69531
3.建筑业	4415	12613	137300
4.交通运输业	4608	6214	53743
5.批发和零售业	48041	63107	534985
6.住宿和餐饮业	17807	33621	485111
7.居民服务业	10193	17633	86345
8.文化体育娱乐业	1782	3384	34473
二、各县区情况			
定海	33431	51048	265808
普陀	27975	49685	532015
岱山	16194	35381	357714
嵊泗	8144	15419	333879
普陀山	7035	9927	159779
新城	11239	10215	147506

7-13 规模以上服务业

（2022 年）

项目	企业单位数（个）	亏损企业（个）	资产总计	固定资产原价	本年折旧	营业收入	营业成本
总计	**521**	**217**	**20624655**	**9302518**	**433677**	**4176110**	**3560149**
交通运输、仓储和邮政业	310	141	9040281	7377024	351419	2754083	2392837
信息传输、软件和信息技术服务业	16	5	428454	687293	37002	284035	238587
租赁和商务服务业	85	39	4517246	407765	11962	707127	615125
科学研究和技术服务业	28	2	115883	34246	2392	116139	76062
水利、环境和公共设施管理业	11	7	784178	523821	15425	54304	52652
居民服务、修理和其他服务业	15	3	50119	25317	1314	38994	31343
文化、体育和娱乐业	13	7	19679	15368	1207	8206	5618

注：1.服务业企业未包括银行、保险、批发零售和住宿餐饮业单位。

2.2023 年服务业五经普数据暂不公开

企业主要经济指标

单位:万元

营业税金及附加	费用合计	销售费用	管理费用	财务费用	营业利润	利润总额	所得税费用	应付职工薪酬(本年贷方累计发生额)	应交增值税	期末用工人数（人）
30253	**709324**	**94154**	**352896**	**262274**	**96674**	**117632**	**57571**	**790480**	**137517**	**62349**
19916	406946	25883	223963	157101	20355	25288	41167	491269	102765	29899
1225	42016	20724	20798	495	–1217	–568	–811	37973	2446	2130
4310	140342	33709	40736	65897	74733	78289	6624	140565	17625	16430
507	23202	3557	20005	–361	13766	13920	2156	30907	5253	2042
398	22642	2665	8340	11636	–20795	–17430	7	15823	2951	1899
90	6966	1166	5874	–74	748	579	71	12007	1277	2482
63	4678	1224	2925	529	–2209	–964	21	2796	335	304

7-14 对外经济合作情况

指 标	2011 年	2012 年	2013 年	2014 年	2015 年	2016 年	2017 年	2018 年	2019 年	2020 年	2021 年	2022 年	2023 年
营业额(万美元)	2761	16405	26923	49849	55514	42665	49166	94802	79467	88907	103062	91220	97219
外派人次(人次)	1532	9502	12943	8918	8757	8514	10266	11372	10063	10137	13994	7446	8474
年底在外人数(人)	969	9639	9364	11855	10936	11603	14104	16173	16984	14874	13305	14324	13257

7-15 外贸进出口总值

单位:万元

指 标	2019 年	2020 年	2021 年	2022 年	2023 年
进出口总值	**13711088**	**16673094**	**23548685**	**33817774**	**35758998**
一、进口总值	**8699104**	**10792091**	**15809605**	**22262811**	**24267111**
# 国有企业	2992911	2319880	2506274	1757502	1395070
外商投资企业	1791821	1034972	1567027	1461210	1667653
集体企业	122053	10957	12519	14125	27281
民营企业	3796229	7426246	11723767	19029956	21177082
二、出口总值	**5011984**	**5881003**	**7739080**	**11554963**	**11491887**
# 国有企业	2078439	2503972	3477089	5895798	4911045
外商投资企业	1019101	1112788	883237	782039	1115082
集体企业	23216	12762	14171	19500	15312
民营企业	1890375	2251482	3364584	4857679	5450449

7-16 出口额分国别(地区)情况

单位:万元

项　目	1995 年	2000 年	2005 年	2010年	2015年	2018年	2019 年	2020 年	2021 年	2022 年	2023 年
出口总值	**17154**	**41162**	**99538**	**693734**	**618522**	**4248153**	**5011984**	**5881003**	**7739080**	**11554963**	**11491887**
中国香港	1005	1300	3842	112332	84838	523372	600178	804641	884160	1529688	650566
中国台湾	610	251	869	2195	7866	56437	66362	75396	63500	94996	60441
日　本	11484	17575	33143	46707	63574	407393	322702	281370	295630	244938	211212
东　盟				26873	104539	415016	673469	643616	1390833	2037505	1399418
#马来西亚	21	38	526	8757	16202	15521	43373	39805	102750	142840	106235
新加坡	160	60	495	2992	67978	230371	396895	452844	997874	1558392	869297
印度尼西亚	22	45	570	1147	3852	62440	75039	35446	150529	144217	108083
土耳其	181	53	619	11794	1326	10066	16000	16339	24496	24105	13774
韩　国	1102	9444	18595	42393	23241	166788	153729	182035	214357	177240	299806
美　国	509	4817	3587	17820	15342	129156	94518	72677	86836	128301	70251
澳大利亚	36	64	486	2504	4878	34495	47360	37593	49360	59480	205470
阿联酋	18	66	82	519	1813	12219	13765	8967	8467	11840	9199
新西兰	1	21	120	177	545	3449	2064	1539	2718	2791	26565
欧　盟				137824	105093	823525	835077	823712	654277	1063483	479936
#德　国	16	523	8713	40311	4025	16420	31416	27060	40591	49524	17145
法　国	24	330	1473	1052	1250	7907	93210	5049	7594	14439	10589
荷　兰	1	233	1117	1376	1892	16339	26563	14582	19386	190409	10815
意大利	1	959	2717	11938	4127	84767	84920	141806	104335	46795	17306
比利时	155	259	2128	9949	1656	7899	11352	12643	12369	14136	14455
西班牙	902	3841	9148	10890	9067	109437	103291	100129	99241	95969	53743
匈牙利	304	27	21	2	12	194	130	146	726	400	125
阿根廷	28	5	15	78	172	11398	7845	659	2910	1628	449
孟加拉国	11	27	120	1472	1775	15726	6086	16134	17983	45679	78504
沙特阿拉伯	30	16	186	127	1433	4088	4146	3708	30109	3942	13501

注:1.2007 年及以前为自营出口数据。

2.表中指标 2015 年及以前计量单位为万美元。

7-17 出口主要商品类值

单位:万元

项　　目	2019年	2020年	2021年	2022年	2023年
出口总值	**5011984**	**5881003**	**7739080**	**11554963**	**11491887**
一、农副产品	828668	677907	682335	678952	747595
#水产品	794847	665624	675766	671649	736235
农产品	29295	9396	4007	5229	7390
二、工业品	2322529	2756519	2130738	2511542	3359007
# 机电及高新产品	2148420	2625724	1917508	2107725	2810903
# 造船	962361	645506	792467	741449	930438
修船	596950	1223168	737524	928820	1231421
塑机螺杆	47247	45939	61231	64768	64130
# 纺织品	23874	33388	59185	87622	79338
# 机动车辆用坐具零件	51875	32978	39937		39
三、油品	1865313	2449464	4928569	8366243	7387431
# 原油	57675	84970	80291	15173	166478
成品油	1807638	2364494	4848278	8351070	7220953

7-18 出口主要商品实物量

（海关口径）

项　　目	单位	1995 年	2000年	2005年	2010年	2015年	2016年	2017年	2018年	2019 年	2020 年	2021 年	2022 年	2023 年
水 产 品	吨	26688	93242	196812	193861	203019	271608	294509	314293	304924	268222	292578	244171	262932
#冻　鱼(片)	吨	6545	47559	53611	5379	65768	102111	114462	109644	126208	88388	92787	74558	86447
冻虾(虾仁)	吨	236	22555	19901	33601	16611	20239	18367	981	12815	16510	21538		
冻梭子蟹	吨	2156	4107	8709	9328	16831	13796	16297	18469	20831	13934	14625	9704	10509
冰鲜鱼(鲜、冷鱼)	吨	9962	4807	4390	1966		328	192	148	130	174	264	330	276
活鳗鱼	吨	95	22	486	40	18	22	8						
活海鱼	吨	65	1573	4613	40		22	8						
活梭子蟹	吨	526	10		3									
蔬　　菜	吨	3960		2001	61	45	515	970	132	31	47	115	124	83
钢　　材	吨			123	4629	7683	34680	25212	4274	3391	9176	741	3011	6021
机械设备	万台(万套)			334	27652	37020	25202	33486	35536	36050	58960	54809	61338	70208
船　　舶	艘			94	176	122	100	69	57	65	43	65	115	200
棉　　布	万米	159	89	46	3	2	53	83	14					
注塑机械	台			140	414	272	334	390	524	251	354	396	374	306
服装及衣着附件	万件	157		213	187	1062	4999	4062	2119	662	466	529	964	852
鞋　　类	万双			512	149	98	549	348	105	26	10	11	15	63
渔网、线	吨	1032		502	580	413	683	836	969	659	847	1032	648	465
各种玩具	万美元	26	308	130	104	292	3575	927	1238	668	378	538	827	1513

7-19 使用外资情况

单位:万美元

年 份	批准项目(个)	使用外资		外商直接投资	
		合 同	实 际	合 同	实 际
1980	7	130	89		
1985	7	905	291	669	128
1987	6	506	12	495	
1988	5	1640	640	320	401
1989	3	134	708	7	
1990	11	1706	528	933	203
1991	14	223	853	200	582
1992	53	2942	740	2593	162
1993	103	6942	1527	6796	1369
1994	49	8041	2322	7890	2265
1995	32	10298	2812	9800	2319
1996	21	1297	2024	1292	2022
1997	16	848	1225	785	1162
1998	12	2428	675	2411	658
1999	29	2662	872	2659	869
2000	21	2712	1075	2692	1055
2001	35	3005	1141	2961	1097
2002	26	2744	1148	2720	1124
2003	60	5052	1755	5001	1704
2004	20	6161	2341	6070	2251
2005	21	6940	3120	6940	3120
2006	16	11340	5003	11340	5003
2007	18	19262	7516	19262	7516
2008	7	4701	15855	4701	15855
2009	12	10423	10595	10423	10595
2010	5	3674	6719	3674	6719
2011	12	24176	10788	24176	10788
2012	10	17467	18339	17467	18339
2013	4	18525	20930	18525	20930
2014	14	107473	19962	107473	19962
2015	19	38170	7792	38170	7792
2016	25	87738	21017	87738	21017
2017	56	99589	40518	99589	40518
2018	271	431087	41762	431087	39381
2019	78	224040	50093	224040	50093
2020	64	166679	40885	166679	40185
2021	62	156353	50401	156353	50400
2022	59	321790	51037	321790	51037
2023	60	92859	55849	92859	55849

注:2004 年起,批准项目指外商直接投资批准项目。

7-20　舟山口岸外贸运输业务情况

项　　目	单位	1990年	1995年	2000年	2005年	2010年	2015年	2017年	2018年	2019年	2020年	2021年	2022年	2023年
一、外贸进出口货运总量	**万吨**	**5.90**	**306.40**	**1027.49**	**2741.27**	**7616.22**	**10610.77**	**13119.48**	**13944.77**	**15227.84**	**17448.57**	**18050.06**	**17953.83**	**20106.60**
1.进口总量	万吨	4.10	301.20	898.30	2598.29	6932.90	9998.77	12561.47	13284.31	14545.67	16622.62	16717.31	16594.30	18463.64
木　材	万立方米	2.40	2.10	2.50	5.81	0.30								
石油(包括原油和成品油)	万吨	1.70	160.40	740.30	901.93	2549.35	2859.78	3564.16	3456.27	4439.19	5552.65	5583.07	6437.00	7615.00
铁 矿 砂	万吨				1375.42	3263.01	5666.96	6542.47	7268.33	7598.38	7664.43	7616.96	7812.00	8099.00
2.出口总量	万吨	1.80	5.20	129.20	142.98	683.32	611.00	558.01	660.46	682.17	825.96	1332.75	1359.54	1642.96
水产品	万吨	1.60	3.20	1.00	3.00	2.35	2.93	2.09	2.51	2.77	2.24	2.75	2.74	3.28
冻水产品	万吨	1.20	3.10	0.70	0.96	1.00	0.51	0.53	0.51	1.87	1.00	1.46	1.37	1.71
活水产品	吨	133	286	2273	4765	3526		3887.6	4233.62	4876	1434	83	357	646
二、办理口岸出入境人员手续	**人次**	**8208**	**38865**	**24573**	**54338**	**80277**	**222677**	**258838**	**195184**	**216047**	**211414**	**183144**	**199819**	**249315**
三、监管进出境船舶	**艘次**	**437**	**2160**	**1360**	**3864**	**5653**	**11333**	**10771**	**12525**	**13981**	**14048**	**13679**	**15147**	**18205**
进　境	艘次	226	1120	695	1953	2726	6298	5240	6085	6987	6985	6775	7468	8998
出　境	艘次	211	1040	665	1911	2927	5035	5531	6440	6994	7063	6904	7679	9207
四、外籍船舶修理	**艘次**			**40**	**361**	**983**	**1795**	**1975**	**1869**	**1895**	**2091**	**1814**	**2007**	**2271**

注:2015 年,舟山海关未统计活水产品。

7-21　舟山口岸进出口货运总值

单位:万美元

指　　标	1990年	1995年	2000年	2005年	2010年	2015年	2019年	2020年	2021年	2022年	2023年
一、进出口货运总值	**5171**	**28686**	**174994**	**548450**	**2769560**	**2458249**	**4075796**	**4224797**	**6667964**	**8252261**	**8594959**
#一般贸易	5003	26849	159571	453272	1787853	1365330	2399475	2838112	4689296	6454177	6721634
中外合资企业	24	1146	2576	38438	368167	276035	273553	282992	298383	249460	324983
二、进口货运总值	**730**	**13587**	**165483**	**501451**	**2150884**	**1830870**	**3480613**	**3453142**	**5206587**	**6396824**	**6456663**
#一般贸易	613	12441	155292	442877	1714466	1124687	2227514	2513880	3765634	5281985	5421747
中外合资企业	24	1146	418	26121	186471	141610	185049	158268	196763	177756	205420
三、出口货运总值	**4441**	**15099**	**9511**	**46999**	**618676**	**627379**	**595183**	**771655**	**1461377**	**1855437**	**2138296**
#一般贸易	4390	14408	4279	10395	73387	240643	171961	324233	923662	1172192	1299887
中外合资企业			2158	12316	181696	134424	88504	124724	101620	71704	119563

7-22　按主要国别(地区)分的舟山口岸外贸进口总值

单位:万美元

国别(地区)	2019年	国别(地区)	2020年	国别(地区)	2021年	国别(地区)	2022年	国别(地区)	2023年
伊拉克	512827	巴西	544455	巴西	798391	沙特阿拉伯	1081655	沙特阿拉伯	1276589
巴西	496393	澳大利亚	434873	沙特阿拉伯	674002	伊拉克	919641	伊拉克	944247
澳大利亚	444913	沙特阿拉伯	418844	澳大利亚	644059	巴西	740069	巴西	876797
沙特阿拉伯	335489	伊拉克	284872	阿联酋	440245	阿联酋	734226	阿联酋	704592
韩国	206998	韩国	222484	伊拉克	431274	澳大利亚	529344	澳大利亚	550551
利比亚	163851	科威特	196155	阿曼	334760	科威特	401900	阿曼	281917
马来西亚	150747	马来西亚	160350	美国	273381	美国	279206	俄罗斯联邦	245132
哥伦比亚	138075	阿联酋	156081	科威特	248789	阿曼	264769	美国	224134
俄罗斯联邦	131532	阿曼	155138	马来西亚	212007	利比亚	183373	科威特	196482
科威特	91574	美国	145798	韩国	172615	哥伦比亚	149066	马来西亚	121641
阿曼	88899	俄罗斯联邦	86642	利比亚	113259	安哥拉	132236	利比亚	121261
新加坡	75970	越南	61653	俄罗斯联邦	101862	俄罗斯联邦	122855	哥伦比亚	117272
阿联酋	73495	日本	54835	南非	87035	马来西亚	109565	卡塔尔	93703
安哥拉	69741	哥伦比亚	49479	安哥拉	61139	卡塔尔	92051	韩国	83462
日本	62485	加拿大	38222	新加坡	57466	韩国	79862	安哥拉	64826

7-23 按主要国别(地区)分的舟山口岸外贸出口总值

单位:万美元

国别(地区)	2019 年	国别(地区)	2020 年	国别(地区)	2021 年	国别(地区)	2022 年	国别(地区)	2023 年
巴拿马	101830	巴拿马	149416	俄罗斯联邦	300691	新加坡	220433	新加坡	329091
利比里亚	89133	利比里亚	90786	尼日利亚	163878	俄罗斯联邦	214648	俄罗斯联邦	296959
中国香港	76448	中国香港	83219	新加坡	143597	巴拿马	178405	利比里亚	258346
新加坡	68168	俄罗斯联邦	75314	巴拿马	124144	利比里亚	142011	巴拿马	155915
马绍尔群岛	50226	新加坡	74634	利比里亚	121961	尼日利亚	128890	中国香港	154388
日本	28904	马绍尔群岛	70154	马基斯坦	81593	中国香港	126354	尼日利亚	110298
马耳他	16797	日本	55881	中国香港	71883	巴基斯坦	119544	马绍尔群岛	77841
英国	16705	马耳他	35536	日本	40438	马绍尔群岛	76869	意大利	63151
法国	13488	意大利	17562	加纳	37610	南非	49152	韩国	60295
丹麦	10349	丹麦	15189	英国	27640	英国	42094	马来西亚	59694
马来西亚	9654	韩国	12365	挪威	24798	意大利	39265	印度尼西亚	43768
尼日利亚	9021	英国	11360	马耳他	19384	马耳他	33700	马耳他	39360
意大利	8994	葡萄牙	7369	韩国	18903	荷兰	32642	加纳	29661
韩国	8302	马来西亚	6939	印度尼西亚	17994	加纳	27996	日本	26439
印度尼西亚	7698	尼日利亚	6277	马来西亚	17604	日本	22014	丹麦	24614

7-24 舟山外贸进出口总值

(海关口径,包括保税仓库货物)

单位:万美元

指标	进出口总值					出口总值					进口总值				
	2019 年	2020 年	2021 年	2022 年	2023 年	2019 年	2020 年	2021 年	2022 年	2023 年	2019 年	2020 年	2021 年	2022 年	2023 年
合计	**1985483**	**2394565**	**3645513**	**5062982**	**5085213**	**726959**	**846707**	**1198282**	**1735495**	**1634375**	**1258524**	**1547858**	**2447231**	**3327487**	**3450838**
一、按贸易方式分															
一般贸易	548344	1123619	1777734	3533344	3616036	226369	296583	463551	693107	713606	321975	827036	1314182	2840237	2902430
进料加工	211023	157784	159346	114727	166652	158778	115018	124519	82534	119977	52245	42765	34827	32193	46676
保税仓库	914327	1075645	1691230	1108149	1010948	274531	407382	595440	886240	730883	639796	668263	1095790	221909	280065
租赁贸易	683	609	9027	39603	17678	683	609	9027	39603	16241					1437
来料加工	45381	36645	7950	21138	21570	17946	27028	5734	5455	16460	27435	9617	2216	15683	11110
其他	197	256	226	166	129	17	86	9	31	40	180	171	217	135	89
外商投资设备				84										84	
加工贸易进口设备															
二、按企业性质分															
国有企业	734045	694844	926065	1151723	898652	301963	358500	538204	888194	700046	432082	336344	387861	263528	198606
三资企业	407861	310381	379986	338499	396557	147491	161278	137141	118483	158685	260370	149103	242845	220016	237871
#合资	301422	205903	213552	171900	217034	72916	84896	71388	54672	72384	228506	121006	142164	117228	144651
独资	106349	104381	166318	166497	179416	74487	76286	65637	63710	86196	31863	28095	100680	102787	93220
合作	89	97	116	102	107	88	96	115	101	106	1	1	1	1	1
集体企业	21309	3459	4130	5015	6044	3389	1862	2195	2906	2184	17920	1597	1935	2109	3859
私营企业	822264	1385876	2335331	3567743	3783957	274116	325067	520742	725912	773459	548148	1060809	1814589	2841831	3010498
其他	3	2	1	1							3	2	1	1	
三、按运输方式分															
水路运输	1598122	1843410	3060378	4089120	4207453	378783	320214	635217	805116	795310	1219339	1523196	2425161	3284004	3412143
航空运输	40893	24353	22689	32009	28822	2344	1903	2946	2064	3136	38549	22449	19743	29945	25686
其他运输	345265	523963	559002	926634	834152	345148	523821	558882	926230	833487	118	142	120	403	665

7-25 按主要国别(地区)分的舟山外贸进出口总值

(海关口径,包括保税仓库货物)　　单位:万美元

2019年		2020年		2021年		2022年		2023年	
国别(地区)	出口值	国别(地区)	出口值	国别(地区)	出口值	国别(地区)	出口值	国别(地区)	进口值
巴拿马	115116	巴拿马	146136	利比里亚	183570	利比里亚	268845	新加坡	312637
利比里亚	94535	利比里亚	127277	新加坡	153694	新加坡	233232	利比里亚	242269
中国香港	86986	中国香港	116176	中国香港	137105	中国香港	229677	中国香港	179929
新加坡	57500	马绍尔群岛	76405	巴拿马	134837	巴拿马	194217	巴拿马	175502
马绍尔群岛	51443	新加坡	65752	马绍尔群岛	92586	马绍尔群岛	122342	马绍尔群岛	118566
日本	46884	日本	40606	巴基斯坦	81857	巴基斯坦	119781	马来西亚	66757
韩国	22243	马耳他	35150	日本	45630	英国	48771	韩国	65553
英国	17671	韩国	26466	韩国	32907	马耳他	44225	马耳他	45808
马耳他	15041	意大利	20500	挪威	26119	日本	36665	日本	41267
西班牙	14924	丹麦	14784	英国	24374	南非	33318	丹麦	26710
美国	13747	西班牙	14474	印度尼西亚	23123	荷兰	27792	美国	25142
法国	13694	英国	14378	马耳他	22919	韩国	26674	荷兰	20191
意大利	12226	台澎金马关税区	10805	意大利	16119	印度尼西亚	22234	葡萄牙	19848
印度尼西亚	10907	美国	10604	马来西亚	15871	马来西亚	21147	墨西哥	17200
丹麦	10603	葡萄牙	8225	西班牙	15365	美国	18997	西班牙	17069

2019年		2020年		2021年		2022年		2023年	
国别(地区)	进口值	国别(地区)	进口值	国别(地区)	进口值	国别(地区)	进口值	国别(地区)	进口值
巴西	210223	沙特阿拉伯	327175	沙特阿拉伯	606472	沙特阿拉伯	992714	沙特阿拉伯	1080955
马来西亚	192157	马来西亚	174069	阿联酋	447442	阿联酋	631610	阿联酋	695100
沙特阿拉伯	142236	巴西	166880	巴西	248114	伊拉克	438114	伊拉克	454264
韩国	122002	阿联酋	158440	马来西亚	247264	科威特	253528	巴西	189308
新加坡	87566	韩国	107199	阿曼	205589	巴西	176932	阿曼	134679
日本	76742	美国	77041	科威特	98591	阿曼	134366	美国	125901
俄罗斯联邦	57815	科威特	76955	韩国	88638	马来西亚	89428	马来西亚	106501
伊朗	42443	阿曼	63151	美国	87266	卡塔尔	79558	俄罗斯联邦	100573
阿联酋	39118	日本	57095	伊拉克	56092	澳大利亚	73719	卡塔尔	89040
伊拉克	32019	新加坡	44724	新加坡	55909	俄罗斯联邦	72478	科威特	77864
美国	20754	俄罗斯联邦	39045	日本	37849	美国	64821	韩国	62802
印度尼西亚	17550	澳大利亚	32159	澳大利亚	37710	韩国	57302	日本	46042
秘鲁	16736	伊拉克	23403	英国	33881	安哥拉	45093	澳大利亚	37720
委内瑞拉	15885	卡塔尔	19549	俄罗斯联邦	21667	日本	38245	安哥拉	25425
科威特	13875	挪威	18368	秘鲁	17936	刚果	21506	刚果	23058

注:本表为进出口总值前十五位国家(地区)数据。

7-26 舟山外贸进出口总值

（海关口径，不包括保税仓库货物） 单位：万美元

指 标	进出口总值					出 口 总 值					进 口 总 值				
	2019年	2020年	2021年	2022年	2023年	2019年	2020年	2021年	2022年	2023年	2019年	2020年	2021年	2022年	2023年
合 计	**1071155**	**1629503**	**2299820**	**3954831**	**4074265**	**452427**	**497057**	**631703**	**849255**	**903492**	**618728**	**1132446**	**1668117**	**3105576**	**3170773**
一、按贸易方式分															
一般贸易	548344	1123619	1777734	3533344	3616036	226369	296583	463551	693107	713606	321975	827036	1314182	2840237	2902430
进料加工	211023	157784	159346	114727	166652	158778	115018	124519	82534	119977	52245	42765	34827	32193	46676
租赁贸易	683	609	9027	39603	17678	683	609	9027	39603	16241					1437
来料加工	45381	36645	7950	21138	21570	17946	27028	5734	5455	10460	27435	9617	2216	15683	11110
其他贸易	197	256	226	166	129	17	86	9	31	40	180	171	217	135	89
加工贸易进口设备															
二、按企业性质分															
国有企业	247319	258178	316509	245987	197529	62438	54721	52190	64108	59145	184881	203457	264319	181880	138384
三资企业	193051	193843	239462	230130	255669	130861	151010	110515	97266	144717	62190	42834	128947	132864	110953
#合资	93475	98179	79777	79911	91557	60837	82321	49935	47534	68013	32638	15857	29842	32377	23544
独资	99486	95567	159569	150117	164006	69936	68592	60465	49630	76598	29550	26975	99105	100487	87408
合作	89	97	116	102	107	88	96	115	101	106	1	1	1	1	1
集体企业	14713	3459	4130	5015	6044	3389	1862	2195	2906	2184	11324	1597	1935	2109	3859
私营企业	616069	1174018	1739718	3473698	3615019	255740	289465	466802	684976	697446	360329	884553	1272916	2788723	2917574
三、按运输方式分															
水路运输	876663	1335413	2123024	3727234	3796692	297029	227603	476907	665138	664508	579634	1107811	1646117	3062096	3132185
航空运输	40847	24326	22662	32007	28758	2344	1903	2946	2064	3136	38503	22422	19716	29944	25622
其他运输	152443	267081	150690	180372	234028	152370	266938	150613	179969	233407	73	142	77	403	621
邮 运	0.5	11.0	0.2	0.2							0.5	11.0	0.2	0.2	
汽车运输	426	475	1212	1351	1278	412	186	232	587	1183	13	289	980	764	95
铁路运输	776	2197	2234	13869	13510	272	426	1005	1498	1259	504	1771	1229	12371	12251

7-27 按主要国别(地区)分的舟山外贸进出口总值

(海关口径,不包括保税仓库货物)　　单位:万美元

2019年		2020年		2021年		2022年		2023年	
国别(地区)	出口值	国别(地区)	出口值	国别(地区)	出口值	国别(地区)	出口值	国别(地区)	出口值
巴拿马	62114	巴拿马	88556	新加坡	109946	新加坡	162839	新加坡	240494
利比里亚	59370	利比里亚	52390	巴基斯坦	81832	巴基斯坦	119781	巴拿马	77967
日本	41119	马绍尔群岛	46589	巴拿马	57342	巴拿马	81523	利比里亚	75931
新加坡	40418	新加坡	45347	利比里亚	51541	利比里亚	42619	韩国	51302
马绍尔群岛	30102	中国香港	38690	马绍尔群岛	39679	中国香港	38458	马绍尔群岛	42502
中国香港	18168	日本	35896	日本	34089	南非	33207	马来西亚	39461
韩国	16437	马耳他	22338	挪威	23424	日本	30990	中国香港	39350
西班牙	14893	意大利	18230	中国香港	18264	马绍尔群岛	30653	日本	34234
法国	13579	韩国	14828	韩国	17502	英国	27644	美国	24470
英国	13463	西班牙	14414	西班牙	15365	荷兰	27572	荷兰	19811
美国	13355	丹麦	12450	意大利	15019	墨西哥	17772	马耳他	18135
丹麦	10032	英国	8687	英国	13812	美国	17147	墨西哥	17195
意大利	9357	美国	8517	印度尼西亚	12777	西班牙	14334	西班牙	17069
俄罗斯联邦	8335	墨西哥	7956	墨西哥	12122	印度尼西亚	14145	南非	13706
葡萄牙	8177	台澎金马关税区	6666	美国	10481	马来西亚	13444	孟加拉国	13163

2019年		2020年		2021年		2022年		2023年	
国别(地区)	进口值	国别(地区)	进口值	国别(地区)	进口值	国别(地区)	进口值	国别(地区)	出口值
巴西	176866	沙特阿拉伯	287400	沙特阿拉伯	386234	沙特阿拉伯	975268	沙特阿拉伯	1073169
沙特阿拉伯	103731	巴西	166880	阿联酋	342227	阿联酋	622366	阿联酋	688507
韩国	48531	阿联酋	100710	巴西	248114	伊拉克	438114	伊拉克	450858
日本	42600	科威特	76955	阿曼	172273	科威特	253528	巴西	189308
美国	18132	美国	76942	马来西亚	69349	巴西	176932	美国	125900
伊拉克	17804	阿曼	56260	科威特	67907	阿曼	131589	阿曼	105788
科威特	13875	日本	50319	美国	61600	卡塔尔	79558	卡塔尔	85782
秘鲁	13797	韩国	39885	伊拉克	39851	澳大利亚	73719	科威特	76432
阿曼	13647	澳大利亚	32159	澳大利亚	37710	美国	64765	韩国	41050
荷兰	12564	马来西亚	25247	日本	31350	安哥拉	45093	澳大利亚	37720
澳大利亚	12428	俄罗斯联邦	24579	韩国	21023	日本	31909	日本	36032
马来西亚	12374	伊拉克	21819	秘鲁	17907	韩国	21934	安哥拉	25425
俄罗斯联邦	11545	挪威	18368	卡塔尔	12574	刚果	21506	马来西亚	23573
比利时	9753	新加坡	15014	印度尼西亚	11639	俄罗斯联邦	20915	刚果	23058
德国	7281	卡塔尔	14850	俄罗斯联邦	11113	挪威	20711	德国	18760

注:本表为进出口总值前十五位国家(地区)数据。

7-28 历年旅游经济发展情况

年 份	旅 游 接待人数 （万人次）	比上年 增长%	其 中		总收入 （亿元）	比上年 增长%	其 中	
			国内旅 游人数 （万人次）	入境过夜 游客人数 （人次）			国 内 收 入 （亿元）	外 汇 收 入 （亿元）
1980	26.10	136.9	26.00	968	0.03	34.9	0.03	
1985	74.64	23.9	74.31	3299	0.13	39.7	0.13	
1988	105.10	1.6	104.55	5501	0.47	18.2	0.46	0.01
1989	115.78	10.2	114.53	12460	0.52	9.2	0.50	0.02
1990	162.58	40.4	160.43	21466	0.57	10.6	0.54	0.03
1991	177.53	9.2	175.00	25320	0.98	72.1	0.90	0.08
1992	203.09	14.4	200.00	30930	1.42	44.6	1.30	0.12
1993	198.34	-2.3	195.00	33353	2.53	78.1	2.38	0.15
1994	213.08	7.4	209.70	33819	3.20	26.3	2.85	0.35
1995	280.65	31.7	276.39	42629	9.35	192.4	7.74	1.61
1996	286.11	1.9	281.46	46519	11.79	26.1	10.02	1.77
1997	325.49	13.8	320.23	52647	13.02	10.4	10.95	2.07
1998	343.61	5.6	338.88	47318	15.19	16.7	13.24	1.95
1999	397.49	15.7	391.92	55619	18.05	18.8	16.00	2.05
2000	459.72	15.7	453.61	61180	22.62	25.3	20.15	2.47
2001	550.16	19.7	542.96	71954	29.32	29.6	26.52	2.80
2002	631.98	14.9	623.52	84558	35.39	20.7	32.11	3.28
2003	645.09	2.1	639.58	55071	35.62	0.6	33.50	2.12
2004	837.07	29.8	825.42	116481	51.18	43.2	46.22	4.96
2005	1001.71	19.7	987.71	140028	61.41	20.0	55.33	6.08
2006	1152.84	15.1	1136.19	165514	91.52	49.0	84.08	7.52
2007	1305.00	13.2	1285.07	199295	108.18	18.2	100.24	7.62
2008	1516.48	16.2	1495.28	211965	131.90	21.9	124.11	7.79
2009	1752.93	15.6	1730.58	223482	154.87	17.4	147.10	7.77
2010	2139.00	22.0	2113.32	256790	201.21	29.9	192.31	8.90
2011	2460.53	15.0	2432.78	277468	235.48	17.0	226.37	9.11
2012	2771.02	12.6	2739.97	310468	266.76	13.3	256.74	10.02
2013	3067.47	10.7	3035.93	315375	300.12	12.5	290.16	9.96
2014	3397.96	10.8	3366.38	315838	477.2	59.0	467.3	9.9
2015	3876.22	14.1	3843.98	322371	552.18	15.7	540.6	11.58
2016	4610.61	18.9	4576.69	339247	661.62	19.8	645.47	13.09
2017	5507.16	19.4	5472.73	344313	806.52	21.9	793.23	13.29
2018	6321.40	14.8	6291.46	296400	942.15	16.8	930.62	11.53
2019	7051.75	11.6	6844.20	156252	1054.60	11.9	1011.89	5.88
2020	5943.99	-15.7	5942.39	16009	871.10	-17.4	870.50	0.56
2021	1244.20	7.5	1241.40	28064	170.50	13.6	169.60	0.86
2022	1112.70	-16.3	1111.80	9254	172.10	-11.7	171.80	0.26
2023	1731.63	55.6	1727.47	41574	237.56	38.0	236.64	0.91

注：1.根据旅游者消费调查数据，对 1999-2002 年、2006-2010 年、2014 年及以后旅游收入进行调整。
2.2019 年起“国际旅游人数”指标口径变更为“入境过夜游客人次”，外汇收入同口径调整。
3.根据《全国文化文物和旅游统计调查制度》（国统制〔2020〕186 号）和《浙江省文化和旅游统计调查制度》（浙统制〔2022〕1 号），2021 年起旅游人次和收入进行调整，表中“比上年增长”为同口径比，下同。

7-29 旅 游 者 人 数

单位:人次

分　类	1995年	2000年	2005年	2010年	2015年	2016年	2017年	2018年	2019年	2020年	2021年	2022年	2023年
一、旅游人数合计(万人次)	**280.65**	**459.73**	**1001.71**	**2139.00**	**3876.22**	**4610.61**	**5507.16**	**6321.40**	**7051.75**	**5943.99**	**1244.2**	**1112.7**	**1731.6**
#普陀山(万人次)	137.95	163.10	247.28	478.42	663.96	749.69	857.56	915.07	979.61	611.25	365.1	344.3	659.9
国内旅游人数(万人次)	276.39	453.61	987.71	2113.32	3843.98	4576.69	5472.73	6291.46	6844.20	5942.39	1241.4	1111.8	1727.5
入境过夜游客人数	42629	61180	140028	256790	322371	339247	344313	296400	156252	16009	28064	9254	41574
外国人	23106	35343	91830	144456	184658	183545	184390	136142	82005	13363	22152	8143	23665
港澳及台胞	19523	25837	48198	112334	137713	155702	89401	160758	38154	2646	5913	1112	17909
#台　胞	11523	15296	27804	57225	66284	72100	70522	71631	36217	1083	3764	271	5501
二、外国人旅游者分国籍													
日　本	2637	2799	12671	49890	57161	57325	53526	13875	6777	849	1667	612	1104
菲律宾	5914	6189	12462	13957	8849	9981	14930	23175	9259	413	233	92	1258
新加坡	2065	1785	5516	3072	8098	5840	8321	12108	4462	469	840	444	984
泰　国	4027	3905	10385	5702	4480	5427	6831	10755	5621	98	56	37	378
印　尼	783	1699	3206	5417	3942	4215	4022	5107	4790	63	364	35	548
美　国	923	2517	2896	2211	5815	5861	8806	8733	4464	735	1840	210	1212
加拿大	445	1489	955	1238	3098	3808	3447	1987	876	228	515	172	436
英　国	316	1001	958	811	2462	3447	4582	1467	1371	264	337	63	212
法　国	284	747	1179	791	1769	2156	2779	560	437	123	723	69	200
德　国	387	858	2115	2178	3098	3021	3537	2723	1778	331	627	70	420
意大利	168	503	324	681	2462	2154	2229	1113	484	242	468	34	229
俄罗斯	321	217	2555	4450	4538	3852	4831	14314	1145	386	1152	459	1500
澳大利亚	103	396	3315	3954	4548	4303	4148	1561	778	374	389	94	260
新西兰	17	107	346	609	2069	2052	1217	2100	214	24	124	22	41
韩　国	1072	4360	9816	25054	41236	35263	21967	14873	10646	2420	4482	2091	2738
马来西亚	941	896	3529	5339	5750	3507	6345	8550	4190	189	995	132	428

7-30 旅游事业基本情况

项　目	2005年	2010年	2013年	2014年	2015年	2016年	2017年	2018年	2019年	2020年	2021年	2022年	2023年
一、旅游外汇收入(万美元)	7532	13094	16068	16227	18759	17341	19288	17034	8511	816	1337	391	1296
二、旅游地旅馆													
星级饭店客房数(间)	3072	4512	4618	4430	3752	3525	2796	2738	2178	2449	2072	1574	986
星级饭店床位数(床)	7590	8414	8101	7756	6689	6047	4879	4765	3700	3842	3181	2250	1603

注:1.统计范围为全市一星级以上的宾馆、饭店。

主要统计指标解释

社会消费品零售总额 指企业(单位、个体户)通过交易直接售给个人、社会集团非生产、非经营用的实物商品金额，以及提供餐饮服务所取得的收入金额。个人包括城乡居民和入境人员，社会集团包括机关、社会团体、部队、学校、企事业单位、居委会或村委会等。

商品销售额 指对本单位以外的单位和个人出售的商品金额(包括售给本单位消费用的商品，含增值税)。在批发和零售业中，本指标反映在国内市场上销售商品以及出口商品的总价。在住宿和餐饮业中，本指标反映住宿和餐饮业单位出售商品和销售总额(含增值税)，不包括法人企业附营的其他行业产业活动单位的商品销售额。

批发额 指售给国民经济各行业用于生产、经营用的商品金额。

零售额 指售给个人用于生活消费和社会集团用于公共消费的商品金额。

营业额 指住宿和餐饮业单位在经营活动中因提供服务或销售商品等取得的全部收入，包括：客房收入、餐费收入、商品销售额(含增值税)和其他收入。不包括法人单位附营的其他行业产业活动单位的餐费收入、商品销售收入等各项收入。

客房收入 指住宿和餐饮业单位在经营活动中因提供住宿服务取得的收入(含增值税)。不包括多产业法人企业附营的其他行业产业活动单位的客房收入。

餐费收入 指住宿和餐饮业单位为顾客提供就餐服务取得的收入(含增值税)。包括：经烹饪、调制加工后出售的各种食品，如主食、炒菜、凉拌菜等的收入。不包括多产业法人企业附营的其他行业产业活动单位的餐费收入。

营业收入 指企业从事销售商品、提供劳务和让渡资产使用权等生产经营活动形成的经济利益流入。包括“主营业务收入”和“其他业务收入”。

营业成本 指企业从事销售商品、提供劳务和让渡资产使用权等生产经营活动发生的实际成本。“营业成本”应当与“营业收入”进行配比。包括“主营业务成本”和“其他业务成本”。

税金及附加 指企业因从事生产经营活动按税法规定应缴纳的消费税、城市维护建设税、资源税、环境保护税、教育费附加及房产税、城镇土地使用税、车船使用税、印花税等相关税费。

其他业务利润 指企业经营除主要业务以外的其他业务实现的利润。根据会计“其他业务收入”科目的本年各月贷方余额(结转前)之和减“其他业务成本”科目的本年各月借方余额(结转前)之和填报。

营业利润 指企业从事生产经营活动所取得的利润。根据会计“利润表”中“营业利润”项目的本期金额数填报。

利润总额 指企业在一定会计期间的经营成果，是生产经营过程中各种收入扣除各种耗费后的盈余，反映企业在报告期内实现的盈亏总额。利润总额为营业利润加上营业外收入，减去营业外支出后的金额。

资产总计 指企业过去的交易或者事项形成的、由企业拥有或者控制的、预期会给企业带来经济利益的资源。包括企业拥有的土地、办公楼、厂房、机器、运输工具、存货等实物资产和现金、存款、应收账款和预付账款等金融资产。资产一般按流动性(资产的变现或耗用时间长短)分为流动资产和非流动资产。

流动资产合计 资产满足以下条件之一应归为流动资产：(1)预计在一个正常营业周期中变现、出售或耗用，主要包括存货、应收账款等；(2)主要为交易目的而持有；(3)预计在资产负债表日起一年内(含一年)变现；(4)自资产负债表日起一年内，交换其他资产或清偿负债的能力不受限制的现金或现金等价物。包括货币资金、应收票据、应收账款、存货等项目。

存货 指企业在日常活动中持有以备出售的产成品或商品、处在生产过程中的在产品、在生产过程或提供劳务过程中耗用的材料或物料等，通常包括原材料、在产品、半成品、产成品、商品以及周转材料等。

负债合计 指企业过去的交易或者事项形成的，预期会导致经济利益流出企业的现时义务。包括银行贷款、借款、应付账款、应付职工工资、应付职工福利费、应交税金等企业负有偿还责任的债务。负债一般按偿还期长短分为流动负债和非流动负债。

所有者权益合计 指企业资产扣除负债后由所有者享有的剩余权益。公司的所有者权益又称股东权益。包括实收资本、资本公积、盈余公积、未分配利润等。

应付职工薪酬(本期贷方累计发生额) 指企业为获得职工提供的服务或解除劳动关系而给予的各种形式的报酬或补偿。包括职工工资、奖金、津贴和补贴，职工福利费，医保险费、养老保险费、失业保险费、工伤保险费和生育保险费等社会保险费，住房公积金，工会经费和职工教育经费，带薪缺勤，利润分享计划，非货币性福利，辞退福利和其他为获得职工提供的服务而给予的报酬或补偿。其中，社会保险和住房公积金应包括单位和个人负担部分。

应交增值税（本期累计发生额） 指按照税法规定，以销售货物、服务、无形资产、不动产或提供加工、修理修配劳务的增值额和货物进口金额为计税依据而课征的一种流转税。

利用外资 指各级政府、部门、企业、中国银行和其他单位通过对外借款、吸收客商直接投资和商品信贷及其他方式，从国外和港澳台地区筹措的资金。对外借款包括通过外国政府贷款、国际金融组织贷款、外国银行的买方信贷和现汇贷款及对外发行债券和股票等方式，从国外和港澳台地区借用的资金。

外商直接投资 指外国企业和经济组织或个人（包括华侨、港澳台胞以及我国在境外注册的企业）按我国有关政策、法规，在我国境内开办独资企业、与我国境内的企业或经济组织共同举办合资企业、合作经营企业、股份制企业或合作开发资源的投资以及客商从企业得到的收益的再投资。

入境游客 指报告期内来中国（大陆）观光游览、度假、探亲访友、就医疗养、购物、参加会议或从事经济、文化、体育、宗教活动的外国人、港澳台同胞等游客（即入境旅游人数）。包括入境（过夜）旅游者和入境一日游游客。

旅游外汇收入 指旅游等部门为来我国旅游的外国人、华侨、港澳和台湾同胞提供商品和劳务而得到的外汇收入，包括供应商品、饮食和提供住宿、交通、邮电、文化娱乐、导游等各项服务所得的全部外汇收入。

八、财政、金融、保险

8-1 历年财政预算总收入和总支出

单位:万元

年 份	总收入	#一般公共预算收入	一般公共预算支出	#一般公共服务	#教育	#社会保障和就业	#农 林水事务
1955	1127		419	414			
1960	3611		1088	1342			
1965	3146		750	670			
1968	2484		753	680			
1969	1046		725	580			
1970	3208		918	695			
1971	2833		1479	906			
1972	2766		2601	1224			
1973	4679		2331	1410			
1974	5218		2396	1557			
1975	4279		2584	1689	784	43	498
1976	4338		2365	1856	800	53	606
1977	4616		2394	1869	848	75	537
1978	6075		2775	1910	915	56	543
1979	5948		3689	2948	1241	96	986
1980	7032		4502	3467	1431	169	1043
1981	7506		5342	4072	1646	127	1355
1982	9217		5970	4325	1863	109	1184
1983	9833		6166	5106	2184	129	1419
1984	9631		8056	6356	2773	172	1504
1985	14510		9819	7131	3358	148	1385
1986	17835		13741	10257	4774	318	1679
1987	20697		13058	9617	4634	232	1436
1988	21558		18582	13434	6636	361	1095
1989	23269		20268	10683	6667	428	1835
1990	22334		20244	15523	6928	417	2072
1991	23623		21993	17738	7681	451	2731
1992	25619		25025	21201	8906	555	2633
1993	31388		29405	23439	11047	752	2944
1994	38387	16981	38148	33108	14850	1040	3819
1995	45869	21739	46263	39664	17219	1259	3960
1996	52393	27213	55474	10497	20112	1420	5050
1997	61147	32147	64036	11695	23377	1738	6183
1998	70986	39944	79996	13664	27945	2131	8868
1999	81872	49811	93729	15298	32241	2669	9126
2000	107701	62275	114820	17762	21564	1323	11463
2001	123996	79843	158358	22873	28794	1448	19190
2002	157090	90065	199984	29368	34906	1210	26835
2003	189767	113864	230973	34899	40297	2046	26449
2004	231810	144862	289284	40591	45952	8950	35130
2005	285224	182082	319384	51550	51151	9265	32141
2006	371198	242578	408208	60282	59671	12946	37125
2007	525586	350636	565227	109948	82209	34048	56125
2008	666791	431534	767785	132016	97074	41193	87912
2009	769928	487786	827392	144141	105797	44588	139614
2010	985282	610396	1050303	148928	121429	52799	194688
2011	1271752	764844	1481022	175303	162737	61987	357540
2012	1334507	855627	1552230	197508	213389	75423	303979
2013	1374225	926280	1898260	213309	229473	84370	490048
2014	1489267	1010203	1881904	223648	246092	94326	397730
2015	1595920	1127221	2396523	265196	263345	121647	490896
2016	1732865	1203248	2505417	285850	291712	170665	521795
2017	1872217	1257644	2586044	344568	331707	206187	514328
2018	2183538	1460243	3084897	391897	344129	277133	606175
2019	2305907	1548600	3233611	438835	360395	273568	572039
2020	2544983	1591996	3126851	496243	325608	312845	503580
2021	3497143	1807000	3361101	568628	364623	443633	479786
2022	4076364	1561472	3542734	589421	381141	398028	487133
2023	5299131	1935136	3765089	625005	429876	454400	594824

注:1.一般公共预算收入和一般公共预算支出:2011 年以前为地方财政一般预算收入和地方财政一般预算支出,2014 年前为公共财政预算收入和公共财政预算支出,下同。

2.一般公共服务支出:2006 年及以前为行政事业费支出;教育支出:2000 年及以前为文教卫科事业费支出;
社会保障和就业支出:2000-2006 年为社会保障补助支出,2000 年以前为抚恤社救支出;
农林水事务支出:2000-2006 年为农业支出,1996-1999 年为农林水气象事业费支出,1995 年及以前为支援农业支出。

8-2 财政收支情况

（2023 年）

单位：万元

项目	全市	岱山	嵊泗	2023年市级三块			
				小计	市本级	定海	普陀
一、财政总收入	**5299131**	**322550**	**165225**	**4811356**	**3682208**	**616773**	**512375**
1.一般公共预算收入	**1935136**	**227124**	**124076**	**1583936**	**950272**	**307680**	**325984**
税收收入小计	1390124	124763	54954	1210407	721580	239627	249200
增值税(50%部分)	623846	43721	24569	555556	369135	96543	89878
企业所得税(40%部分)	199432	25160	6287	167985	84222	34741	49022
个人所得税(40%部分)	78912	9302	4763	64847	37936	11697	15214
资源税	16592	4789	223	11580	352	6709	4519
城市维护建设税	103643	5417	1873	96353	65549	19233	11571
房产税	63022	9165	1993	51864	22313	13620	15931
印花税	82096	3086	1734	77276	60987	5908	10381
城镇土地使用税	67703	12816	4216	50671	15177	20883	14611
土地增值税	47505	4912	1195	41398	22707	3260	15431
车船税	9951	917	223	8811	4914	2146	1751
耕地占用税	12552	567	627	11358	2384	6227	2747
契税	81045	3653	7078	70314	34993	18187	17134
环境保护税	3825	1258	173	2394	917	473	1004
其他税收收入					−6		6
非税收入小计	545012	102361	69122	373529	228692	68053	76784
其中：专项收入	216405	7914	2874	205617	169768	22318	13531
行政事业性收费收入	19996	2600	3136	14260	4432	4566	5262
2.上划中央税收合计	**3363995**	**95426**	**41149**	**3227420**	**2731936**	**309093**	**186391**
国内消费税	2322634	12	5	2322617	2179563	142894	160
增值税(50%部分)	623846	43721	24569	555556	369135	96543	89878
企业所得税(60%部分)	299148	37740	9430	251978	126334	52111	73533
个人所得税(60%部分)	118367	13953	7145	97269	56904	17545	22820
二、一般公共预算支出	**3765089**	**567753**	**452568**	**2744768**	**1559141**	**517914**	**667713**
一般公共服务支出	625005	66339	44951	513715	411185	46233	56297
国防支出	4819	652	330	3837	2563	595	679
公共安全支出	197278	28929	18887	149462	83276	34113	32073
教育支出	429876	67033	33005	329838	166587	70896	92355
科学技术支出	126758	18272	6701	101785	64518	17817	19450
文化旅游体育与传媒支出	77214	11086	13816	52312	28686	8985	14641
社会保障和就业支出	454400	72277	45270	336853	200462	60883	75508
卫生健康支出	262111	39295	27377	195439	98467	43528	53444
节能环保支出	44682	6240	10090	28352	7044	5315	15993
城乡社区支出	272900	36783	43651	192466	105245	26449	60772
农林水支出	594824	149267	123311	322246	39325	117437	165484
交通运输支出	254750	25278	36994	192478	162495	14846	15137
资源勘探工业信息等支出	101871	4834	14695	82342	65376	4463	12503
商业服务业等支出	18778	751	2509	15518	6033	3559	5926
金融支出	1390	700		690	650	40	
援助其他地区支出	2541			2541	1474	350	717
自然资源海洋气象等支出	43809	5590	6400	31819	19664	9028	3127
住房保障支出	108689	10758	9990	87941	41032	27505	19404
粮油物资储备支出	7360	1500	726	5134	3118		2016
灾害防治及应急管理支出	22085	3459	2666	15960	7342	4908	3710
其他支出	7353	560	297	6496	5742	626	128
债务付息支出	106305	18104	10894	77307	38707	20320	18280
债务发行费用支出	291	46	8	237	150	18	69

注：1.2016 年 5 月 1 日起全面实施“营改增”后，国内增值税由中央与地方按 75∶25 分享调整为按 50∶50分享，改征增值税和营业税由地方收入调整为中央与地方按 50∶50 分享。

2.2016 年起朱家尖区域财政收入已统计到市本级，普陀区相应剔除。

8-3 历年金融机构存贷款年末余额

单位:万元

年份	金融机构本外币存款余额	金融机构人民币存款余额	住户本外币存款余额	住户人民币存款余额	金融机构本外币贷款余额	金融机构人民币贷款余额
1990		138495		95643		135540
1991		225006		123479		195498
1992		260994		152389		240634
1993		293601		170503		287065
1994		446241		292676		363953
1995		564597		354591		465991
1996		732848		465883		566801
1997		909004		577844		684973
1998		1106992		685269		764958
1999		1305632		747207		892413
2000		1507599		853793		982519
2001		1722392		967596		1123593
2002	2277924	2110168	1259843	1103767	1458618	1399800
2003	2761315	2593658	1415055	1279347	1988886	1901242
2004	3240679	3098207	1640048	1523018	2428435	2352002
2005	3762618	3634879	1824757	1735399	2910190	2846953
2006	4678470	4515015	2129256	2049019	3842334	3732509
2007	5838817	5617142	2267957	2205839	4953467	4843506
2008	7466504	7308382	3017237	2959217	6473852	6354304
2009	9439328	9207928	3563604	3501863	8540188	8289560
2010	11432535	11210732	4108026	4050932	10177248	9807727
2011	13149656	12896084	4665660	4619488	11626588	11200356
2012	13899712	13501001	5134448	5085043	12958278	12374213
2013	14971140	14702445	5789271	5739513	13333468	13043704
2014	16240523	16027038	6345263	6293628	14537019	14160290
2015	17910792	16942588	6685292	6616103	14998385	14583839
2016	19158442	18078318	7259727	7158648	15218194	14840103
2017	20084808	19436733	7643294	7550242	17215743	16936863
2018	20341028	19868645	8410879	8314222	20288982	20036760
2019	22821169	22213094	9808662	9716492	24356945	24259327
2020	25399907	24793051	11346546	11253334	27737635	27032510
2021	27737539	27146898	12696985	12607088	32766139	32177441
2022	33106315	32617115	15536765	15441229	37038613	36852760
2023	36001386	35274950	18018099	17918358	42251854	42156738

8-4 金融机构本外币信贷收支表

单位:万元

项　　目	2018 年	2019 年	2020 年	2021 年	2022 年	2023 年
一、各项存款	20341028	22821169	25399907	27737539	33106315	36001386
(一)境内存款	20297464	22772875	25341865	27668130	33019989	35789011
1.住户存款	8410879	9808662	11346546	12696985	15536765	18018099
2.非金融企业存款	5571076	6105045	7331003	8069932	9269883	9270635
3.广义政府存款	6239829	6679254	6488133	6529068	7351102	7453487
(1)财政性存款	380122	646451	482626	434779	589474	468592
(2)机关团体存款	5859708	6032803	6005507	6094289	6761629	6984895
4.非银行业金融机构存款	75679	179914	176183	372145	862239	1046790
(二)境外存款	43564	48294	58042	69409	86327	212375
二、金融债券			20000	169700	332576	332790
三、卖出回购资产				14350		
四、借款及非银行业金融机构拆入						
五、联行往来(净)			257696	2113247	267716	1641571
六、应付及暂收款	685200	797282	941730	1130898	1524444	1569233
七、各项准备	1171361	1031965	1266582	1131470	883999	918010
八、所有者权益	441748	948628	686418	1015351	1453335	1839814
九、其他	-543791	-620611	-132863	235985	565732	1345499
资金来源总计	22095546	24978433	28439470	33548540	38134117	43648302
一、各项贷款	20288982	24356945	27737635	32766139	37038613	42251854
(一)境内贷款	20287278	24350499	27614094	32757145	37018323	42197880
1.住户贷款	5894645	6744340	7802482	8640960	9173341	9794835
(1)短期贷款	1630147	1831324	2016409	2236991	2647792	2890092
(2)中长期贷款	4264497	4913016	5786073	6403969	6525549	6904743
2.非金融企业及机关团体贷款	14392633	17606159	19811612	24116184	27844982	32353044
(1)短期贷款	5050962	5384507	5889480	5140974	5658822	7074425
(2)中长期贷款	7462324	9288406	10478992	14695988	16789662	18871526
(3)票据融资	180498	320460	279809	258597	596561	669845
(4)融资租赁	1643909	2576317	3116012	3970098	4784427	5730929
(5)各项垫款	54940	36469	47319	50527	15509	6320
3.非银行业金融机构贷款						50000
(二)境外贷款	1705	6446	123541	8994	20290	53974
二、债券投资	378906	143659	210761	288384	542596	863536
三、股权及其他投资	60300	79441	122976	45236	130452	50365
四、买入返售资产	137191	10138				10000
五、存放非银行业金融机构款项	1112	63	170	92	112	108
六、联行往来(净)	824538	15007				
七、金银占款						
八、中央银行外汇占款						
九、应收及预付款	232954	197159	197544	250852	236381	292619
十、投资性房地产						
十一、固定资产	171563	176021	170385	197837	185962	179821
资金运用总计	22095546	24978433	28439470	33548540	38134117	43648302

8-5 分县(区)金融机构本外币信贷收支表

(2023年)

单位:万元

项目	市本级及定海区	普陀区	岱山县	嵊泗县
一、各项存款	22252810	8242811	3981126	1524638
(一)境内存款	22071546	8214327	3978690	1524448
1.住户存款	9281349	5422360	2456103	858287
2.非金融企业存款	6787289	1590549	651323	241475
3.广义政府存款	5156183	1101354	771264	424685
(1)财政性存款	323313	65007	46711	33561
(2)机关团体存款	4832871	1036347	724553	391124
4.非银行业金融机构存款	846725	100065	100000	1
(二)境外存款	181265	28483	2436	190
二、金融债券	312790		20000	
三、卖出回购资产				
四、借款及非银行业金融机构拆入				
五、联行往来(净)	186373	257932	1197266	
六、应付及暂收款	1261744	190260	87032	30197
七、各项准备	665658	157603	71686	23063
八、所有者权益	1241251	354879	183482	60202
九、其他	2913410	-831739	-516302	-219870
资金来源总计	28834036	8371745	5024290	1418231
一、各项贷款	28230452	8026429	4718772	1276201
(一)境内贷款	28178109	8024797	4718772	1276201
1.住户贷款	5202551	3175135	1015220	401929
(1)短期贷款	1388039	994360	360182	147511
(2)中长期贷款	3814511	2180775	655039	254418
2.非金融企业及机关团体贷款	22975558	4849662	3653552	874272
(1)短期贷款	5108868	1580812	315467	69277
(2)中长期贷款	11672549	3154964	3265391	778622
(3)票据融资	456893	113885	72694	26372
(4)融资租赁	5730929			
(5)各项垫款	6320			
3.非银行业金融机构贷款			50000	
(二)境外贷款	52343	1631		
二、债券投资	291606	260062	241713	70155
三、股权及其他投资	37865	2500	5000	5000
四、买入返售资产			10000	
五、存放非银行业金融机构款项		108		
六、联行往来(净)	-58045			58045
七、金银占款				
八、中央银行外汇占款				
九、应收及预付款	227269	36275	22686	6388
十、投资性房地产				
十一、固定资产	104889	46371	26119	2442
资金运用总计	28834036	8371745	5024290	1418231

8-6 历年国有银行人民币存贷款余额

单位:万元

年 份	存款余额	# 个人存款	贷款余额
1955	1040	265	1625
1960	2485	672	8345
1965	5373	1026	6399
1967	6854	1205	7759
1968	6155	1145	9067
1969	7608	1010	12323
1970	6881	986	13668
1971	7520	1108	11668
1972	8549	1287	11858
1973	9198	1472	11859
1974	11278	1673	12259
1975	10620	1771	13249
1976	10264	1725	15234
1977	10024	1842	16270
1978	11784	2090	18111
1979	15716	2605	19166
1980	20849	3462	20686
1981	27907	4146	22733
1982	28822	5233	26318
1983	32284	6581	28736
1984	48274	8642	52376
1985	61619	12249	62836
1986	76796	15883	87891
1987	86637	21293	98069
1988	89779	22696	106141
1989	100337	33296	116273
1990	138505	49581	135547
1991	177832	65381	161167
1992	205750	84962	190757
1993	238211	97800	228134
1994	278717	156191	268705
1995	377427	211373	336285
1996	505798	292939	411656
1997	633689	363628	516360
1998	783373	437951	595360
1999	937822	486207	688010
2000	1110418	560034	736899
2001	1282240	642293	856479
2002	1609862	735467	1094492
2003	1859204	755977	1485633
2004	2206749	865364	1865827
2005	2566328	971327	2241223
2006	3210044	1133633	3018885
2007	4034427	1214061	3891380
2008	5229066	1643103	5114627
2009	6288589	2011987	6464269
2010	7404829	2254872	7378316
2011	8617635	2511488	8207716
2012	8393171	2604502	9013297
2013	8725655	2612639	9057456
2014	9015339	2794155	9408773
2015	9259227	3013701	8975585
2016	9688159	3218809	8041396
2017	10328616	3418110	8475607
2018	10321473	3678782	9188846
2019	11074712	4127328	11044492
2020	12205953	4657977	11764260
2021	12832355	4883539	13311588
2022	15087723	5649000	14117526
2023	16127461	6517538	15666821

注:2014 年及以前年份,“个人存款”为“储蓄存款”。

8-7 金融机构人民币信贷收支表

单位:万元

项　　目	2018年	2019年	2020年	2021年	2022年	2023年
一、各项存款	19868645	22213094	24793051	27146898	32617115	35274950
(一)境内存款	19830219	22171317	24742208	27092137	32559732	35193174
1.住户存款	8314222	9716492	11253334	12607088	15441229	17918358
2.非金融企业存款	5203457	5598684	6827241	7585172	8906624	8774950
3.广义政府存款	6236884	6676242	6485463	6527742	7349645	7453080
(1)财政性存款	380122	646451	482626	434779	589474	468592
(2)机关团体存款	5856763	6029791	6002837	6092963	6760172	6984488
4.非银行业金融机构存款	75655	179900	176170	372135	862234	1046786
(二)境外存款	38426	41777	50843	54761	57383	81776
二、金融债券			20000	169700	332576	332790
三、卖出回购资产				14350		
四、借款及非银行业金融机构拆入						
五、联行往来(净)		335183	206221	2139671	730722	2316876
六、应付及暂收款	681960	793458	927932	1128479	1371963	1534460
七、各项准备	1159504	1018132	1251610	1123089	881960	917561
八、所有者权益	556173	985346	687718	1010380	1442686	1827117
九、其他	-562486	-479803	-153432	226424	569380	1291287
资金来源总计	21703795	24865409	27733099	32958991	37946401	43495040
一、各项贷款	20036760	24259327	27032510	32177441	36852760	42156738
(一)境内贷款	20035055	24252884	26910380	32175476	36850303	42155032
1.住户贷款	5894180	6743759	7802280	8640711	9172973	9794269
(1)短期贷款	1629682	1830746	2016208	2236743	2647426	2889527
(2)中长期贷款	4264497	4913012	5786072	6403968	6525548	6904741
2.非金融企业及机关团体贷款	14140876	17509126	19108101	23534765	27677330	32310764
(1)短期贷款	4799204	5287474	5185969	4559555	5503950	7058279
(2)中长期贷款	7462324	9288406	10478992	14695988	16776882	18861469
(3)票据融资	180498	320460	279809	258597	596561	669845
(4)融资租赁	1643909	2576317	3116012	3970098	4784427	5714851
(5)各项垫款	54940	36469	47319	50527	15509	6320
3.非银行业金融机构贷款						50000
(二)境外贷款	1705	6442	122129	1965	2457	1706
二、债券投资	378906	143659	210761	288384	542596	863536
三、股权及其他投资	60300	79441	122976	45236	130452	50365
四、买入返售资产	137191	10138				10000
五、存放非银行业金融机构款项						
六、联行往来(净)	687347					
七、金银占款						
八、中央银行外汇占款						
九、应收及预付款	231728	196823	196468	250092	234630	234580
十、投资性房地产						
十一、固定资产	171563	176021	170385	197837	185962	179821
资金运用总计	21703795	24865409	27733099	32958991	37946401	43495040

8-8 保险业务发展情况

项　　目	单位	1985 年	1990 年	1995 年	2000 年	2005 年	2010 年	2015 年	2018 年	2019 年	2020 年	2021 年	2022 年	2023 年
一、财产险业务														
1.保费收入	万元	277	1075	6434	10475	27983	80821	115614	139988	145959	155908	159028	165949	180102
# 企业财产险	万元	88	278	1070	1990	3239	7606	8331	7499	7306	8785	9647	10930	10755
家庭财产险	万元	11	33	67	192	583	2095	1107	843	779	625	718	1579	1816
车险	万元						31497	60719	73649	79968	80886	72351	76406	77515
# 交强险	万元						6844	11489	15245	16543	18490	19710	19984	20736
船舶险	万元						29452	25369	27958	26797	27230	31951	31544	33749
# 渔船险	万元						1064	603	356	850	613	2824	2863	2615
农业险	万元		4	27	54	42	197	554	919	1369	2593	3003	2531	2994
2.赔款	万元	276	619	3753	6164	17326	39523	78936	94562	125819	97606	110049	104107	115524
3.赔付率	%	99.64	57.58	58.33	58.20	61.90	49.00	68.29	67.55	86.20	62.60	70.79	62.73	64.14
二、寿险业务														
1.保费收入	万元	9	142	4999	14387	53839	109199	129461	218809	230216	242144	204041	218369	240329
2.给付金额	万元	2	36	351	3105	6024	16917	23613	26918	26722	23255	25790	30862	36903

8-9 分县(区)保险业务情况

单位:万元

项　　目	2017 年	2018 年	2019 年	2020 年	2021 年	2022 年	2023 年	2023 年分县(区)				
								市本级	定海	普陀	岱山	嵊泗
一、财产险业务												
(一)保费收入	131176	139988	145959	155908	159028	165949	180102	104630	25793	29703	15266	4710
其中:1.企财险	7336	7499	7306	8785	9647	10930	10755	5165	1531	2442	1133	484
2.家财险	913	843	779	625	718	1579	1816	803	280	482	161	89
3.车险	70154	73649	79968	80886	72351	76406	77515	46184	12892	12550	4441	1447
# 交强险		15245	16543	18490	19710	19984	20736	12566	3367	3095	1253	455
4.拖拉机险	115	93	42	3								
5.船舶险	24414	27958	26797	27230	31951	31544	33749	23490	1455	3220	4537	1048
# 渔船险	215	365	850	613	2824	2863	2615	2534		81		
6.农业险	709	919	1369	2593	3003	2531	2994	516	1354	285	670	168
(二)赔款	83485	94562	125819	97606	110049	104107	115524		85199	17114	10914	2297
(三)赔付率(%)	64	68	86	63	71	63	64		47	10	6	1
二、寿险业务												
(一)保费收入	190079	218809	230216	242144	204041	218369	240329	155210		50757	28417	5945
其中:意外短险	7215	7364	5320	20143	4321	3948	3740	1884		1433	321	102
(二)死、伤、医赔款	5072	6717	7542	26882	9323	9267	11313	6555		2904	1434	420
(三)给付金额	25049	26918	26722	23255	25790	30862	36903	26252		6227	3084	1340
其中:满期给付金额	13881	9817	10186	8692	8849	14970	15028	11192		2115	1177	545
年金给付金额	11169	17101	16536	14563	16940	15892	21875	15060		4112	1908	795
(四)营销人员数(人)	5943	6833	6630	6194	2701	2251	2376	1376		531	380	89

主要统计指标解释

财政 是国家为了保证国民经济有计划、按比例高速度的发展和满足社会日益增长的物质文化需要，对社会产品和国民收入直接和间接地实行分配、再分配的一种重要工具。

金融 是指货币流通和银行信用有关的一切活动，主要是通过银行的各种业务来实现。

财政总收入 包括上划中央“四税”即国内消费税、国内增值税（75%）、企业所得税（60%）、个人所得税（60%）和地方财政一般预算收入两部分。

一般公共预算收入 包括各项税收收入、行政事业性收费收入、国有资源（资产）有偿使用收入、转移性收入和其他收入。地方各级一般公共预算收入包括地方本级收入、上级政府对本级政府的税收返还和转移支付、下级政府的上解收入。

一般公共预算支出 按照其功能分类，包括一般公共服务支出，外交，公共安全、国防支出，农业环境保护支出，教育、科技、文化、卫生、体育支出，社会保障及就业支出和其他支出。地方各级一般公共预算支出包括地方本级支出、对上级政府的上解支出、对下级政府的税收返还和转移支付。

银行存款 企业、机关、团体和居民根据可以收回的原则，把货币存入银行或其他信用机构保管，并取得一定利息的一种信用活动形式。根据存款对象的不同可划分为企业存款、城镇居民存款、农村存款等科目。

银行贷款 银行或其他信用机构根据必须归还的原则，按一定利率为企业、个人等提供资金的一种信用活动原则。我国银行贷款，根据贷款对象不同分为工业贷款、商业贷款、农业贷款等。

保费收入 保费收入是保险企业在一定时期内收缴的保险费总额。

保费收入一般是指入账保费。入账即登记入账，指在会计核算中已记录为本期的保费收入。入账保费是保险企业在一定时期内签发的保险单项下已经收到或尚未收到的保费总额。

赔款 财产保险的发生保险事故后，经查证确属保险责任范围内的保险标的损失，保险人根据保险合同的规定履行赔偿义务，给予被保险人的款项叫作“赔款”。赔款支出一般包括三个部分：一是标的赔付，指被保险财产本身的赔款金额。二是第三者责任赔付，指投保第三者责任险的业务对第三者车辆、财产、人员等的损失。三是施救费、救助费及整理费。

寿险类给付 对寿险业务的经济补偿叫“给付”。寿险业务的给付，主要有死亡给付、伤残给付、医疗给付、教育金给付、婚嫁金给付、养老金给付、满期给付、一次性给付以及人寿险业务的退保金等。寿险业务的各类给付，分别按给付人数和给付金额统计。在寿险业务中，对各类给付一般划分为损失性给付和非损失性给付，损失性给付包括死亡给付、伤残给付、医疗给付等，其中意外伤害险和健康险的损失性给付在核算上视同于赔款支出；其他如教育金给付、婚嫁金给付、养老金给付、满期给付、一次性给付为非损失性给付。

赔付率 是指保险公司在一定时期内用于赔偿的总额占同期保险费收入总额的百分比，即：

$$赔付率 = \frac{已决赔款}{保费收入} \times 100\%$$

九、物　价

9-1 历年居民消费价格指数

（以上年同期价格为 100）

年份	居民消费价格总指数	食品烟酒	# 食品	衣着	居住	生活用品及服务	交通通信	教育文化娱乐	医疗保健	其他用品及服务
1985	115.4		124.3	100.2		105.3		100.2	97.6	
1989	114.9		114.8	110.6		113.3		130.4	111.2	
1990	101.9		98.0	105.2		103.8		96.9	102.8	
1991	106.3		108.9	103.1		105.5		96.2	103.7	
1992	110.8		117.6	101.5		102.5		94.6	102.8	
1993	123.1		129.4	109.7		110.3		100.0	100.6	
1994	128.9		138.6	117.5	143.5	113.2	112.8	102.4	106.3	
1995	114.8		122.0	109.7	108.2	106.2	102.2	106.5	104.6	
1996	109.9		111.9	104.2	122.4	102.2	101.5	104.2	106.6	
1997	103.6		103.0	102.0	112.6	99.0	98.0	101.1	100.6	
1998	99.9		101.4	99.6	96.3	96.2	95.6	92.5	99.4	
1999	98.3		96.8	97.4	96.5	97.9	95.1	94.6	98.0	
2000	101.6		98.4	99.2	104.0	96.2	89.5	96.5	102.6	
2001	99.3		96.6	96.3	101.1	95.8	97.4	111.0	96.0	
2002	99.5		102.6	98.0	96.5	96.5	97.8	99.6	95.1	
2003	101.3		103.8	98.5	101.7	95.4	97.7	101.2	104.0	
2004	104.4		112.8	100.1	103.8	96.3	98.0	103.7	92.8	
2005	101.7		105.4	98.2	105.7	99.1	100.1	98.6	96.1	
2006	101.6		102.6	101.6	108.0	100.1	99.8	97.1	98.9	
2007	104.2		110.1	101.0	106.6	100.8	99.8	98.4	100.5	
2008	105.6		112.7	100.7	104.7	103.9	95.7	102.4	107.0	
2009	99.2		102.5	98.5	92.8	98.5	97.7	97.8	102.4	
2010	104.1		108.7	100.4	105.6	99.7	100.2	100.0	106.7	
2011	105.8		112.5	101.1	106.9	102.9	101.4	100.3	102.9	
2012	101.7		106.9	101.6	99.9	102.4	98.2	98.5	98.0	
2013	102.1		103.0	101.4	102.2	101.8	99.7	103.0	102.3	
2014	101.7		103.0	101.0	102.5	101.2	99.0	101.0	102.0	
2015	101.2		103.2	101.9	99.4	100.0	96.7	102.9	101.6	
2016	101.8	104.1	105.3	100.6	100.0	99.9	99.1	104.0	101.7	101.8
2017	101.7	100.2	99.7	102.1	103.6	100.9	100.8	101.9	104.1	100.8
2018	102.8	102.6	103.2	100.4	106.7	100.9	100.1	102.0	103.1	101.3
2019	102.3	104.4	105.9	100.5	99.9	104.4	100.7	103.0	102.8	103.7
2020	101.9	106.3	108.4	99.5	99.2	101.5	96.8	101.4	104.0	104.5
2021	100.9	100.5	99.9	100.4	100.9	100.9	102.9	101.6	99.7	96.9
2022	101.7	103.2	102.4	97.6	99.4	101.3	105.6	101.5	100.3	100.6
2023	100.4	101.8	101.6	100.1	98.9	100.5	98.3	102.8	99.8	103.9

注：1.1984–2000 年，服务项目价格为独立分类。

2.2001 年起，居民消费价格指数每五年进行一次基期轮换，2021 年为新一轮基期轮换起始年，分类目录有较大调整，故部分指标以前年份的指数无法取得，下同。

9-2 居 民 消 费

(以上年同期价

项　　目	1985 年	1990 年	1995 年	2000 年	2005 年	2008 年	2009 年	2010 年
居民消费价格总指数	**115.4**	**101.9**	**114.8**	**101.6**	**101.7**	**105.6**	**99.2**	**104.1**
服务价格指数	**104.8**	**116.8**	**119.5**	**119.1**	**101.7**	**101.6**	**96.5**	**102.8**
消费品价格指数					**101.7**	**107.1**	**100.1**	**104.5**
一、食品烟酒								
1.食　品	124.3	98.0	122.0	98.4	105.4	112.7	102.5	108.7
(1)粮　食	99.4	96.3	131.0	89.2	98.5	108.1	103.4	115.3
#大　米	95.5	92.8	131.2	88.9	97.9	108.0	103.2	118.4
面　粉	106.6	89.2	116.8	88.7	100.6	101.7	100.0	104.7
(2)薯类						114.7	103.0	103.9
(3)豆类						138.0	97.8	107.2
(4)食用油	109.9	91.3	106.2	76.3	97.0	117.2	77.2	100.2
(5)菜及食用菌						110.1	106.9	110.9
#鲜　菜	134.7	85.2	128.4	104.5	121.6	110.1	108.0	111.6
(6)畜肉类						127.2	87.5	100.3
#猪　肉	136.0	97.7	119.4	93.3	101.4	126.1	85.6	100.9
(7)禽肉类						105.5	101.3	111.0
(8)水产品	185.5	98.0	128.1	103.3	107.7	111.8	108.7	114.9
#淡水鱼					102.5	127.8	106.7	103.3
海水鱼					102.6	108.7	114.0	127.1
虾蟹类						107.8	107.7	112.1
(9)蛋类	129.3	99.3	121.0	82.5	107.6	105.6	103.4	108.5
(10)奶类	100.0	103.3	135.6	99.6	101.8	119.3	99.1	100.5
(11)干鲜瓜果类			128.6	98.4	97.4	113.4	102.9	114.6
#鲜果	139.2	96.3	129.1	96.4	96.5	111.4	106.7	117.3
(12)糖果糕点类								
#食糖						102.3	100.2	123.2
(13)调味品	98.3	129.4	125.0	97.7	109.7	111.5	99.8	104.3
(14)其他食品类					106.2	114.9	102.1	98.9
2.茶及饮料					99.1	107.1	102.2	103.3
3.烟酒					100.3	102.5	100.4	100.7
4.在外餐饮			117.9	101.6	104.5	108.2	102.9	105.9
二、衣　着	**100.2**	**105.2**	**109.7**	**99.2**	**98.2**	**100.7**	**98.5**	**100.4**
1.服装			111.0	99.5	97.5	100.2	98.3	100.4
2.鞋类								
三、居　住			**108.2**	**104.0**	**105.7**	**104.7**	**92.8**	**105.6**
1.租赁房房租	104.0	101.2	132.7	108.3	101.2	105.8	106.6	109.3
2.住房保养维修及管理								
(1)住房装潢材料		100.6	97.3	99.9	106.8	108.2	98.5	106.2
(2)住房维修管理费用								

注:1.2021 年起,衣着大类下原作为种类的其他衣着材料及配件和衣着加工服务费计入服装,下同。

2.2001 年以来按照统计制度要求,我国居民消费价格指数、商品零售价格指数每五年进行一次基期轮换,2021 年为新一轮基期轮换起始年,分类目录有较大调整,下同。

价 格 指 数

格为 100）

2011 年	2012 年	2013 年	2014 年	2015 年	2016 年	2017 年	2018 年	2019 年	2020 年	2021 年	2022 年	2023 年
105.8	**101.7**	**102.1**	**101.7**	**101.2**	**101.8**	**101.7**	**102.8**	**102.3**	**101.9**	**100.9**	**101.7**	**100.4**
104.3	**99.4**	**103.5**	**102.2**	**101.6**	**101.8**	**101.9**	**104.2**	**101.6**	**101.2**	**100.8**	**99.7**	**100.7**
106.6	**102.8**	**101.5**	**101.4**	**101.0**	**101.8**	**101.6**	**102.0**	**102.8**	**102.4**	**101.0**	**103.1**	**100.3**
					104.1	**100.2**	**102.6**	**104.4**	**106.3**	**100.5**	**103.2**	**101.8**
112.5	106.9	103.0	103.0	103.2	105.3	99.7	103.2	105.9	108.4	99.9	102.4	101.6
113.9	102.1	101.4	100.8	102.2	101.3	100.4	99.8	100.4	100.4	101.0	100.9	101.0
114.2	102.1	100.2	100.9	101.2	99.9	100.5	99.3	99.7	100.1	101.1	98.5	100.5
121.9	105.5	109.0	101.0	100.1	100.0	100.0	102.0	101.6	100.4	97.9	99.8	101.3
104.2	102.5	116.4	108.3	90.6	103.0	96.0	107.2	100.7	115.1	109.7	104.7	102.4
103.1	101.1	101.6	101.6	101.4	100.6	101.5	101.6	101.6	115.1	106.0	101.7	100.2
116.6	104.6	97.9	92.4	97.0	100.9	100.1	100.6	99.4	103.9	111.3	104.9	100.9
101.6	117.4	104.1	102.5	105.7	111.6	90.9	107.6	105.9	102.4	105.5	100.1	100.2
101.0	119.9	103.4	102.4	107.2	112.2	89.0	107.6	106.1	102.2	106.0	99.7	100.1
124.3	103.4	103.1	98.2	103.5	110.2	94.6	98.4	121.0	136.7	85.1	95.3	100.2
128.1	99.9	99.9	96.3	105.3	114.9	92.4	96.1	124.2	143.4	75.9	94.4	101.7
114.1	105.0	105.7	103.1	109.7	103.2	101.0	104.6	106.1	109.0	95.8	103.4	104.9
118.1	110.3	102.0	105.3	105.1	106.5	105.1	103.3	99.9	105.6	105.2	103.0	102.8
107.1	109.8	106.3	101.4	101.5	104.4	107.7	101.0	95.1	105.9	124.4	96.3	95.2
121.7	105.3	103.0	111.2	106.8	110.7	102.3	99.4	102.4	114.7	99.8	101.6	104.7
125.6	117.1	100.6	101.1	103.6	107.7	109.9	102.5	98.2	96.3	101.8	101.6	105.0
118.8	98.5	101.1	109.5	99.6	98.9	97.6	110.1	104.3	93.1	108.1	104.3	101.5
109.1	102.4	106.4	104.7	99.9	100.3	99.5	103.7	103.2	102.9	101.8	96.7	100.4
118.5	105.0	103.4	107.6	97.7	99.4	103.4	105.4	109.6	95.2	101.8	114.6	102.1
115.7	104.9	104.2	111.8	96.0	97.6	104.2	106.4	112.0	93.0	102.5	117.9	101.5
					104.1	102.6	102.8	101.0	101.9	99.2	100.8	102.1
117.0	103.8	94.6	91.6	101.1	105.4	114.4	103.2	98.9	102.8	101.0	99.9	104.3
102.1	99.9	100.4	100.8	103.7	100.8	103.5	103.6	101.6	103.2	100.9	103.8	99.4
110.7	101.8	98.8	101.1	101.1	103.9	103.0	104.0	104.5	105.1	99.8	104.5	101.3
107.8	106.3	101.9	102.6	107.5	101.6	100.3	101.1	101.8	101.4	100.8	100.5	99.9
102.4	100.1	100.6	100.4	103.1	101.8	101.5	101.1	100.3	101.5	101.1	103.3	102.0
106.1	104.1	104.5	102.1	102.5	102.0	101.2	101.5	102.1	102.4	101.9	105.4	102.4
101.1	**101.6**	**101.4**	**101.0**	**101.9**	**100.6**	**102.1**	**100.4**	**100.5**	**99.5**	**100.4**	**97.6**	**100.1**
99.9	101.3	100.2	101.2	101.7	101.9	102.8	101.9	99.3	100.8	101.4	97.6	99.8
										96.1	97.5	101.5
106.9	**99.9**	**102.2**	**102.5**	**99.4**	**100.0**	**103.6**	**106.7**	**99.9**	**99.2**	**100.9**	**99.4**	**98.9**
106.9	98.7	102.3	102.9	98.4	99.8	102.3	107.2	100.5	98.3	100.5	97.9	98.7
					102.2	105.8	108.9	102.0	101.2	103.1	101.6	99.1
109.3	101.9	105.1	103.1	100.5	100.6	110.1	102.8	102.0	100.5	103.1	102.6	97.3
										103.1	100.7	100.9

9-2 续表

（以上年同期价

项　　目	1985 年	1990 年	1995 年	2000 年	2005 年	2008 年	2009 年	2010 年
3.水电燃料	100.0	101.1	117.2	105.7	106.2	103.9	98.2	102.3
(1)水	100.0	104.5	149.8	100.0	95.3	105.7	100.0	100.0
(2)电	100.0	100.0	106.0	100.0	100.0	100.0	100.0	100.0
(3)燃气								
4.自有住房						104.1	64.2	109.6
四、生活用品及服务	**105.3**	**103.8**	**106.2**	**96.2**	**99.1**	**103.9**	**98.5**	**99.7**
1.家具及室内装饰品								
2.家用器具						99.9	89.7	95.2
3.家用纺织品								
4.家庭日用杂品			116.3	96.4	100.2	108.1	103.1	100.3
5.个人护理用品								
6.家庭服务						125.1	114.0	113.7
五、交通通信			**102.2**	**89.5**	**100.1**	**95.7**	**97.7**	**100.2**
1.交通					107.3	103.0	98.9	101.8
(1)交通工具			107.0	92.8	98.4	100.8	99.2	99.5
(2)交通工具用燃料								
(3)交通工具使用和维修								
(4)交通费								
2.通信					95.3	88.6	96.5	98.4
(1)通信工具			96.1	85.1	91.6	83.9	84.4	89.6
(2)通信服务					96.0	89.4	98.7	100.0
(3)邮递服务								
六、教育文化娱乐	**100.2**	**96.9**	**106.5**	**96.5**	**98.6**	**102.4**	**97.8**	**100.0**
1.教育					100.3	104.3	101.0	101.5
(1)教育用品			134.0	106.1	98.2	101.6	103.2	100.5
(2)教育服务	108.0	111.4	131.6	168.1	100.6	104.6	100.8	101.6
2.文化娱乐			108.9	99.4	100.8	102.9	100.9	99.5
(1)文娱耐用消费品								
(2)其他文娱用品								
(3)文化娱乐服务						105.2	99.3	98.8
(4)旅游					98.1	102.8	91.8	99.8
七、医疗保健	**97.6**	**102.8**	**104.6**	**102.6**	**96.1**	**107.0**	**102.4**	**106.7**
1.药品及医疗器具								
(1)中药						113.9	103.3	125.1
(2)西药			108.9	104.0	92.3	103.7	101.4	99.7
(3)滋补保健品			91.3	100.0	100.5	115.0	104.7	109.4
2.医疗服务	106.0	120.1	100.4	102.0	106.5	100.2	100.5	100.7
八、其他用品及服务								
1.其他用品								
2.其他服务								

格为100）

2011年	2012年	2013年	2014年	2015年	2016年	2017年	2018年	2019年	2020年	2021年	2022年	2023年
101.9	100.2	99.2	99.9	95.5	98.0	105.6	102.9	97.1	100.3	101.6	102.9	99.5
100.0	100.0	100.0	100.0	100.0	100.0	121.0	101.5	100.0	100.0	100.0	100.0	100.0
100.0	99.0	99.0	100.0	100.0	100.0	100.0	100.0	100.0	100.0	100.0	100.0	100.0
					92.6	107.5	108.0	89.3	101.1	106.4	108.3	98.4
108.7	98.3	102.3	103.3	98.9	99.9	102.3	107.2	100.0	98.2	100.4	98.4	98.8
102.9	**102.4**	**101.8**	**101.2**	**100.0**	**99.9**	**100.9**	**100.9**	**104.4**	**101.5**	**100.9**	**101.3**	**100.5**
					100.1	101.5	94.9	105.7	100.3	100.6	100.9	98.6
99.2	102.2	101.9	99.1	97.5	98.5	98.8	100.4	102.0	101.2	101.1	101.5	99.2
					99.5	101.6	98.6	109.5	105.6	103.2	100.0	100.8
103.8	103.1	99.9	100.5	102.3	99.1	102.1	104.2	101.3	99.6	99.9	100.1	101.6
					100.3	101.4	102.1	104.5	100.3	98.6	102.5	101.4
112.2	100.9	109.1	109.4	103.0	103.9	101.2	102.8	110.3	105.0	104.5	102.2	102.6
101.4	**98.2**	**99.7**	**99.0**	**96.7**	**99.1**	**100.8**	**100.1**	**100.7**	**96.8**	**102.9**	**105.6**	**98.3**
102.0	98.1	99.8	98.8	95.7	99.1	102.1	102.3	100.9	95.4	103.5	107.1	98.1
98.6	94.3	99.7	97.5	100.1	99.8	99.1	96.0	103.3	96.3	96.9	100.9	97.7
					95.5	109.0	112.4	94.2	86.1	116.9	120.6	94.6
					98.8	101.5	103.9	102.9	109.7	98.4	100.9	103.4
					102.1	102.4	105.0	103.9	97.0	104.0	102.2	104.0
100.1	98.3	99.3	99.4	99.3	99.2	97.9	95.2	100.3	100.1	100.4	99.4	98.9
90.7	90.2	92.8	93.4	91.8	96.2	89.5	87.9	102.0	100.8	101.3	97.9	97.3
101.4	99.3	100.0	100.0	100.0	100.0	100.0	96.4	100.0	100.0	100.0	100.0	99.5
					100.2	101.7	111.3	100.0	100.1	100.0	99.6	100.0
100.3	**98.5**	**103.0**	**101.0**	**102.9**	**104.0**	**101.9**	**102.0**	**103.0**	**101.4**	**101.6**	**101.5**	**102.8**
101.6	101.0	102.5	101.6	103.1	105.8	102.8	103.0	104.0	103.0	102.4	102.1	101.2
101.5	103.0	100.5	100.0	98.2	99.6	99.5	100.8	100.7	99.8	103.3	112.9	103.7
101.6	100.9	102.6	101.6	103.4	106.0	102.9	103.1	104.1	103.1	102.4	101.7	101.1
100.4	102.7	100.1	100.3	101.1	101.4	100.5	100.3	101.5	98.8	100.1	100.4	105.7
					95.6	96.2	98.5	100.5	98.6	100.0	100.8	96.8
					99.2	101.7	101.9	103.8	102.7	101.6	99.6	99.5
99.5	104.8	100.3	100.4	101.2	98.9	99.3	101.4	101.2	99.5	101.9	100.3	103.9
98.8	87.9	111.2	103.1	107.0	106.1	102.6	100.1	101.3	97.5	98.3	100.5	113.7
102.9	**98.0**	**102.3**	**102.0**	**101.6**	**101.7**	**104.1**	**103.1**	**102.8**	**104.0**	**99.7**	**100.3**	**99.8**
					103.9	108.8	106.4	106.1	96.9	99.0	101.8	100.6
108.4	102.1	97.5	98.5	98.5	105.1	104.1	112.3	104.5	97.8	98.6	97.4	106.1
94.1	92.7	91.7	100.5	97.4	99.3	111.1	105.6	102.7	90.9	97.7	104.0	97.0
115.2	100.7	102.4	105.7	108.1	113.3	111.6	106.3	113.9	103.7	100.2	102.2	102.4
100.0	99.5	118.3	101.5	100.0	100.0	100.3	100.3	99.8	111.0	100.0	99.7	99.4
					101.8	**100.8**	**101.3**	**103.7**	**104.5**	**96.9**	**100.6**	**103.9**
					103.4	100.1	99.1	105.0	110.8	98.9	102.4	105.4
					100.8	101.3	102.7	102.9	100.5	95.1	98.9	102.5

9-3　分月居民消费价格指数

（以上年同期价格为 100）

期　别	1985 年	1990 年	1995 年	2000 年	2005 年	2010 年	2015 年	2018 年	2019 年	2020 年	2021 年	2022 年	2023 年
一　月	111.6	103.3	113.5	102.8	100.7	101.6	99.8	101.4	102.2	104.0	99.7	100.4	102.8
二　月	104.3	106.4	115.5	103.6	104.2	104.0	101.2	104.0	101.2	103.2	100.3	100.3	101.3
三　月	114.4	104.6	116.6	102.9	102.2	103.1	101.1	103.0	102.4	102.1	101.2	100.9	101.1
一季度	**110.1**	**104.8**	**115.2**	**103.1**	**102.4**	**102.9**	**100.7**	**102.8**	**101.9**	**103.1**	**100.4**	**100.6**	**101.7**
四　月	124.0	103.1	113.7	103.1	102.3	103.3	101.2	102.9	102.1	101.6	101.7	101.8	100.2
五　月	114.1	101.1	117.0	103.4	100.8	103.6	101.0	102.7	102.3	101.4	101.6	101.8	100.6
六　月	119.2	99.8	115.5	102.9	100.4	103.5	101.0	102.9	101.9	102.1	101.1	102.1	100.2
上半年	**114.6**	**103.1**	**115.3**	**103.1**	**101.8**	**103.2**	**100.9**	**102.8**	**102.0**	**102.4**	**100.9**	**101.2**	**101.0**
七　月	117.1	101.5	117.5	102.7	101.0	104.7	100.9	103.2	102.0	101.9	101.0	102.1	100.6
八　月	122.2	101.2	118.3	102.4	101.3	103.5	101.3	103.3	102.3	101.7	100.7	102.1	100.2
九　月	119.0	99.7	114.1	99.7	100.8	104.3	101.3	103.5	101.9	102.1	100.6	102.5	99.9
前三季度	**116.2**	**102.4**	**115.7**	**102.6**	**101.5**	**103.5**	**101.0**	**103.0**	**102.0**	**102.2**	**100.9**	**101.6**	**100.8**
十　月	123.4	100.6	112.3	98.0	101.5	104.9	101.4	102.9	102.5	101.3	101.1	102.0	99.8
十一月	121.7	104.2	111.5	99.0	101.9	106.5	101.8	102.2	103.5	100.7	101.5	101.7	99.5
十二月	115.7	103.9	111.7	98.5	103.1	105.9	102.2	101.6	103.5	101.2	100.5	102.6	99.3
全　年	**115.4**	**101.9**	**114.8**	**101.6**	**101.7**	**104.1**	**101.2**	**102.8**	**102.3**	**101.9**	**100.9**	**101.7**	**100.4**

主要统计指标解释

居民消费价格指数　是反映一定时期内居民所购买的生活消费品和服务项目价格变动趋势和程度的相对数。调查内容及分类包括食品烟酒、衣着、居住、生活用品及服务、交通通信、教育文化娱乐、医疗保健、其他用品及服务等八大类、268个基本分类的商品与服务价格。

十、人民生活与劳动工资

10-1 历年非私营在岗职工人数与工资

年　份	年末在岗 职工人数 (人)	在岗职工 工资总额 (万元)	在岗职工 平均工资 (元)
2008	120094	455139	38714
2009	142972	580553	40560
2010	160666	716934	43642
2011	158515	856696	51938
2012	167911	984670	57294
2013	175111	1109090	63283
2014	172402	1183478	68954
2015	171754	1284141	74717
2016	173271	1378804	80311
2017	170584	1574188	93018
2018	169333	1635074	98394
2019	169459	1796972	106441
2020	172157	1951380	114303
2021	175669	2160142	123685
2022	180247	2336554	130982
2023	186217	2461730	133974

10-2　四上企业分行业从业人员和工资情况表

行　　业	从业人员期末人数（万人）		从业人员平均人数（万人）		从业人员工资总额（亿元）		从业人员平均工资（元）	
	2022 年	2023 年	2022 年	2023 年	2022 年	2023 年	2022 年	2023 年
总　　计	22.84	22.12	22.12	22.00	208.40	215.81	94220	98108
采矿业	0.07	0.06	0.07	0.06	1.01	0.85	141328	140425
制造业	7.82	8.39	7.61	8.28	77.34	86.14	101558	104055
电力、热力、燃气及水生产和供应业	0.28	0.27	0.27	0.27	5.12	5.10	188222	186086
建筑业	6.52	5.41	5.98	5.37	40.73	38.33	68070	71443
批发和零售业	1.09	1.03	1.09	1.05	11.21	10.72	102535	102276
交通运输、仓储和邮政业	2.96	2.87	2.97	2.90	39.28	39.63	132104	136608
住宿和餐饮业	0.85	0.91	0.88	0.92	5.34	6.13	61011	66358
信息传输、软件和信息技术服务业	0.21	0.21	0.21	0.21	2.96	3.17	141773	150433
房地产业	0.77	0.72	0.79	0.74	6.88	6.14	86763	83541
租赁和商务服务业	1.41	1.36	1.36	1.32	11.04	11.50	80985	87393
科学研究和技术服务业	0.21	0.21	0.21	0.21	2.60	2.96	126305	138953
水利、环境和公共设施管理业	0.19	0.19	0.19	0.20	1.23	1.26	63570	64441
居民服务、修理和其他服务业	0.25	0.24	0.23	0.23	1.09	1.12	47518	48919
教育	0.03	0.02	0.03	0.02	0.24	0.22	86667	95057
卫生和社会工作	0.18	0.19	0.18	0.19	2.08	2.29	116961	121008
文化、体育和娱乐业	0.03	0.03	0.03	0.03	0.24	0.25	69621	72625

注："四上企业"指规模以上工业企业、资质等级建筑业企业、限额以上批零住餐企业、国家重点服务业企业等这四类规模以上企业的统称。

10-3 全体居民人均可支配收入和消费支出情况

项　目	单位	2014 年	2015 年	2016 年	2017 年	2018 年	2019 年	2020 年	2021 年	2022 年	2023 年
一、人均可支配收入	元	**35330**	**38254**	**41564**	**45195**	**49217**	**53568**	**55830**	**60848**	**63848**	**68110**
工资性收入	元	23221	25497	27211	29639	32232	35077	36658	40249	42225	45027
经营净收入	元	4707	4941	5306	5609	6012	6426	6715	7193	7520	8034
财产净收入	元	2976	3055	3243	3432	3754	4059	4191	4508	4730	5024
转移净收入	元	4426	4761	5804	6515	7219	8006	8266	8898	9372	10025
二、人均消费支出	元	**23785**	**25774**	**26911**	**28259**	**29989**	**32347**	**32459**	**37561**	**39710**	**43612**
食品烟酒	元	7510	8112	8556	8890	9190	9854	9880	11043	11626	12722
衣着	元	2103	2253	2332	2421	2498	2651	2620	3064	3213	3472
居住	元	5281	5749	5936	6173	6745	7238	7441	8753	9284	10126
生活用品及服务	元	1261	1305	1365	1423	1517	1646	1683	1951	2055	2249
交通通信	元	2828	3075	2944	3130	3291	3639	3605	4168	4432	4885
教育文化娱乐	元	2307	2546	2758	2979	3269	3537	3456	4158	4410	4938
医疗保健	元	1556	1698	1827	1915	2054	2220	2264	2650	2818	3147
其他用品和服务	元	939	1036	1193	1328	1425	1562	1510	1774	1872	2073
三、恩格尔系数	%	**31.6**	**31.5**	**31.8**	**31.5**	**30.6**	**30.5**	**30.4**	**29.4**	**29.3**	**29.2**

注：2013 年起住户调查方法制度进行城乡一体化改革，下同。

10-4　城镇居民人均可支配收入和消费支出情况

项　目	单位	2014 年	2015 年	2016 年	2017 年	2018 年	2019 年	2020 年	2021 年	2022 年	2023 年
一、人均可支配收入	**元**	**41466**	**44845**	**48423**	**52516**	**56622**	**61479**	**63702**	**69103**	**71965**	**76435**
工资性收入	元	27280	29941	31890	34720	37387	40625	42202	46117	48023	50992
经营净收入	元	4993	5193	5583	5866	6273	6642	6893	7351	7619	8109
财产净收入	元	4004	4112	4316	4550	4916	5292	5446	5817	6064	6408
转移净收入	元	5189	5599	6634	7380	8046	8920	9161	9818	10259	10926
二、人均消费支出	**元**	**27807**	**30128**	**30762**	**32218**	**33826**	**36333**	**36478**	**42047**	**44232**	**48153**
食品烟酒	元	8499	9179	9555	9923	10164	10874	10904	12135	12721	13783
衣着	元	2607	2808	2895	2995	3054	3216	3181	3687	3853	4132
居住	元	5922	6390	6322	6532	7098	7623	7858	9210	9717	10488
生活用品及服务	元	1459	1517	1566	1611	1691	1809	1869	2153	2258	2452
交通通信	元	3686	4025	3709	3916	4064	4448	4368	5010	5311	5810
教育文化娱乐	元	2828	3145	3385	3668	3978	4284	4198	5054	5312	5902
医疗保健	元	1697	1843	1955	2042	2162	2310	2384	2794	2956	3272
其他用品和服务	元	1109	1221	1375	1531	1615	1769	1716	2004	2104	2314
三、恩格尔系数	**%**	**30.6**	**30.5**	**31.1**	**30.8**	**30.0**	**29.9**	**29.9**	**28.9**	**28.8**	**28.6**

10−5　农村居民人均可支配收入和消费支出情况

项　目	单位	2014 年	2015 年	2016 年	2017 年	2018 年	2019 年	2020 年	2021 年	2022 年	2023 年
一、人均可支配收入	**元**	**23783**	**25903**	**28308**	**30791**	**33812**	**36784**	**39096**	**42945**	**45924**	**49379**
工资性收入	元	15582	17171	18170	19644	21508	23305	24873	27523	29422	31607
经营净收入	元	4169	4468	4768	5102	5469	5968	6338	6850	7301	7865
财产净收入	元	1041	1073	1169	1231	1337	1443	1523	1669	1785	1910
转移净收入	元	2991	3191	4201	4814	5498	6068	6362	6903	7416	7997
二、人均消费支出	**元**	**16217**	**17615**	**19468**	**20472**	**22007**	**23891**	**23915**	**27831**	**29724**	**33396**
食品烟酒	元	5648	6112	6626	6857	7155	7693	7700	8676	9205	10324
衣着	元	1154	1214	1245	1291	1343	1452	1429	1712	1801	1992
居住	元	4074	4547	5190	5468	6012	6421	6555	7761	8328	9319
生活用品及服务	元	889	909	978	1053	1155	1299	1287	1508	1605	1793
交通通信	元	1214	1294	1465	1584	1685	1923	1983	2304	2493	2802
教育文化娱乐	元	1328	1424	1545	1625	1795	1951	1879	2257	2420	2771
医疗保健	元	1291	1427	1579	1666	1830	2028	2010	2338	2513	2865
其他用品和服务	元	619	688	840	928	1032	1124	1072	1275	1359	1530
三、恩格尔系数	**%**	**34.8**	**34.7**	**34.0**	**33.5**	**32.5**	**32.2**	**32.2**	**31.2**	**31.0**	**30.9**

10-6　各县区全体居民人均可支配收入情况

单位:元

年　份	定海区	普陀区	岱山县	嵊泗县
2013	34775	31240	28984	29073
2014	38382	34468	31943	32042
2015	41545	37323	34595	34668
2016	45199	40534	37607	37577
2017	49181	44045	40838	40864
2018	53486	48001	44459	44473
2019	58193	52196	48434	48294
2020	60668	54412	50606	50154
2021	65873	59483	55378	54791
2022	68935	62442	58326	57585
2023	73610	66315	62397	61432

10-7　各县区全体居民人均消费支出情况

单位:元

年　份	定海区	普陀区	岱山县	嵊泗县
2013	22114	18786	18791	18707
2014	24144	20900	20609	20488
2015	26083	22698	22351	22132
2016	27221	23866	23417	23133
2017	28687	25224	24542	24239
2018	30343	27013	25917	26005
2019	32742	29099	27941	27954
2020	32858	29257	28007	28086
2021	37921	34023	32356	32654
2022	40026	35994	34293	34495
2023	43951	39631	37656	37849

10-8 各县区城镇居民人均可支配收入情况

单位:元

年　份	定海区	普陀区	岱山县	嵊泗县
2013	41305	37078	33508	33847
2014	45353	40673	36723	37103
2015	49028	43967	39732	40072
2016	53035	47451	42965	43191
2017	57519	51416	46553	46928
2018	61927	55438	50192	50617
2019	67352	60128	54562	54801
2020	69857	62310	56646	56526
2021	75481	67732	61759	61456
2022	78511	70491	64421	64154
2023	83359	74579	68610	68441

10-9 各县区城镇居民人均消费支出情况

单位:元

年　份	定海区	普陀区	岱山县	嵊泗县
2013	26248	20780	20337	22000
2014	28556	23051	22208	24050
2015	30827	25015	24089	25974
2016	31607	25800	24595	26542
2017	33257	27310	25848	27735
2018	34800	28980	27053	29455
2019	37426	31241	29082	31517
2020	37580	31429	29169	31690
2021	43179	36435	33574	36750
2022	45381	38376	35387	38588
2023	49366	41944	38391	42101

10-10　各县区农村居民人均可支配收入情况

单位:元

年　份	定海区	普陀区	岱山县	嵊泗县
2013	21471	21031	21527	20737
2014	23855	23380	23894	23012
2015	26003	25462	25998	25060
2016	28392	27858	28366	27380
2017	30879	30355	30851	29749
2018	33909	33368	33860	32601
2019	36825	36310	36903	35492
2020	39227	38593	39238	37620
2021	42911	42583	43048	41442
2022	45829	45570	46115	44249
2023	49269	48833	49728	47267

10-11　各县区农村居民人均消费支出情况

单位:元

年　份	定海区	普陀区	岱山县	嵊泗县
2013	13684	15302	16247	12954
2014	14939	17060	17920	14127
2015	16230	18560	19443	15299
2016	17813	20321	21385	16940
2017	18655	21350	22260	17830
2018	20009	23143	23818	19338
2019	21816	24808	25795	20943
2020	21840	24912	25820	20995
2021	25356	29082	30003	24449
2022	27106	31005	32103	26185
2023	30434	34739	36158	29254

10-12 养老保险参保情况

（2023 年）

单位:人

项目	全市	分县（区）		
		市本级	岱山	嵊泗
参保人数合计	**857751**	**644395**	**152607**	**60749**
1.城镇职工基本养老保险	697653	543093	113868	40692
#职工	430899	343887	63300	23712
退休	266754	199206	50568	16980
2.城乡居民社会养老保险	160098	101302	38739	20057
#未领取养老金	59757	41188	12095	6474
已领取养老金	100341	60114	26644	13583

注:2022 年起,社保管理市区一体化后,市本级与定海区、普陀区为同一统筹区,不再单独出数。

10-13 医疗保险参保情况

（2023 年）

单位:人

项目	全市	分县（区）				
		市本级	定海	普陀	岱山	嵊泗
参保人数合计	**992882**	**297491**	**199493**	**266201**	**165971**	**63726**
1.城镇职工基本医疗保险	524109	297491	9376	110682	70044	36516
#职工	396787	225367	6375	87357	50287	27401
退休	127322	72124	3001	23325	19757	9115
2.城乡居民社会医疗保险	468773		190117	155519	95927	27210
#成年人	343830		122501	117974	81191	22164
学生儿童	118839		62208	36849	14736	5046
大学生	6104		5408	696		

主要统计指标解释

工资总额 指各单位在一定时期内直接支付给本单位全部职工的劳动报酬总额。

工资总额的计算应以直接给职工的全部劳动报酬为根据。各单位支付给职工的劳动报酬以及其他根据有关规定支付的工资，不论是计入成本的还是不计入成本的，不论是按国家规定列入计征奖金税项目的还是未列入计征奖金税项目的，不论是以货币支付的还是以实物形式支付的，均应列入工资总额的计算范围。

工资总额由计时工资、计件工资、奖金、津贴和补贴、加班加点工资及其他各项组成。

城乡一体化新口径 2013年起全国统一实施城乡一体化住户收支调查制度，将原有的城镇居民可支配收入和农村居民纯收入指标统一为城乡可比的可支配收入指标。

可支配收入 指调查户在调查期内获得的、可用于最终消费支出和储蓄的总和，即调查户可以用来自由支配的收入。可支配收入既包括现金，也包括实物收入。按照收入的来源，可支配收入包含四项，分别为：工资性收入、经营净收入、财产净收入和转移净收入。计算公式为：

可支配收入 = 工资性收入 + 经营净收入 + 财产净收入 + 转移净收入

其中：经营净收入 = 经营收入 - 经营费用 - 生产性固定资产折旧 - 生产税

财产净收入 = 财产性收入 - 财产性支出

转移净收入 = 转移性收入 - 转移性支出

工资性收入 指就业人员通过各种途径得到的全部劳动报酬和各种福利，包括受雇于单位或个人、从事各种自由职业、兼职和零星劳动得到的全部劳动报酬和福利。

经营净收入 指住户或住户成员从事生产经营活动所获得的净收入，是全部经营收入中扣除经营费用、生产性固定资产折旧和生产税之后得到的净收入。

财产净收入 指住户或住户成员将其所拥有的金融资产、住房等非金融资产和自然资源交由其他机构单位、住户或个人支配而获得的回报并扣除相关的费用之后得到的净收入。财产净收入包括利息净收入、红利收入、储蓄性保险净收益、转让承包土地经营权租金净收入、出租房屋净收入、出租其他资产净收入和自有住房折算净租金等。

财产净收入不包括转让资产所有权的溢价所得，这应该计入“非收入所得”。

转移净收入 计算公式为：转移净收入 = 转移性收入 - 转移性支出

消费支出 指住户用于满足家庭日常生活消费需要的全部支出，包括用于消费品的支出和用于服务性消费的支出。根据用途不同，消费支出可划分为食品烟酒、衣着、居住、生活用品及服务、交通通信、教育文化娱乐、医疗保健、其他用品及服务八大类。根据来源不同，消费支出可划分为现金消费支出、实物消费支出(含自产自用、来自单位、来自政府和其他社会组织)。

十二、教育、科技

11-1 历年学校数

单位:所

年 份	学校数	高等学校	中等职业学校	普通中学			小 学
					高 中	初 中	
2005	150	5	8	55	15	40	82
2006	140	4	6	55	15	40	75
2007	131	4	5	54	16	38	68
2008	127	4	5	54	16	38	64
2009	123	4	5	52	16	36	62
2010	122	4	5	52	16	36	61
2011	123	4	7	50	16	34	62
2012	122	4	7	50	16	34	61
2013	116	4	7	48	16	32	57
2014	113	5	7	43	14	29	58
2015	108	5	5	41	14	27	57
2016	107	5	4	42	14	28	56
2017	108	5	4	42	15	27	57
2018	107	5	4	41	13	28	57
2019	105	5	4	42	13	29	54
2020	105	4	4	41	12	29	56
2021	104	3	4	38	12	26	59
2022	105	3	4	40	12	28	58
2023	105	3	4	41	12	29	57

11-2 历年在校学生数

单位:人

年份	合计	高等学校	中等职业学校	普通中学		小学
				高中	初中	
2005	123471	16016	9278	17897	30184	50096
2006	122201	19241	8151	17862	27516	49431
2007	126696	23534	11083	16929	26407	48743
2008	124748	25607	9846	15734	25405	48156
2009	121513	25445	9131	14664	25360	46913
2010	119719	25298	8325	14609	24286	47201
2011	117902	25560	8330	14504	22780	46728
2012	116703	26140	8598	13860	21498	46607
2013	117343	27810	8497	12927	21731	46378
2014	116072	27362	8045	11909	21670	47086
2015	113591	25722	7721	11352	21113	47683
2016	116482	29045	7897	11121	20297	48122
2017	114893	26819	7964	11281	20607	48222
2018	112892	24117	6884	11322	21151	49418
2019	117685	27981	6478	11230	21828	50168
2020	118027	26858	6665	11419	22468	50617
2021	119326	27735	5392	11577	23082	51540
2022	122801	28780	6187	11975	23625	52234
2023	125366	29389	6101	12531	23880	53465

11-3 历年教职员工数

单位:人

年份	合计	高等学校	中等职业学校	普通中学	小学
2005	10255	1545	701	4222	3787
2006	10220	1528	720	4218	3754
2007	10186	1574	689	4226	3697
2008	10263	1625	733	4193	3712
2009	10240	1678	708	4164	3690
2010	10252	1704	705	4146	3697
2011	10167	1674	803	4574	3116
2012	10068	1631	815	4473	3149
2013	10040	1671	743	4596	3030
2014	10022	1705	744	4544	3029
2015	10060	1845	694	4501	3020
2016	10230	1967	702	4486	3075
2017	10081	1959	685	3752	3685
2018	10261	1955	709	4374	3223
2019	10498	2108	712	4409	3269
2020	10713	2143	724	4483	3363
2021	10989	2308	603	4529	3549
2022	11052	2365	596	4513	3578
2023	10901	2348	572	4398	3583

11-4 大中专院校在舟山招生人数

单位:人

年份	总计	大学		
		小计	#文科	#本科
1980	729	269	55	180
1981	778	337	47	273
1982	709	256	49	163
1983	804	315	80	187
1984	1037	391	77	269
1985	1271	507	108	395
1986	1407	714	134	421
1987	1373	698	224	470
1988	1425	692	157	409
1989	1393	548	123	272
1990	1249	508	111	231
1991	1327	489	71	278
1992	1291	408	88	156
1993	1852	826	263	329
1994	2209	975	219	464
1995	2350	1055	307	507
1996	2225	1027	277	577
1997	2469	1090	290	667
1998	2816	1134	307	760
1999	3299	1613	408	1015
2000	3917	2384	557	1374
2001	4453	3340	844	1857
2002	4979	3902	1230	2251
2003	5379	4073	1253	2645
2004	5614	4648	1424	3023
2005	7043	6045	1812	3598
2006	6461	5711	1881	3565
2007	6353	5899	2022	3761
2008	6600	6060	1911	3665
2009	6534	5884	1851	3870
2010	5139	4880	1612	3379
2011	4834	4716	1515	3357
2012	4775	4660	1459	3275
2013	4694	4586	1468	3026
2014	4806	4405	1368	2930
2015	4057	3938	1257	2696
2016	4010	3907	1171	2819
2017	3742			
2018	3726		1015	2711
2019	4232			2706
2020	3995			2626
2021	3882			2410
2022	4136			2502
2023	4277			2537

11-5 各级各类学校基本情况

（2023 年）

项目	学校数（所）	毕业生数（人）	招生数（人）	在校学生数（人）	教职工数（人）	#专任教师
一、普通高校	**3**	**8364**	**9129**	**29389**	**2348**	**1729**
二、普通中学						
初　中	29	7783	8202	23880	2489	2107
高　中	12	3882	4484	12531	1909	1275
三、职业中学（不含技工学校）	**4**	**1966**	**1997**	**6101**	**572**	**501**
四、小　　学	**57**	**8218**	**9258**	**53465**	**3583**	**3883**
五、幼 儿 园	**100**	**8973**	**7367**	**23127**	**4140**	**2121**
六、特殊学校	**1**	**59**	**47**	**323**	**62**	**57**
七、成人职业技术培训学校	**36**	**155766**		**16573**	**218**	

注：1.中职教育相关数据不包括人社部门管理的技工学校。

2.遵循主体校原则，九年一贯制学校、完全高中、十二年一贯制学校的教职工均靠高统计，而专任教师按教育层次进行归类统计，因此存在小学教职工数据小于专任教师数据的情况。

11-6 研究生分专业(领域)基本情况

(2023 年)　　单位:人

项　　目	年 制(年)	毕业生数	授予学位数	招生数	在校生数	预计毕业生数
浙江海洋大学						
硕士研究生		**794**	**794**	**1063**	**2822**	**793**
其中:女		413	413	530	1447	395
全日制硕士研究生		**751**	**751**	**997**	**2621**	**718**
非全日制硕士研究生		**43**	**43**	**66**	**201**	**75**
学术学位硕士		**238**	**238**	**300**	**882**	**300**
其中:海洋科学	3	79	79	80	232	78
海洋生物学	3			30	83	27
数学	3	18	18	17	61	24
船舶与海洋工程	3	27	27	38	105	32
食品科学与工程	3	21	21	19	57	23
水产	3	36	36	43	134	47
机械工程	2.5/3	18	18	20	56	18
水利工程	3	16	16	19	56	17
石油与天然气工程	3	20	20	27	76	24
农林经济管理	3	3	3	7	22	10
专业学位硕士		**556**	**556**	**763**	**1940**	**493**
其中:农业工程与信息技术	3	117	117	123	390	127
教育	2/3	81	81		138	23
学科教学(语文)	3			72	69	
学科教学(英语)	3			27	27	
学科教学(历史)	3			15	15	
交通运输	3	74	74	69	237	85
交通运输工程	3				2	2
土木水利	3			30	30	
资源与环境	3			27	23	
生物与医药	3			29	28	
食品加工与安全	3	48	48	92	266	81
药学	3	30	30	47	118	34
渔业发展	3	69	69	88	247	82
旅游管理	2/3	19	19	25	64	28
农村发展	2/3	63	63	61	166	30
农业管理	2/3	55	55	58	120	1

注:专业型硕士研究生中,教育、农村发展和农业管理专业全日制学制 2 年,非全日制学制 3 年。

11-7 普通高等学校基本情况

（2023 年）

单位：人

项　　目	年　制	毕业生数	授予学位数	招生数	在校生数	预计毕业生数
浙江海洋大学						
普通本科生		**3129**	**3118**	**4314**	**14663**	**3127**
高中起点本科		**2517**	**2499**	**3695**	**13411**	**2494**
（新城校区）						
安全工程	4	35	35	72	235	37
财务管理	4	79	79	85	341	80
船舶与海洋工程	4	67	66	81	307	60
船舶与海洋工程(中外合作办学)	4	28	28	38	127	17
电气工程及其自动化	4	100	99	83	377	70
电子信息工程	4	18	18	131	440	55
港口航道与海岸工程	4	63	63	79	292	65
海洋工程与技术	4	34	34	38	137	23
海洋技术	4	34	34		116	32
海洋科学	4	108	105	158	496	100
海洋科学类	4				87	29
海洋油气工程	4	29	29	39	151	35
海洋渔业科学与技术	4	30	30	71	231	29
海洋资源与环境	4	52	52	84	312	66
汉语言文学(高级文秘方向)	4	33	33	34	134	27
汉语言文学(师范)	4	83	83	131	492	93
航海技术	4	45	43	93	310	47
化学工程与工艺	4	80	80	106	377	75
环境科学与工程	4	51	50	81	287	54
机器人工程	4			39	150	31
机械电子工程	4	59	59	80	278	39
机械设计制造及其自动化	4	52	49	84	311	57
计算机科学与技术	4	84	83	82	369	73
交通管理	4	40	38	29	133	33
经济学	4	68	68	84	328	76
历史学(师范)	4	47	47	77	296	50
轮机工程(船机修造方向)	4	23	23	39	137	29
轮机工程(轮机管理方向)	4	46	46	75	237	37
旅游管理	4	35	35	85	312	23
能源与动力工程	4	23	22	32	120	24
商务英语	4	57	57	67	283	60

11–7　续表 1

单位：人

项　　目	年制	毕业生数	授予学位数	招生数	在校生数	预计毕业生数
生物技术	4					
生物科学	4	57	57	103	359	61
食品科学与工程	4	77	77	124	423	79
食品质量与安全	4	39	38	45	165	36
数据科学与大数据技术	4	53	53	79	293	47
数学与应用数学(师范)	4	96	96	107	410	70
水产养殖学	4	57	57	77	277	60
水族科学与技术	4			38	65	
土木工程	4	66	66	93	319	61
物理学(师范)	4	28	28	68	234	38
物流管理	4	51	51	72	283	46
小学教育(师范)	4	84	84	131	479	84
行政管理	4	80	79	85	334	78
药学	4	113	113	117	471	114
英语	4	58	57	69	276	52
英语(师范)	4	75	75	67	341	72
油气储运工程	4	80	80	93	329	70
俄语	4			30	30	
护理学	4			40	40	
数字经济	4			40	40	
智慧海洋技术	4			40	40	
专科起点本科		**612**	**619**	**619**	**1252**	**633**
(新城校区)						
财务管理	2	87	87	78	155	77
汉语言文学(高级文秘方向)	2	88	88	83	158	75
化学工程与工艺	2	41	41	40	84	44
机械电子工程	2	70	70	71	152	81
计算机科学与技术	2	87	79	82	158	76
轮机工程(船机修造方向)	2	88	76	76	153	77
商务英语	2	41	68	67	143	76
食品科学与工程	2	70	70	78	153	75
药学	2	40	40	44	96	52

11–7 续表 2

单位:人

项目	年制	毕业生数	招生数	在校生数	预计毕业生数
浙江国际海运职业技术学院					
普通专科生		**2200**	**2635**	**7323**	**2632**
其中:女		776	1001	2690	917
高中起点专科					
船舶电气工程技术	3	34			
船舶电子电气技术	3	26	40	116	38
船舶工程技术	3	73	83	242	69
船舶工程技术(中乌合作)	3	18	35	98	32
大数据技术	3	101	80	246	78
飞机机电设备维修	3	38		34	34
港口机械与智能控制	3	38		82	37
港口与航运管理	3	130	130	419	158
工业机器人技术	3	40	80	199	74
工业机器人技术(中乌合作)	3	26	35	96	30
关务与外贸服务	3	45	85	246	83
国际邮轮乘务管理	3	188	225	585	173
航海技术	3	93	130	428	146
机电一体化技术	3	117	42	219	122
跨境电子商务	3		90	213	38
轮机工程技术	3	42	45	214	79
商务英语	3	78	90	245	76
石油化工技术	3	111	120	425	116
食品检验检测技术	3	45	90	228	89
食品贮运与营销	3	42		84	39
数字媒体艺术设计	3	55	40	148	63

11-7 续表 3

单位:人

项目	年制	毕业生数	招生数	在校生数	预计毕业生数
无人机应用技术	3	29	40	133	43
现代物流管理	3	47	45	174	81
应用化工技术	3	72	80	354	104
应用英语	3	77	90	252	82
油气储运技术	3		120	196	
智能控制技术	3	36	85	250	73
五年制高职转入					
船舶电气工程技术(五年一贯制)	2	33	34	65	31
船舶电气工程技术(三加二高职段)					
船舶工程技术(五年一贯制)	2	35	69	93	28
大数据技术(五年一贯制)	2	25		41	41
港口机械与智能控制(五年一贯制)	2	59	39	94	54
港口与航运管理(五年一贯制)	2	30		21	21
关务与外贸服务(三加二高职段)	2	68			
关务与外贸服务(五年一贯制)	2		33	53	20
国际邮轮乘务管理(五年一贯制)	2	81	136	234	99
航海技术(五年一贯制)	2	41	84	169	85
机电一体化技术(五年一贯制)	2		35	73	40
轮机工程技术(五年一贯制)	2	31	76	154	79
商务英语(五年一贯制)	2	35	56	86	32
石油化工技术(五年一贯制)	2	33	43	100	57
石油炼制技术(五年一贯制)	2	31			
数字媒体艺术设计(五年一贯制)	2	28	68	101	35
现代物流管理(三加二高职段)	2	69			
现代物流管理(五年一贯制)	2		62	113	53

11-7　续表 4

单位：人

项　　目	年制	毕业生数	招生数	在校生数	预计毕业生数
浙江舟山群岛新区旅游与健康职业学院					
普通专科生		**1122**	**1194**	**3315**	**1325**
其中：女		886	852	2437	1032
高中起点专科					
大数据技术	3		42	86	
导游	3	44	124	385	130
电子商务	3	92	85	209	38
国际经济与贸易	3				
护理	3	135	167	370	154
健康管理	3	73	87	175	43
健康管理（中外合作办学）	3		56	113	
酒店管理	3	50			
酒店管理与数字化运营	3		165	471	97
跨境电子商务	3		124	383	86
五年制高职转入					
大数据与会计（中高职一体化）	2	114	73	190	116
导游（3+2）	2				
导游（中高职一体化）	2	81	29	115	86
电子商务（3+2）	2				
电子商务（中高职一体化）	2	29	35	66	31
护理（五年一贯制）	2				
护理（中高职一体化）	2	258	171	450	278
会计（3+2）	2				
酒店管理与数字化运营（中高职一体化）	2	113	36	163	127
助产（中高职一体化）	2	133		139	139

11-8 普通中学基本情况

项　目	单位	2005年	2010年	2015年	2016年	2017年	2018年	2019年	2020年	2021年	2022年	2023年	2023年分县(区)				
													市属	定海	普陀	岱山	嵊泗
学校数	所	55	52	41	42	42	41	42	41	38	40	41	12	10	9	7	3
班级数	个	1064	927	870	850	850	850	861	866	879	890	895	359	186	179	112	59
初中	个	678	593	564	556	559	563	573	577	587	595	593	359	186	179	112	59
高中	个	386	334	306	294	291	287	288	289	292	295	302	235			43	24
毕业生数	人	18258	12804	11060	11193	10333	9962	10182	10753	10642	11073	11665	4694	2630	2315	1421	605
初中	人	12606	7946	6929	7199	6744	6336	6388	7023	6993	7297	7783	1534	2630	2315	923	381
高中	人	5652	4858	4131	3994	3589	3626	3794	3730	3649	3776	3882	3160			498	224
在校生数	人	48081	38895	32465	31418	31888	32473	33058	33887	34659	35600	36411	15770	7475	7227	4240	1699
初中	人	30184	24286	21113	20297	20607	21151	21828	22468	23082	23625	23880	5539	7475	7227	2621	1018
高中	人	17897	14609	11352	11121	11281	11322	11230	11419	11577	11975	12531	10231			1619	681
招生数	人	14978	12560	10464	10653	11223	11013	11283	11942	11700	12219	12686	5698	2545	2476	1402	565
初中	人	9237	7729	6780	6811	7412	7279	7482	7984	7824	7992	8202	2009	2545	2476	833	339
高中	人	5741	4831	3684	3842	3811	3734	3801	3958	3876	4227	4484	3689			569	226
教职工数	人	4222	4146	4501	4486	3752	4374	4409	4483	4529	4513	4398	1862	731	829	665	311
#专任教师	人	3333	3403	3888	3918	3199	3833	3893	3915	3284	3340	3382	1402	626	650	462	242
教职工与学生比例(教职工为1)		11.4	9.4	7.2	7.0	8.5	7.4	7.5	7.6	7.7	7.9	8.3	8.5	10.2	8.7	6.4	5.5

11-9 小学基本情况

项　目	单位	2005年	2010年	2015年	2016年	2017年	2018年	2019年	2020年	2021年	2022年	2023年	2023年分县(区)				
													市属	定海	普陀	岱山	嵊泗
学校数	所	82	61	57	56	57	57	54	56	59	58	57	8	21	12	10	6
班级数	个	1289	1197	1293	1326	1349	1378	1386	1403	1413	1414	1419	318	450	404	171	76
毕业生数	人	9439	8051	7271	7293	7718	7560	7714	8118	7934	8051	8218	1497	2719	2574	1048	380
在校生数	人	50096	47201	47683	48122	48222	49418	50168	50617	51540	52234	53465	13150	16408	15861	6132	1914
招生数	人	7274	7885	8241	8171	8202	8912	8774	8546	8902	8592	9258	2611	2718	2617	978	334
教职工数	人	3787	3697	3020	3075	3685	3223	3269	3363	3549	3578	3583	603	1242	1067	383	288
#专任教师	人	3098	3230	2787	2879	3521	3075	3113	3163	3801	3870	3883	818	1183	1123	507	252
教职工与学生比例(教职工为1)		13.2	12.8	15.8	15.6	13.1	15.3	15.3	15.1	14.5	14.6	14.9	21.8	13.2	14.9	16.0	6.6

注:1.2011–2020年教育事业系统改版,遵循主体校原则,九年一贯制学校、完全高中、十二年一贯制学校的教职工、专任教师均靠高统计。

2.2021年教职工仍靠高统计,专任教师按教育层次进行归类统计,存在小学教职工数据小于专任教师数据的情况。

11-10 职业中学基本情况

项　目	单位	2005 年	2010 年	2015 年	2016 年	2017 年	2018 年	2019 年	2020 年	2021 年	2022 年	2023 年	市属	岱山	嵊泗
学校数	所	8	5	5	4	4	4	4	4	4	4	4	3	1	
毕业生数	人	3245	3121	2690	2384	2095	3038	2485	2214	1182	1295	1966	1781	185	
在校生数	人	9278	8325	7721	7897	7964	6884	6478	6665	5392	6187	6101	5190	783	128
招生数	人	2803	2645	2501	2635	2291	2128	2197	2532	2036	2211	1997	1637	306	54
教职工数	人	701	705	694	702	685	709	712	724	603	596	572	458	66	48
#专任教师	人	470	480	549	565	583	590	594	607	500	503	501	403	64	34

11-11 基础教育普及情况

项　目	单位	2005 年	2010 年	2015 年	2016 年	2017 年	2018 年	2019 年	2020 年	2021 年	2022 年	2023 年	2023 年分县(区)			
													定海	普陀	岱山	嵊泗
一、小　学																
学龄人口	人	44527	40294	45495	45986	46343	47653	48565	49069	49919	50955	52236	28498	15969	5874	1895
入学率	%	99.99	100	100	100	100	100	100	100	100	100	100	100	100	100	100
#女入学率	%	100	100	100	100	100	100	100	100	100	100	100	100	100	100	100
巩固率	%	100	100	100	100	100	100	100	100	100	100	100	100	100	100	100
小学升初中比例	%	99.97	100	100	100	100	100	100	100	100	100	100	100	100	100	100
二、初　中																
学龄人口	人	24054	18433	18732	18051	18664	19349	19898	20350	21243	21909	22282	12254	6724	2325	979
入学率	%	99.19	99.75	100	100	100	100	100	100	100	100	100	100	100	100	100
#女入学率	%	99.39	99.88	100	100	100	100	100	100	100	100	100	100	100	100	100
巩固率	%	99.84	99.99	100	100	100	100	100	100	100	100	100	100	100	100	100
初中升高中比例	%	94.32	99.32	99.21	99.58	99.38	99.56	99.58	100	100	100	100	100	100	100	100
三、义务教育学龄																
人口入学率	%	99.87	99.92	100	100	100	100	100	100	100	100	100	100	100	100	100

11-12 教育部门教育经费收支情况

单位:万元

项目	2015年	2016年	2017年	2018年	2019年	2020年	2021年	2022年	2023年
一、总收入	**331641**	**331616**	**379985**	**399930**	**426334**	**371301**	**416309**	**497728**	**516875**
(一)国家财政性教育经费	259942	284822	331609	344162	383606	335712	371525	438693	462204
#公共财政预算安排的教育经费	259268	284530	331267	343711	341325	306083	370331	392039	440074
#政府性基金预算安排的教育经费	674	292	198	452	17099	4327	1194	46654	22131
(二)社会捐赠经费	44	56	47	598	227	248	277	737	621
(三)事业收入	18853	23897	25584	27755	23057	20936	29762	33134	34639
(四)其他收入	52802	22842	22746	27414	19444	14405	14744	25164	19411
二、总支出	**334257**	**344298**	**384626**	**397068**	**420239**	**378983**	**424694**	**463273**	**498329**
高等学校	36060	53995	70575	70029	71243	44650	63599	73625	69290
中等职业学校	47957	36375	34014	28118	26749	28238	30639	32708	36926
普通中学	98072	98763	112271	119379	138817	119730	126835	137856	158430
小学	98652	103284	118073	128792	131764	124874	131552	146439	156005
特殊教育	921	1023	1030	1088	1069	1431	5737	1568	2763
幼儿园	20291	19743	24154	26266	27366	34481	37586	42198	44778
其他	32304	31116	24509	23396	23231	25579	28746	28879	30137

注:2015 年"公共财政预算安排的教育经费"和"政府性基金预算安排的教育经费"口径调整,与往年不可比。

11-13 幼儿园基本情况

项　　目	单位	2010年	2013年	2014年	2015年	2016年	2017年	2018年	2019年	2020年	2021年	2022年	2023年
园　　数	所	**113**	**118**	**119**	**124**	**129**	**130**	**129**	**125**	**118**	**119**	**112**	**100**
教育部门和集体办	所	49	53	55	57	60	62	63	62	62	66	66	65
社会力量办	所	49	51	50	54	58	58	57	56	50	48	42	31
其他部门办	所	15	14	14	13	11	10	9	7	6	5	4	4
班　　数	个	**774**	**838**	**855**	**922**	**963**	**995**	**1008**	**1025**	**1016**	**1014**	**998**	**939**
教育部门和集体办	个	373	437	463	503	568	604	623	662	697	703	705	699
社会力量办	个	274	291	283	308	322	326	323	323	286	280	267	213
其他部门办	个	127	110	109	111	73	65	62	40	33	31	26	27
在园幼儿人数	人	**25256**	**25880**	**25650**	**26912**	**26935**	**27243**	**26875**	**26651**	**26663**	**25980**	**25125**	**23127**
教育部门和集体办	人	12324	13290	13606	14507	15948	16795	16855	17530	18401	18205	17970	17377
社会力量办	人	8629	9006	8535	9158	8781	8731	8499	8110	7514	7056	6536	5121
其他部门办	人	4303	3584	3509	3247	2206	1717	1521	1011	748	719	619	629
教职员工数	人	**2508**	**3112**	**3232**	**3517**	**3922**	**3997**	**4134**	**4211**	**4237**	**4313**	**4289**	**4140**
教育部门和集体办	人	1231	1756	1891	2086	2464	2575	2701	2877	2985	3024	3070	3091
社会力量办	人	769	918	908	1011	1151	1142	1162	1145	1082	1138	1090	917
其他部门办	人	508	438	433	420	307	280	271	189	170	151	129	132
教　　师	人	**1407**	**1683**	**1703**	**1839**	**1951**	**2046**	**2136**	**2176**	**2190**	**2194**	**2192**	**2121**
教育部门和集体办	人	721	937	987	1072	1216	1296	1376	1461	1533	1530	1552	1570
社会力量办	人	419	500	480	544	578	605	618	614	579	590	576	485
其他部门办	人	267	246	236	223	157	145	142	101	78	74	64	66
普惠性幼儿园在园幼儿占比	%										**94.0**	**93.0**	**95.0**

11-14　地方国有企事业单位各类专业技术人员

单位:人

项　目	1995年	2000年	2005年	2010年	2012年	2014年	2015年	2016年	2017年	2018年	2019年	2020年	2021年	2022年	2023年
总　计	**19346**	**19792**	**19084**	**19182**	**20310**	**21196**	**21829**	**21759**	**21163**	**22197**	**22368**	**23196**	**23732**	**24101**	**24344**
#高级职称	394	782	1709	2621	3179	3633	3758	3920	3942	4100	4174	4346	4448	4537	4508
中级职称	4148	6837	8562	9215	9169	9378	9422	9540	9526	9753	9950	10379	10774	11017	11289
初级职称	14804	11197	8813	7346	7962	7279	7425	7810	7695	8344	8244	8471	8510	8547	8547
1.工程技术人员	2779	2641	2281	2506	2531	2820	2886	2827	2754	2860	2789	3160	3352	3573	3423
2.农业技术人员	272	370	263	215	174	186	187	186	185	158	177	197	185	207	177
3.科学研究人员	58	30	20	27	68	130	140	111	111	120	122	273	63	56	73
4.卫生技术人员	2993	3469	3905	4738	5337	5980	6213	6430	6526	6519	6578	6682	6843	7110	7124
5.教学人员	8019	9620	9313	8445	8851	8931	9000	9193	8682	9498	9608	9679	9800	9831	9859
6.经济人员	1990	1225	1088	1117	1161	1125	1110	1063	977	982	987	986	1234	1185	1056
7.会计人员	1507	1224	991	1012	908	813	806	802	778	824	768	841	905	948	1009
8.统计人员	256	146	141	108	108	89	86	82	93	84	92	86	97	84	62
9.图书档案、文博人员	373	334	389	370	312	367	369	357	347	356	306	313	344	367	334
10.翻译人员	19	17	9	7	44	5	6	8	7	9	48	61	13	10	11
11.新闻、出版人员	137	188	249	205	276	272	273	268	275	191	247	252	271	264	260
12.律师、公证人员	14	17	11	5	10	7	7	9	8	6	6	5	15	16	22
13.播音人员	52	75	74	55	48	48	48	46	46	43	39	37	41	42	39
14.工艺美术人员	19	24	8	8	6	6	3	27	30	17	14	7	10	10	5
15.体育人员	27	19	19	22	38	29	27	29	36	37	40	43	39	42	39
16.艺术人员	76	57	102	147	187	194	192	168	162	133	130	136	138	145	172
17.政工人员	471	336	221	192	251	194	181	153	146	43	43	45	45		
18.其他人员										317	374	393	337	211	679

注:1.1999 年起,因口径调整,船舶技术人员统计在工程技术人员中。
　2.2022 年起,因部门统计口径调整,政工人员统计在其他人员中。

11-15 科学研究与技术服务业事业单位调查汇总表

年　份	机构数（个）	职工总数（人）	#从事科技活动人数（人）	经费收入总额（千元）	#政府拨款（千元）	经费支出总额（千元）
1990	7	225	193	2647	1644	2516
1991	7	241	207	3029	1973	2596
1992	7	239	200	3701	2727	3417
1993	7	247	202	5252	2885	5544
1994	7	172	140	5632	2098	4888
1995	7	169	136	4427	1967	4729
1996	7	169	129	4215	2596	3630
1997	7	156	123	7484	3061	6977
1998	7	155	118	11467	5309	8813
1999	7	174	117	11979	4441	9344
2000	7	174	121	10365	5573	8363
2001	7	175	123	12677	7257	10289
2002	7	175	129	13335	6673	12691
2003	7	170	117	13439	7653	13676
2004	7	165	114	18394	9108	17665
2005	7	164	121	20892	10168	18371
2006	7	180	140	22718	11320	21076
2007	7	187	144	33831	14842	15145
2008	7	185	150	28321	16191	28156
2009	7	203	157	23024	19197	31050
2010	6	167	126	27460	16605	25607
2011	6	166	126	32336	19727	30912
2012	6	158	122	31200	23879	30735
2013	6	153	122	28402	23203	30885
2014	6	134	106	30651	23701	32601
2015	5	126	92	31451	25802	34155
2016	8	220	170	64407	53501	63658
2017	7	257	202	76784	67341	76854
2018	9	393	361	131235	93176	130977
2019	8	397	367	117969	91482	128842
2020	12	590	548	208845	147888	181523
2021	15	646	576	245590	169309	216954
2022	19	818	761	500870	354893	341991
2023	26	962	910	564180	398830	449878

注:2015 年及以前为地方政府部门属研究与开发机构年度变化情况。

11-16 科技企业情况

单位:家

项目	2016年	2017年	2018年	2019年	2020年	2021年	2022年	2023年
国家高新技术企业累计数	66	101	140	180	211	251	266	274
省级科技型中小企业累计数	464	625	788	959	1005	1155	1259	1386

11-17 全社会R&D经费投入情况

项目	2015年	2016年	2017年	2018年	2019年	2020年	2021年	2022年	2023年
全社会R&D经费投入(亿元)	15.45	19.00	14.11	11.00	14.48	26.38	34.10	40.91	45.84
全社会R&D经费投入相当于地区生产总值比重(%)	1.41	1.54	1.16	0.84	1.06	1.74	2.00	2.10	2.18

11-18 科技成果数

单位:项

项目	2005年	2015年	2016年	2017年	2018年	2019年	2020年	2021年	2022年
获省科学技术奖	**3**	**11**	**4**	**4**	**4**	**1**	**5**	**2**	**5**
一等奖									1
二等奖		1	1	1	1	1			2
三等奖	3	10	3	3	3		5	1	2
优秀奖									
合作奖								1	
获市科学技术奖	**21**	**39**	**40**	**40**					
一等奖	1	2	3	3					
二等奖	9	13	13	13					
三等奖	11	24	24	24					

注:2018年起取消市级科学技术奖项评审。

11-19 科协系统机构和人员情况

(2023年)

项目	科协个数(个)	科协职工人数(人)	学会数(个)	企业科协		高校科协
				个数(个)	会员数(人)	个数(个)
合计	**5**	**37**	**77**	**26**	**1097**	**1**
市科协	1	13	36	8	412	1
县(区)科协	4	24	41	18	667	

11-20 历年专利授权量

单位:件

项　目	1995 年	2000 年	2005 年	2010 年	2015 年	2016 年	2017 年	2018 年	2019 年	2020 年	2021 年	2022 年	2023 年
授权量合计	**7**	**47**	**70**	**376**	**2856**	**1836**	**1920**	**2216**	**2027**	**2805**	**3154**	**2741**	**2085**
发　明			9	33	406	497	501	508	580	863	957	743	634
实用新型	6	24	43	236	2273	1211	1240	1555	1304	1783	1967	1767	1309
外观设计	1	23	18	107	177	128	179	153	143	159	230	231	142

11-21 技术市场成交合同数

（输出技术）

单位:项

项　目	1995 年	2000 年	2005 年	2010 年	2015 年	2016 年	2017 年	2018 年	2019 年	2020 年	2021 年	2022 年	2023 年
总　计	**112**	**110**	**105**	**103**	**63**	**50**	**114**	**114**	**80**	**71**	**140**	**190**	**215**
技术开发合同	1	9	67	69	58	46	104	101	65	65	103	133	122
技术转让合同	5	14	2	2	1	3		4	6	2	6	42	57
技术咨询合同	17	10	19	5		1		2			28	13	18
技术服务合同	89	77	17	27	4		10	7	9	4	3	2	18

11-22 技术市场成交金额

（输出技术）

单位:万元

项　目	1995 年	2000 年	2005 年	2010 年	2015 年	2016 年	2017 年	2018 年	2019 年	2020 年	2021 年	2022 年	2023 年
总　计	**350.95**	**591.87**	**1453.75**	**4603.85**	**11306.56**	**8945.75**	**29435.62**	**47004.72**	**3299.63**	**4812.65**	**12546.31**	**8381.02**	**16567.84**
技术开发合同	5.00	39.80	1195.85	3693.15	9597.94	5239.75	7396.52	3825.52	2844.83	3831.90	9930.34	6419.82	11389.30
技术转让合同	55.00	69.10	83.00	30.00	708.38	906.00		77.00	97.10	80.00	385.20	469.10	1095.20
技术咨询合同	13.85	33.20	61.90	67.20		2800.00		24534.35			1720.78	1486.10	1274.04
技术服务合同	277.10	449.77	113.00	813.50	1000.24		22039.10	18567.85	357.70	900.75	510.00	6.00	2809.30

11-23　规模以上工业企业科技活动情况

（2023 年）

项　　目	单位数（个）	有 R&D 活动单位数（个）	有研发机构单位数（个）	R&D 人员合计(人)	R&D 经费内部支出合计(万元)
总　计	**510**	**175**	**198**	**8591**	**352758**
一、按企业规模分组					
大型	6	4	4	3125	272840
中型	50	40	37	2766	39090
小型	413	126	149	2606	40345
微型	41	5	8	94	483
二、按登记注册类型分组					
内资企业	484	164	188	7996	341642
国有独资公司	4	3	3	259	10389
私营有限责任公司	356	99	130	3092	41735
其他有限责任公司	98	50	35	3826	274684
私营股份有限公司	7	4	7	149	2156
其他股份有限公司	9	6	8	454	9176
全民所有制企业(国有企业)	2	1	1	202	3448
集体所有制企业(集体企业)	1				
股份合作企业	1				
个人独资企业	5	1	3	12	54
合伙企业	1		1	2	
港、澳、台商投资企业	9	4	2	130	1398
外商投资企业	17	7	8	465	9718
三、按国民经济行业大类分组					
采矿业	9	1	1	156	2135
非金属矿采选业	9	1	1	156	2135
制造业	476	164	190	8170	348464
农副食品加工业	124	29	36	798	10743
食品制造业	5	4	3	66	853
酒、饮料和精制茶制造业	1				
纺织业	3	1	1	60	153
纺织服装、服饰业	3		1	2	
家具制造业	1				
造纸和纸制品业	5	1	1	41	705
印刷和记录媒介复制业	1	1	1	4	42
文教、工美、体育和娱乐用品制造业	2	2	2	15	107

11-23 续表

项　　目	单位数（个）	有R&D活动单位数（个）	有研发机构单位数（个）	R&D人员合计(人)	R&D经费内部支出合计(万元)
化学原料和化学制品制造业	20	8	9	2411	252574
医药制造业	3	3	3	47	280
化学纤维制造业	3	1	1	9	41
橡胶和塑料制品业	9	4	4	49	412
非金属矿物制品业	52	10	10	199	2125
黑色金属冶炼和压延加工业	2	1		3	97
有色金属冶炼和压延加工业	1			3	
金属制品业	23	9	10	253	5700
通用设备制造业	22	12	15	578	9186
专用设备制造业	52	26	35	976	12647
汽车制造业	15	7	7	394	7705
铁路、船舶、航空航天和其他运输设备制造业	32	13	13	1235	31947
电气机械和器材制造业	20	7	15	412	4951
计算机、通信和其他电子设备制造业	8	6	7	91	1422
仪器仪表制造业	8	4	3	42	411
废弃资源综合利用业	5	1	2	23	224
金属制品、机械和设备修理业	56	14	11	459	6138
电力、热力、燃气及水生产和供应业	25	10	7	265	2159
电力、热力生产和供应业	15	6	4	150	1528
燃气生产和供应业	6	2	2	77	586
水的生产和供应业	4	2	1	38	45
四、按地区分组					
定海区	250	101	128	3834	77131
普陀区	169	43	51	1511	37658
岱山县	76	27	15	3176	237435
嵊泗县	15	4	4	70	534

11-24 规模以上工业企业R&D经费情况

（2023年）

单位:万元

指标名称	R&D经费内部支出合计	按支出用途分组				按资金来源分组		R&D经费外部支出				
		日常性支出	人员劳动费	资产性支出	仪器和设备	政府资金	企业资金		对境内研究机构支出	对境内高等学校支出	对境内企业支出	对境外支出
总　计	352758	348229	56343	4529	4517	2056	350702	2202	966	497	739	
一、按企业规模分组												
大型	272840	272506	25703	334	332	989	271851	312		287	24	
中型	39090	36221	17553	2869	2869	602	38489	577	344	154	79	
小型	40345	39052	12817	1294	1284	465	39880	917	621	55	241	
微型	483	451	271	33	33		483	396			396	
二、按登记注册类型分组												
内资企业	341642	337643	51807	3999	3989	1838	339804	2121	966	494	661	
国有独资公司	10389	10199	2492	190	190	426	9963					
私营有限责任公司	41735	40913	16798	822	817	753	40982	319	36	55	228	
其他有限责任公司	274684	273962	26844	723	721	582	274102	1706	929	343	434	
私营股份有限公司	2156	1564	674	592	588		2156					
其他股份有限公司	9176	7645	3389	1531	1531		9176	96		96		
全民所有制企业(国有企业)	3448	3307	1592	141	141	60	3387					
集体所有制企业(集体企业)												
股份合作企业												
个人独资企业	54	54	18			16	38					
合伙企业												
港、澳、台商投资企业	1398	1394	931	4	4		1398	75			75	
外商投资企业	9718	9192	3605	527	525	218	9501	6		3	3	
三、按国民经济行业大类分组												
采矿业	2135	2135	1094				2135	344	344			
非金属矿采选业	2135	2135	1094				2135	344	344			
制造业	348464	343967	53770	4497	4485	2056	346408	1406	621	441	344	
农副食品加工业	10743	10211	2696	532	529	170	10574	101	27	58	16	
食品制造业	853	853	313			20	833	49	49			
酒、饮料和精制茶制造业												
纺织业	153	153	38				153					
纺织服装、服饰业												
家具制造业												
造纸和纸制品业	705	705	249				705					
印刷和记录媒介复制业	42	42	36				42					
文教、工美、体育和娱乐用品制造业	107	107	37			26	81					

11-24 续表

单位:万元

指标名称	R&D经费内部支出合计	按支出用途分组				按资金来源分组		R&D经费外部支出				
		日常性支出	人员劳动费	资产性支出	仪器和设备	政府资金	企业资金		对境内研究机构支出	对境内高等学校支出	对境内企业支出	对境外支出
化学原料和化学制品制造业	252574	252150	18536	425	425	292	252283	818	509	287	21	
医药制造业	280	268	126	12	12		280	189			189	
化学纤维制造业	41	41	28				41					
橡胶和塑料制品业	412	412	271				412					
非金属矿物制品业	2125	2097	869	28	28		2125					
黑色金属冶炼和压延加工业	97	97	3				97					
有色金属冶炼和压延加工业												
金属制品业	5700	5681	1841	19	19	28	5672					
通用设备制造业	9186	8929	3512	258	250	60	9126					
专用设备制造业	12647	12168	5692	479	479	117	12530					
汽车制造业	7705	6131	2634	1575	1575	109	7597	96		96		
铁路、船舶、航空航天和其他运输设备制造业	31947	31556	11056	391	391	809	31138					
电气机械和器材制造业	4951	4248	2630	703	703	126	4825					
计算机、通信和其他电子设备制造业	1422	1355	605	68	68	173	1249	79	36		43	
仪器仪表制造业	411	411	136				411					
废弃资源综合利用业	224	224	104				224					
金属制品、机械和设备修理业	6138	6130	2358	9	9	126	6012	75			75	
电力、热力、燃气及水生产和供应业	2159	2127	1480	33	33		2159	452		56	396	
电力、热力生产和供应业	1528	1495	1095	33	33		1528	396			396	
燃气生产和供应业	586	586	353				586					
水的生产和供应业	45	45	32				45	56		56		
四、按地区分组												
定海区	77131	74153	25185	2978	2970	701	76431	624	395	180	49	
普陀区	37658	36782	7988	876	873	505	37153	316	13	30	273	
岱山县	237435	236792	23002	643	642	850	236585	867	558	287	21	
嵊泗县	534	501	169	33	33		534	396			396	

11-25 全市科技计划项目情况

（2023 年）　　单位:项

项目类别	项目数量	分行业			
		工业	农业	渔业	其他
合　计	**539**	**224**	**32**	**109**	**174**
国家级：小计	**52**		**8**	**15**	**29**
国家重点研发计划	5			1	4
国家自然科学基金等	47		8	14	25
省级：小计	**300**	**179**	**1**	**46**	**74**
省级基础公益研究计划项目	37		1	19	17
省级新产品试制计划	201	177		24	
省级重点研发计划项目等	62	2		3	57
市级：小计	**118**	**15**	**22**	**29**	**52**
市级基础研究项目	70	3	8	12	47
市级重点科技攻关项目	24	12	1	10	1
市级乡镇科技特派员项目	24		13	7	4
县级：小计	**69**	**30**	**1**	**19**	**19**
定海区	8	7		1	
普陀区	41	17	1	10	13
岱山县	13	6		1	6
嵊泗县	7			7	

主要统计指标解释

普通高等学校 指按照国家规定的设置标准和审批程序批准举办的，通过全国普通高等学校统一招生考试，招收高中毕业生为主要培养对象，实施高等教育的全日制大学、独立设置的学院和高等专科学校、高等职业学校和其他机构。

成人高等学校 指按照国家规定的设置标准和审批程序批准举办的，通过成人高等学校招生全国统一考试（成人高考），招收普通高中或同等学历（中等职业学校中的职业高中、技工院校、中等专业学校）及以上学历的在职从业人员为主要学习对象，利用函授、业余、脱产三种学习形式对其实施高等学历教育的学校。

中等专业学校 指经国务院各部委或省人民政府批准举办，招收初中（或部分高中）毕业生或具有同等学历者，实施中等专业教育、培养中等专门人才的学校。具体又可分为中级技术学校和中等师范学校两大类。

技工学校 指招收初中（或部分高中）毕业生或同等学历者，实施专业技术教育、培养中级技术工人的学校。包括中央在地方单位办、各级劳动部门办、各级其他部门办和厂矿企业办。其在校学生数不包括培训的在职职工人数。

招生数 指新学年开始，按照国家招生计划实际招收入学的新生数。不包括留级生和复读学生数。

在校学生数 指学年初开学以后，具有学籍的全部在校学习的学生总数。

毕业生数 指上学年度内，具有学籍的学生学完教学计划的全部课程，考试及格，获得毕业证书的学生数。不包括结业生和肄业生数。

教职员工数 指在学校中工作的固定教职工数。包括校本部、科研机构、校办工厂、农（林）场和附属机构的人员。不包括下列人员：离休、退休、退职人员；学校办的集体单位和学校附属机构中，属于集体单位的职工；代课教师和各种临时工。

专任教师 指主要从事教育工作的人员。包括临时（一年以内）调去帮助做其他工作的教学人员。不包括调离教学岗位，担任行政领导工作和其他工作的原教学人员；不包括兼任教师和代课教师。

小学学龄儿童入学率 指调查范围内已入学学习的学龄儿童占校内外学龄儿童总数（包括智力障碍儿童在内，但不包括聋哑儿童）的比重。计算公式是：

$$小学学龄儿童入学率=\frac{已入学的小学学龄儿童数}{校内外小学学龄儿童总数}\times 100\%$$

工程技术人员 指在国民经济各行业中从事工程技术工作的自然科学技术专业人员，包括高级工程师、工程师、助理工程师、技术员和未评定职称的技术人员。

农业技术人员 指在国民经济各行业中从事农业技术工作的自然科学技术专业人员，包括高级农艺师、农艺师、助理农艺师、技术员和未评定职称的技术人员。

卫生技术人员 指在国民经济各行业中从事卫生医务工作的自然科学技术专业人员，包括正副主任医师、主治医师、医师、医（护）士和未评定职称的技术人员。

科学研究人员 指在国民经济各行业中从事科学技术活动的自然科学技术专业人员，包括正副研究员、助理研究员、研究实习员、技术员和未评定职称的技术人员。

教学人员 指在国民经济各行业中从事自然科学技术方面的教学活动专业人员，包括正副教授、讲师、助教、教师和在中学从事自然科学技术方面教学活动的人员。

科技成果 指为解决某一科学技术问题，经过研究、实验、试制或调查考察、综合分析而得出的具有一定新颖性、先进性和实用价值的结果，或研究虽未结果，但已取得可以独立应用或具有一定学术意义的阶段性结果，这些研究结果必须通过技术鉴定（或评审）。

专利 是专利权的简称，是对发明人的发明创造经审查合格后，由专利局依据专利法授予发明人和设计人对该项发明创造享有的专利权。从类型来看，包括发明、实用新型和外观设计。

发明 是专利法及其实施细则所称的发明，指对有关产品、方法或其改进所提出的新的技术方案。

实用新型 是专利法及其实施细则所称的实用新型，指对产品的形状、构造或者其结合所提出的适于实用的新的技术方案。

外观设计 是专利法及其实施细则所称的外观设计，指对产品的形状、图案、色彩或者其结合所作出的富有美感并适于工业上应用的新设计。

技术市场 指知识形态商品交换关系的总和，即买、卖中介各方就技术开发、技术转让、技术咨询和技术服务所结成的交换关系，包括科技成果从开发、应用、推广直至为社会服务的整个流通领域和流通环节。为订立技术合同提供服务的中介机构，是我国技术市场的一个重要组成部分。

科技活动 指在自然科学、农业科学、医药科学、工程与技术科学、人文与社会科学领域(简称科学技术领域)中,与科技知识的产生、发展、传播和应用密切相关的有组织的活动。可分为研究与试验发展(R&D)、研究与试验发展成果应用及相关的科技服务三类活动。该定义是联合国教科文组织考虑成员国特别是发展中国家开展科技统计工作的需要,而对科技活动所作的统计界定。

R&D(研究与试验发展) 指在科学技术领域,为增加知识总量以及运用这些知识去创造新的应用进行的系统的创造性的活动,包括基础研究、应用研究、试验发展三类活动。

科技活动人员 指企业内部直接参加科技项目以及项目的管理人员和直接服务的人员。不包括全年累计从事科技活动时间不足制度工作时间 10%的人员。

R&D 人员 指单位内部从事基础研究、应用研究和试验发展三类活动的人员。包括直接参加上述三类项目活动的人员以及这三类项目的管理人员和直接服务人员。为研发活动提供直接服务的人员包括直接为研发活动提供资料文献、材料供应、设备维护等服务的人员。

R&D 经费支出 指调查单位在报告年度用于内部开展 R&D 活动(基础研究、应用研究和试验发展)的实际支出。包括用于 R&D 项目（课题）活动的直接支出，以及间接用于 R&D 活动的管理费、服务费、与 R&D 有关的基本建设支出以及外协加工费等。不包括生产性活动支出、归还贷款支出以及与外单位合作或委托外单位进行 R&D 活动而转拨给对方的经费支出。

十二、文化、体育和卫生

12-1 历年文化事业情况

年份	艺术表演团体(个)	电影放映单位(个)	影剧院		公共图书馆		文化馆、站	
			个数(个)	座位(万个)	个数(个)	藏书(万册)	个数(个)	人数(人)
1950	2	1	1	0.07	1	0.40	1	3
1955	2	1	1	0.07	1	0.50	6	25
1960	3	11	5	0.48	1	1.00	9	35
1965	2	14	5	0.48	1	1.00	22	34
1966	2	14	5	0.48	1	4.00	22	35
1967	2	14	5	0.48	1	4.00	22	35
1968	2	14	5	0.48	1	4.00	22	35
1969	2	14	5	0.48	2	4.50	22	35
1970	2	15	5	0.48	2	4.70	22	35
1971	2	20	5	0.48	2	4.90	23	34
1972	5	27	5	0.48	2	5.15	23	39
1973	5	28	5	0.53	2	5.17	23	42
1974	5	40	5	0.53	2	7.16	24	42
1975	5	91	5	0.53	2	7.58	35	52
1976	5	103	5	0.53	2	7.95	36	52
1977	5	103	5	0.53	2	8.13	38	57
1978	5	108	6	0.65	3	8.72	39	68
1979	5	114	6	0.65	3	8.61	41	75
1980	5	115	7	0.74	3	9.53	64	117
1981	5	115	7	0.74	4	17.15	65	121
1982	5	123	30	2.49	4	20.99	77	131
1983	5	139	37	2.89	4	24.16	90	146
1984	4	165	54	3.73	4	27.25	95	157
1985	4	168	67	4.49	4	29.40	99	172
1986	4	153	68	4.51	4	28.66	100	184
1987	4	157	79	4.95	4	30.00	100	190
1988	4	158	83	5.76	4	30.91	102	283
1989	4	146	99	6.12	4	26.00	99	207
1990	3	141	91	5.65	4	28.00	105	237
1991	3	147	84	5.40	4	30.00	107	242
1992	3	144	86	5.44	4	30.93	76	264
1993	4	123	85	5.68	4	32.20	76	274
1994	4	98	71	4.89	4	33.80	76	276
1995	4	95	64	3.82	4	34.82	70	314
1996	4	98	68	3.99	4	35.80	71	280
1997	4	89	59	3.48	4	36.77	71	321
1998	3	85	50	3.19	4	38.60	71	307
1999	3	58	36	2.34	4	41.26	71	294
2000	3	40	26	1.80	4	43.10	71	277
2001	3	41	25	1.80	4	45.03	49	223
2002	3	34	23	1.40	4	46.38	49	111
2003	2	8	23	1.40	4	49.28	49	165
2004	2	11	11	0.40	4	49.80	47	151
2005	3	11	11	0.50	4	52.05	49	210
2006	3	18	20	1.67	4	55.15	49	203
2007	3	18	14	0.99	4	56.73	48	173
2008	3	15	14	0.99	4	60.66	48	225
2009	2	17	18	1.01	4	69.97	48	240
2010	2	17	18	1.01	4	76.75	48	265
2011	2	17	18	1.01	4	96.75	48	253
2012	1	9	9	0.68	4	103.79	48	273
2013	1	10	10	0.60	5	128.49	40	263
2014		9	9	0.56	5	143.65	40	267
2015		10	10	0.56	5	160.08	40	264
2016	1	13	13	0.74	5	184.44	40	260
2017	933	15	15	0.96	5	191.69	40	193
2018	1314	15	15	0.96	5	204.91	41	223
2019	2004	18	18	1.18	5	216.06	41	253
2020	2072	17	17	1.15	5	245.85	41	256
2021	1285	19	19	1.27	5	258.50	41	276
2022	1824	19	19	1.28	5	259.99	41	299
2023	1634	21	21	1.31	5	287.00	41	298

注:2017 年起,艺术表演团体包含了非专业演出团体。

12-2 历年广播事业情况

年　份	广播机构（个）	喇　叭（万只）	广播专用线（杆公里）	扩大机功率（千瓦）	通广播的	
					村（个）	户数（万户）
1960	22	0.26	327	6.68	19	0.01
1965	30	0.18	330	9.61	19	0.05
1966	38	1.02	746	12.26	31	1.74
1967	40	2.43	895	12.24	31	2.38
1968	49	2.57	1134	12.34	31	2.53
1969	49	2.61	1164	13.16	31	2.54
1970	51	5.12	1427	19.76	31	3.38
1971	56	6.43	1371	23.78		4.50
1972	57	7.86	1889	23.78		5.92
1973	63	8.51	1934	24.13		6.58
1974	66	9.03	2067	37.08		7.09
1975	67	10.10	2227	41.28		8.16
1976	68	10.86	2218	42.23		8.93
1977	66	11.20	2172	42.23		9.27
1978	84	13.31	2039	42.46		9.91
1979	86	13.62	2056	43.86		10.22
1980	86	12.76	1947	43.86		12.71
1981	86	12.44	1983	44.11		12.67
1982	86	12.71	1983	44.83	830	12.44
1983	86	11.55	1975	46.56	840	11.47
1984	87	10.61	1912	44.18	769	10.55
1985	87	11.18	1995	44.04	770	10.95
1986	91	11.74	1982	46.24	771	11.38
1987	93	12.13	1955	47.38	786	12.00
1988	93	12.91	1898	56.53	782	11.88
1989	93	12.03	1739	56.98	795	11.93
1990	93	12.66	1680	56.86	793	12.56
1991	93	12.45	1887	56.98	810	12.45
1992	67	12.94	1971	43.46	799	12.94
1993	67	13.28	1916	43.26	796	13.28
1994	66	14.15	1922	41.76	789	14.15
1995	65	14.65	1985	52.58	797	14.65
1996	64	14.96	1507	56.25	788	14.96
1997	64	15.21	1286	65.75	781	15.21
1998	64	15.29	1278	60.00	771	15.29
1999	64	15.35	698	52.75	771	15.35
2000	64	14.91	604	52.75	771	14.91
2001	47	14.81	604	52.75	738	14.81
2002	41	14.45	1122	52.75	681	14.45
2003	39	14.52	1122	52.75	681	14.52
2004	39	23.20	702	52.75	518	14.52
2005	39	14.50	702	52.75	424	14.52
2006	39	14.50	702	52.75	424	14.52
2007	36	3.43	736	48.30	422	14.55
2008	36	3.43	867	48.30	422	23.00
2009	36	3.45	1038	59.55	434	30.06
2010	36	3.45	1038	59.55	442	21.43
2011	36	2.37	1104	49.20	350	17.20
2012	34	2.58	1102	45.10	344	21.80
2013	34	2.56	1102	28.66	394	19.70
2014	27	2.01	978	23.06	394	19.08
2015	27	2.02	983	40.20	404	19.73
2016	28	0.91	1005	40.20	407	19.55
2017	28	0.90	1005	40.20	407	19.55
2018	28	0.82	825	51.90	452	20.31
2019	31	1.00	1006	64.70	436	17.72
2020	32	0.98	753	67.90	297	17.03
2021	32	0.81	1109	40.10	299	18.99
2022	32	0.85	1176	83.75	260	18.20
2023	32	0.81	865	57.45	253	23.19

12-3 文化事业机构和人员数

（2023 年）

类　　别	总　　计		文 化 部 门	
			国 有 单 位	
	机构数（个）	人　数（人）	机构数(个）	人数(人）
总　　　计	**10**	**300**	**10**	**300**
公共图书馆事业	5	158	5	158
群众文化事业	5	142	5	142

12-4 文化馆(站)业务活动和经费情况

项　目	单位	总　　计						文 化 馆						国办文化站					
		2018 年	2019 年	2020 年	2021 年	2022 年	2023 年	2018 年	2019 年	2020 年	2021 年	2022 年	2023 年	2018 年	2019 年	2020 年	2021 年	2022 年	2023 年
机构数	个	41	41	41	41	41	41	5	5	5	5	5	5	36	36	36	36	36	36
举办展览	个	304	278	323	317	516	1562	57	53	66	105	248	827	247	225	257	212	268	735
组织文艺活动	次	2200	3001	2035	2092	11687	14361	632	1046	691	552	913	4147	1568	1955	1344	1540	10774	10214
举办训练班班次	次	1603	1822	1568	811	2881	3403	988	916	1089	233	1562	1845	615	906	479	578	1319	1558
结业人数	人次	75446	85371	65121	132082	126730	117163	27376	24061	34620	92371	70592	36515	48070	61310	30501	39711	56138	80648
藏　书	千册	505	556	571	582	594	505							505	555	571	582	594	505
总支出	万元	5347	6593	10794	7980	8546	9302	1718	2462	4703	4391	3650	4567	3629	4131	6091	3589	4896	4735

12-5 图书发行情况

项目	2015年		2016年		2017年		2018年		2019年		2020年		2021年		2022年		2023年	
	册数（万册）	金额（万元）	册数（万册）	金额（万元）	册数（万册）	金额（万元）	册数（万册）	金额（万元）	册数（万册）	金额（万元）	册数（万册）	金额（万元）	册数（万册）	金额（万元）	册数（万册）	金额（万元）	册数（万册）	金额（万元）
合计	**657**	**8925**	**750**	**9429**	**792**	**10525**	**852**	**10679**	**855**	**10863**	**753**	**10764**	**660**	**11236**	**611**	**11189**	**647**	**12039**
一、书籍	**298**	**5330**	**258**	**4788**	**134**	**3573**	**169**	**4068**	**170**	**4079**	**165**	**4356**	**137**	**4670**	**172**	**5696**	**246**	**6850**
1.哲学社会科学	21	603	37	723	34	820	32	817	32	819	23	1176	44	1546	36	1180	39	1398
2.文化、教育	189	2796	129	1819	21	691	25	871	26	886	82	950	33	1012	82	2803	126	2584
3.文学、艺术	21	618	23	775	21	773	24	803	23	806	15	787	16	795	16	669	26	896
4.自然科学、技术	13	451	14	486	9	359	29	540	27	486	12	472	12	489	10	400	11	465
5.少年儿童读物	54	862	55	985	49	930	59	1037	62	1082	33	971	32	828	28	644	44	1507
二、课本	**157**	**1351**	**242**	**2428**	**315**	**3542**	**318**	**3682**	**319**	**3742**	**292**	**3544**	**326**	**3866**	**347**	**3881**	**302**	**3453**
1.大中专课本	2	25	12	435	1	5	2	8	2	9	2	9	0.1	1			1.2	62
2.中小学课本	155	1326	230	1993	315	3537	316	3674	317	3676	290	3535	326	3865	347	3881	301	3391
三、图片	**1**	**19**	**1**	**1**	**1**	**3**	**2**	**5**	**2**	**6**	**2**	**4**	**1**	**2**			**1**	**2**
四、其他出版物	**12**	**167**	**9**	**115**	**10**	**509**	**10**	**507**	**9**	**486**	**8**	**304**	**1**	**5**	**2**	**15**	**2**	**7**
五、非图书商品	**189**	**2108**	**240**	**2097**	**334**	**2898**	**353**	**2417**	**355**	**2550**	**286**	**2556**	**195**	**2693**	**90**	**1597**	**97**	**1727**

12-6 公共图书馆基本情况

项　　目	单位	1985年	1990年	1995年	2000年	2005年	2010年	2015年	2016年	2017年	2018年	2019年	2020年	2021年	2022年	2023年
一、单位数	**个**	**4**	**4**	**4**	**4**	**4**	**4**	**5**	**5**	**5**	**5**	**5**	**5**	**5**	**5**	**5**
二、藏　书	**万册**	**29**	**28**	**35**	**43**	**52**	**76.75**	**160.08**	**184.44**	**191.70**	**204.91**	**216.06**	**245.85**	**258.50**	**259.99**	**287.00**
三、书架单层总长度	**米**		**4645**	**4904**	**7983**	**18151**	**18116**	**33287**	**35121**	**40321**	**40427**	**40427**	**40427**	**40427**	**40427**	**40427**
四、发放借书证数	**个**		**12383**	**12380**	**7386**	**22981**	**45274**	**159983**	**158418**	**151426**	**169513**	**180302**	**201093**	**202352**	**207286**	**218047**
五、图书流通情况																
人　次	万人次	20	30	40	31	30	51	164	183	172	216	221	137	159	196	404
书刊外借册次	万册次	32	72	27	40	47	69	169	178	137	193	261	174	164	190	246
六、经费总支出	**万元**	**29**	**37**	**149**	**265**	**545**	**1356**	**2877**	**3212**	**2988**	**3608**	**3594**	**4130**	**4766**	**5200**	**4897**
购书费	万元	3	7	16	46	51	216	328	378	336	439	471	351	364	449	710
七、本年新购图书	**万册**	**2**	**2**	**1**	**2**	**2.3**	**8.68**	**21.46**	**13.50**	**11.11**	**12.51**	**13.60**	**12.59**	**12.32**	**13.30**	**14.74**
八、建筑面积	**平方米**	**1120**	**6424**	**6193**	**6164**	**10997**	**11554**	**25101**	**25101**	**32845**	**35577**	**34920**	**36870**	**36870**	**40500**	**37361**
书　库	平方米	370	1239	1817	1360	2392	2546	3316	3316	5216	5216	5016	5186	5186	5186	5186
九、阅览室座席数	**个**	**245**	**631**	**726**	**727**	**907**	**821**	**1666**	**1714**	**2249**	**2319**	**2294**	**2328**	**2328**	**2401**	**2401**

12-7 电影放映情况

项　目	单位	1980年	1985年	1990年	1995年	2000年	2005年	2010年	2015年	2016年	2017年	2018年	2019年	2020年	2021年	2022年	2023年
放映单位	个	116	168	141	95	53	11	17	10	13	15	15	18	17	19	19	21
放映场次	万场	4.10	5.20	6.40	4.00	0.70	0.10	1.51	5.42	6.87	13.20	14.66	15.17	7.00	15.00	13.52	14.90
观众人数	万人次	3803	2509	2469	457	94	4	222	126	144	185	221	222	67	144	85	137
放映收入	万元	135	217	497	915	266	80	998	4989	5763	6037	7223	7136	2129	5118	3541	5867

12-8　广播电台、电视台及自办节目情况

项　目	单位	1990年	1995年	2000年	2005年	2010年	2015年	2016年	2017年	2018年	2019年	2020年	2021年	2022年	2023年
一、广播电台基本情况															
广播电台	座	1	1	1	1	1	1	1	1	1	1	1	1	1	1
县(区)有线广播电视台	个	4	3	3	3	3	3	3	3	3	3	3	3	3	3
乡(镇)有线广播电视站	个	89	61	61	35	36	27	28	28	28	31	32	32	32	32
广播人口覆盖率	%	98	98	98	98	98.68	99.98	100	100	100	100	100	100	100	100
#中央台第一套节目	%	98	35	85	94	98.19	99.98	100	100	100	100	100	100	100	100
浙江台第一套节目	%	97	50	89	62	95.80	98.00	98.16	99.80	99.97	100	100	100	100	100
舟山电台节目	%	70	72	85	60	93.54	96.31	96.6	99.38	99.97	100	100	100	100	100
平均每天自办节目时间															
新闻节目	小时	0:40	3:15	4:25	13:30	4:36	18:29	20:05	20:55	20:57	18:22	11:46	12:15	12:38	9:26
专题节目	小时	1:50	9:45	9:35	16:00	10:06	27:36	25:30	27:09	27:00	29:16	27:49	25:22	28:32	21:05
文艺节目	小时	4:25	14:50	13:25	22:00	8:42	20:45	17:15	18:49	24:58	15:08	20:00	19:22	14:38	15:19
教育节目	小时	1:00	0:30	1:15	0:30	2:35	0:29	1:20	2:30	2:36			0:10		
服务性节目	小时	1:00	4:40	7:10	11:20	19:08						1:49	13:12	0:44	2:33
二、电视台基本情况															
电视台	座	1	1	1	1	1	1	1	1	1	1	1	1	1	4
电视人口覆盖率	%	90	90	92	98	98.67	99.98	100	100	100	100	100	100	100	100
#中央电视台	%	90	90	83	94	97.60	99.98	100	100	100	100	100	100	100	100
浙江电视台	%	85	63	83	94	98.13	97.95	98.11	99.78	99.85	100	100	100	100	100
舟山电视台	%	6.7	57	85	96	98.21	96.82	96.98	99.78	99.85	100	100	100	100	100
平均每周自办节目时间	小时	15:40	52:30	59:13	321:00	57:18	304:30	262:30	176:15	162:54	170:03	195:02	185:09	248:23	149:03
新闻节目	小时	2:00	3:30	5:00	35:30	17:42	75:19	78:45	89:24	83:40	87:00	78:12	81:02	81:50	66:51
专题节目	小时	1:12	3:30	3:25	17:30	12:24	70:22	72:12	68:35	68:09	69:40	106:07	98:48	155:41	74:06
文艺节目	小时	12:00	36:42	44:30	195:30	258:30	114:34	96:15	14:06	5:15	6:18	2:05	1:38	1:38	2:12
服务性节目	小时	0:28	8:48	3:02	69:30	68:32	39:43	16:08	5:10	6:00	7:05	8:33	3:41	9:14	5:46

注:2015年“平均每天自办节目时间”分类口径有调整,与之前年份不可比。

12-9 历年体育事业情况

年份	举办运动会(次)	市级	县级	参加运动员(人)	参加省比赛获奖牌(枚) 金牌	银牌	铜牌
1975							
1980	46	10	36	10778	1	2	
1981	66	12	54	2237	4	1	2
1982	15	15		10832	4	3	3
1983	109	17	92	9407	4	4	3
1984	76	18	58	13551	3	8	12
1985	101	14	87	11283	8		1
1986	76	10	66	31602	1	5	6
1987	111	18	93	28836	17	16	26
1988	175	11	164	30185	17	10	14
1989	197	8	189	82235	9	10	9
1990	304	50	254	68237	8	5	15
1991	420	30	390	31687	4	12	14
1992	250	15	235	51198	5	8	17
1993	190	37	153	35313	10	14	25
1994	94	19	75	53012	11	6	15
1995	472	168	304	45395	11	14	10
1996	204	103	101	25869	11	14	10
1997	116	41	75	22348	4	12	3
1998	200	122	78	27087	1	4.5	8.5
1999	537	214	323	22116	23	10	11
2000	59	17	42	13804	6	3	4
2001	55	38	17	7750	8	7	5
2002	31	3	28		12	10	12
2003	57	18	39		5	4	7
2004	128	84	44		8	10	5
2005	115	67	48		7	7	10
2006	50	6	44		9	4	7
2007	25	1	24		4	9	14
2008							
2009							
2010					2	1	3
2011							
2012	1	1		4600			
2013							
2014					28	10.5	8
2015							
2016					5	11	11
2017					16	17	16
2018					33	17	16
2019					16	2	10
2020					15	13	24
2021					26	21	23
2022					34	40	42
2023					16	23	38

注:2008 年起,体育事业统计年报统计口径变更。

12-10 少年儿童业余体校基本情况

单位:人

年 份	学校数（所）	在训学生数	体委系统输送到优秀运动队人	体委系统输送到运动学校人	教练员人数	# 专 职
1985	5	275	1		26	18
1990	11	342	1		27	14
1995	3	165	2		17	17
2000	1	169		3	12	12
2005	1	196		1	11	11
2009	1	187		3	13	13
2010	1	187	1	8	13	13
2012	1	200		7	13	13
2013	1	209	2		13	13
2014	1	187			11	11
2015	1	198	2	3	12	12
2016	1	212		4	13	13
2017	1	230	3	5	13	13
2018	1	240	1	5	13	13
2019	1	213	3	2	17	13
2020	5	929	3	8	32	23
2021	5	942		2	32	23
2022	5	1246	4	6	124	36
2023	5	1141	4	13	129	36

注:教练员人数统计口径调整,2021 年及以前按在编在岗教练员人数统计,2022 年起包含编外及学校兼职教练员人数,其中专职教练按在编在岗教练员人数统计。

12-11 历年卫生事业情况

年份	机构（个）	#卫生部门	卫生从业人员（人）	#卫生部门	床位数（张）	#卫生部门
1950	8	3	310	26	124	44
1955	45	17	665	340	146	137
1960	157	27	1027	503	591	441
1965	190	33	1386	714	817	680
1966	175	33	1444	746	960	837
1967	168	33	1572	825	939	825
1968	181	33	1690	882	779	710
1969	182	33	1702	885	808	739
1970	178	32	1763	902	724	660
1971	168	29	1723	900	848	709
1972	167	31	1699	896	1058	806
1973	176	32	1778	896	1196	878
1974	182	33	1883	975	1135	818
1975	182	33	2046	1052	1246	911
1976	188	34	2282	1195	1261	929
1977	207	36	2422	1287	1401	1023
1978	213	37	2643	1418	1537	1205
1979	228	38	2766	1518	1700	1311
1980	223	39	3027	1722	1867	1395
1981	247	39	3249	1869	1907	1385
1982	252	38	3375	1934	1977	1486
1983	262	38	3526	2073	2111	1524
1984	266	40	2604	2165	2099	1536
1985	286	39	3784	2233	2238	1673
1986	297	41	3883	2447	2429	1874
1987	306	44	4041	2726	2531	1919
1988	316	44	4208	2905	2554	1970
1989	316	45	4415	3030	2733	2128
1990	320	45	4432	3116	2923	2295
1991	327	45	4658	3285	3073	2397
1992	325	45	4852	3441	3151	2492
1993	260	46	4758	3541	3270	2571
1994	322	43	5084	3663	3438	2608
1995	281	42	5063	3660	3456	2713
1996	304	41	5116	3790	3346	2617
1997	320	41	5284	3894	3414	2700
1998	241	41	5295	4074	3414	2783
1999	235	41	5133	3921	3309	2791
2000	293	41	5468	4136	3293	2822
2001	315	42	5647	4184	3413	2958
2002	323	44	5304	4335	3293	3075
2003	348	99	5468	4784	3349	3066
2004	376	95	5508	4808	3415	3129
2005	395	93	5499	4798	3501	3143
2006	375	88	5977	4995	3557	3147
2007	407	94	6399	5340	3698	3216
2008	397	99	6669	5545	3663	3200
2009	385	99	7064	5896	3755	3248
2010	406	204	7389	6194	4059	3535
2011	666	218	8584	6932	4044	3506
2012	618	222	8608	7105	4562	3974
2013	632	230	9243	7435	4621	3853
2014	668	100	9825	7871	5050	4119
2015	708	99	10487	8184	5500	4509
2016	697	98	10808	8358	5510	4302
2017	700	105	11300	8495	5723	4398
2018	713	82	11837	8366	6407	4486
2019	718	75	11991	8468	6281	4582
2020	719	123	12278	8609	6157	4357
2021	715	200	13026	9141	6329	4362
2022	722	370	13672	9231	6464	4398
2023	767	384	14410	9916	6686	4435

注:2010年起,医药卫生体制改革后,监测数据全省指标口径统一,将卫生服务站全部纳入卫生行政部门,之前归类于事业部门,下同。

12-12 历年卫生技术人员

单位:人

年　份	卫生技术人员	# 中医执业医师(助理)	# 西医执业医师(助理)	# 注册护士	# 技师(士)	# 药剂师(士)
1950	278	124	66	14	13	4
1955	542	108	105	56	33	32
1960	849	105	214	113	57	65
1965	1145	118	422	196	68	79
1966	1152	99	422	198	79	88
1967	1255	199	482	212	87	92
1968	1380	125	527	247	97	91
1969	1391	118	543	249	103	100
1970	1442	123	578	247	98	106
1971	1408	122	574	231	82	114
1972	1401	123	578	209	86	114
1973	1484	130	586	239	87	115
1974	1583	124	638	279	90	127
1975	1741	132	638	321	90	134
1976	1964	143	680	383	108	135
1977	2094	145	741	419	106	142
1978	2268	138	765	440	148	143
1979	2300	131	742	421	146	150
1980	2530	142	818	447	156	163
1981	2698	151	884	516	182	199
1982	2811	156	927	535	184	208
1983	2925	177	965	585	203	227
1984	2993	179	1011	625	212	217
1985	3078	197	1031	624	208	268
1986	3109	203	1083	631	184	272
1987	3258	213	1128	705	210	272
1988	3388	221	1332	826	141	303
1989	3551	217	1404	855	152	339
1990	3576	225	1386	907	156	334
1991	3801	246	1486	979	161	342
1992	3935	253	1517	1058	174	367
1993	3736	249	1362	998	164	383
1994	4087	254	1510	1111	171	369
1995	4016	244	1690	1089	100	377
1996	4037	234	1678	1108	96	382
1997	4151	230	1733	1181	83	396
1998	4177	255	1577	1233	85	405
1999	3991	228	1821	1118	25	369
2000	4262	251	1823	1250	30	405
2001	4528	251	1863	1394	45	408
2002	4268	199	1938	1362		383
2003	4462	333	1666	1437		385
2004	4599	333	1694	1516		384
2005	4610	335	1758	1531		377
2006	4965	352	1875	1607		396
2007	5396	284	2122	1721		396
2008	5583	259	2037	1887		378
2009	5782	294	2076	1946		391
2010	6172	276	2248	2135	362	426
2011	6832	339	2320	2335	372	458
2012	7047	433	2270	2450	405	453
2013	7679	458	2389	2729	431	512
2014	8101	492	2563	2958	464	527
2015	8602	520	2808	3168	463	555
2016	8872	544	2878	3348	461	531
2017	9234	548	3033	3512	464	557
2018	9709	597	3243	3827	516	587
2019	9851	608	3275	3878	563	598
2020	10128	643	3384	4003	577	638
2021	10650	685	3535	4243	713	663
2022	11171	732	3727	4511	779	671
2023	11707	786	3867	4794	780	712

注:1.2009 年起,新增“技师(士)”指标。1950–2001 年该数据为助产士。
　2.药剂师(士)由指标调整前的中药人员和西药师(士)构成。

12-13 卫生事业基本情况

项目	单位	1990年	1995年	2000年	2005年	2010年	2015年	2016年	2017年	2018年	2019年	2020年	2021年	2022年	2023年
一、卫生机构	**个**	**320**	**281**	**293**	**395**	**406**	**708**	**697**	**700**	**713**	**718**	**719**	**715**	**722**	**767**
#卫生部门办	个	45	42	41	93	204	99	98	105	82	75	123	200	370	384
二、床　　位	**张**	**2923**	**3456**	**3293**	**3501**	**4059**	**5500**	**5510**	**5723**	**6407**	**6281**	**6157**	**6329**	**6464**	**6686**
#医院、卫生院病床	张	2798	3259	3293	3501	4059	5500	5510	5723	6407	6281	6157	6329	6464	6686
三、人员数合计	**人**	**4432**	**5063**	**5463**	**5499**	**7389**	**10487**	**10808**	**11298**	**11837**	**11991**	**12278**	**13026**	**13672**	**14410**
1.卫生技术人员	人	3576	4016	4262	4610	6172	8602	8872	9232	9709	9851	10128	10650	11171	11707
#执业医师	人	1033	1354	1621	1763	2096	2844	2909	3053	3348	3397	3557	3761	3977	4180
执业助理医师	人	559	502	451	330	428	484	513	528	492	486	470	459	482	473
注册护士	人	1164	1247	1296	1531	2135	3168	3348	3512	3827	3878	4003	4243	4511	4794
药剂人员	人	365	377	412	377	426	555	532	557	587	598	638	663	671	712
检验人员	人	190	206	214	247	300	377	378	381	403	405	432	442	485	489
其他人员	人	265	330	268	362	715	1088	1109	1120	949	929	883	711	652	1149
2.其他技术人员	人	55	10	32	294	427	393	405	479	643	537	501	595	642	629
3.管理人员	人	459	696	787	191	203	368	375	414	473	517	527	351	341	476
4.工勤人员	人	342	341	382	404	587	1080	1113	1129	964	1041	1076	1356	1433	1598
四、每千人拥有床位数	**张**	**2.82**	**3.51**	**3.35**	**3.62**	**4.19**	**4.77**	**4.75**	**4.90**	**5.46**	**5.34**	**5.31**	**5.43**	**5.52**	**5.70**
#医院病床数	张	2.69	3.32	3.35	3.62	4.19	4.77	4.75	4.90	5.46	5.34	5.31	5.43	5.52	5.70
五、每千人拥有卫生技术人员	**人**	**3.66**	**4.09**	**4.33**	**4.77**	**6.38**	**7.47**	**7.66**	**7.90**	**8.28**	**8.38**	**8.74**	**9.14**	**11.68**	**9.98**
#执业医师(含助理)	人	1.66	1.91	2.10	2.16	2.61	2.89	2.96	3.07	3.27	3.30	3.47	3.62	3.81	3.97
注册护士	人	1.20	1.27	1.32	1.58	2.21	2.75	2.89	3.01	3.26	3.30	3.45	3.64	3.85	4.09

注:根据卫生部门指标变动,2002年以前的数据做调整。执业医师=中医师+西医师+中西结合医师,执业助理医师=中医+西医士,注册护士=护师+护士+助产士+护理员,药剂人员=中药师+西药师+中药剂士+西药剂士+中药剂员+西药剂员,检验人员=检验师+检验士+检验员,其他=其他剂师+其他技士+其他中医+其他初级卫技人员。

12-14 卫生机构和开放床位数

类别	1990年	1995年	2000年	2005年	2010年	2017年	2018年	2019年	2020年	2021年	2022年	2023年
卫生机构数合计(个)	**320**	**281**	**293**	**395**	**406**	**700**	**713**	**718**	**719**	**715**	**722**	**767**
医院、卫生院	101	102	98	80	81	57	54	70	71	72	72	75
卫生部门综合医院	6	5	6	6	6	7	7	8	8	8	8	8
中医医院	2	3	4	6	6	10	11	11	11	11	7	7
精神病医院	1	1	1	1	1	2	2	2	2	2	2	2
其他部门综合医院	1	1	1	3	3	3	5	6	7	7	7	7
社区卫生服务中心						12	15	12	12	12	13	13
中心卫生院	15	17	15	16	14	15	12	12	12	12	12	12
乡(镇)卫生院	76	73	67	38	33	26	9	12	12	12	12	12
妇幼保健院		1	1	1	1	1	1	1	1	1	1	1
其他专科医院		1	1	1	3	1	1	7	7	8	10	13
疗养院、所	1	1	1	1	1							
门诊部、所	197	159	1	19	25	319	357	361	364	373	384	427
卫生防疫机构(疾病预防控制中心)	8	7	6	5	5	5	5	5	5	5	5	5
妇幼保健机构	5	3	3	3	3	5	5	5	5	5	5	5
药品检验机构	4	3	3			2	2	3	2	3	3	2
医学科学研究机构	1	2	2	2	1	1						
其他卫生事业机构	1	2	2	2	4	1	2	1	3	2	3	4
卫生监督所				6	5	5	5	5	5	5	5	5
实际开放床位数合计(张)	**2923**	**3456**	**3293**	**3501**	**4059**	**5723**	**6407**	**6281**	**6157**	**6329**	**6464**	**6686**
医院、卫生院	2798	3259	3293	3501	4059	5128	6405	5764	5630	5807	5972	6261
卫生部门综合医院	1616	1666	1628	1696	1870	2841	2892	2943	2758	2835	2837	2894
中医医院	130	165	436	746	601	1600	1847	1873	1798	1840	1056	1047
精神病医院	80	100	120	180	230	300	300	400	400	400	400	400
其他部门综合医院	85	111	211	240	140	166	495	355	461	461	516	544
社区卫生服务中心						33	70	55	60	25	25	45
中心卫生院	390	447	354	270	195	72	72	57	57	38	48	75
乡(镇)卫生院	497	480	144	149	140	72	72	20	5			
妇幼保健院		300	300	300	400	560	560	515	525	520	490	425
其他专科医院		101	30		23	20	20	61	91	196	1040	1458

12-14 续表

类别	2017 年	2018 年	2019 年	2020 年	2021 年	2022 年	2023 年
卫生机构数合计(个)	**700**	**713**	**718**	**719**	**715**	**722**	**767**
医院	30	33	34	35	36	35	37
综合医院	10	12	14	15	15	15	15
中医医院	10	11	11	11	11	7	7
中西医结合医院							
民族医院							
专科医院	10	10	9	9	10	12	13
护理院						1	2
基层医疗卫生机构	645	656	660	659	652	660	703
社区卫生服务中心	12	15	12	12	12	13	13
卫生院	27	21	24	24	24	24	24
门诊部	27	28	33	34	40	46	46
专业公共卫生机构	21	20	20	20	21	21	21
专科疾病防治院(所、站)							
妇幼保健院(所、站)	5	5	5	5	5	5	5
急救中心(站)	4	4	4	4	4	4	4
实际开放床位数合计(张)	**5723**	**6407**	**6281**	**6157**	**6329**	**6464**	**6686**
医院	5056	5698	5632	5508	5732	5899	6141
综合医院	3007	3378	3298	3219	3296	3353	3438
中医医院	1600	1874	1873	1798	1840	1056	1047
中西医结合医院							
民族医院							
专科医院	449	446	461	491	596	1440	1458
护理院						50	198
基层医疗卫生机构	105	147	132	122	75	73	120
社区卫生服务中心	33	70	55	60	25	25	45
卫生院	72	72	77	62	38	48	75
门诊部	27	5					
专业公共卫生机构	562	562	517	527	522	492	425
专科疾病防治院(所、站)							
妇幼保健院(所、站)	560	560	515	525	520	490	425
急救中心(站)	2	2	2	2	2	2	

12-15 医院诊疗次数和入院人数

（2023年）

类 别	机构数（个）	诊疗人次数（人次）	#门、急诊	入院人数（人）	每百门诊入院人数（人）
综合医院	15	4048726	4033847	131976	3.27
中医医院	7	1162798	1157406	25149	2.17
精神医院	2	92704	92704	4933	5.32
口腔医院	5	177584	177584		
妇幼保健院	1	909122	901874	19842	2.3
社区与卫生院	37	4920883	4857912	128	

注:医院包括公立及其他部门医院数。

12-16 医院病床使用情况

类 别	病床周转次数(次)				病床工作日(日)				病床使用率(%)				出院者平均住院日(日)			
	2020年	2021年	2022年	2023年	2020年	2021年	2022年	2023年	2020年	2021年	2022年	2023年	2020年	2021年	2022年	2023年
综合医院	29.0	29.7	32.3	39.4	246.3	242.5	241.6	287.4	67.3	66.4	66.2	78.7	8.4	8.1	7.4	7.2
中医医院	18.6	18.7	20.4	24.4	278.3	282.4	265.4	304.3	76.1	77.4	72.7	83.4	14.6	15.0	12.6	12.2
精神医院	8.8	10.4	11.1	12.1	357.9	389.5	394.5	427.5	97.8	106.7	108.1	117.1	40.3	37.8	35.0	34.9
妇幼保健院	32.5	32.9	35.2	45.3	239.8	240.0	243.9	303.8	65.5	65.7	66.8	83.2	7.4	7.3	6.9	6.7
社区与卫生院	0.7	0.1		8.5	8.4	0.2		79.1	2.3	0.1		21.7	12.5	4.0		8.8

主要统计指标解释

文化事业机构　指从事专业文化工作和为专业文化服务的独立核算、独立建制的单位。不包括文化主管部门直属单位举办的其他行业和各部门的业余文化组织。

群众文化事业机构　指为开展群众文化工作而设立的文娱活动和读书活动场所，包括文化部门举办的群众艺术馆、文化馆，工会系统举办的工人文化宫、俱乐部，共青团系统举办的青少年宫、少年之家，厂矿、企业举办的文化宫、俱乐部，街道、乡镇兴办的文化站、文化室(俱乐部)，群众自办的图书室、文化室等。

电影放映单位　指拥有放映机器设备，有固定或不固定的放映场所，有专职或兼职的放映技术人员，经文化行政部门登记批准，经常为一定的观众对象放映电影的机构。包括电影院、影剧院、开放礼堂、俱乐部、放映队、对内礼堂俱乐部。不包括未经登记批准或已取消登记的。

艺术表演团体　指从事戏曲、音乐、舞蹈、杂技等专业艺术表演，有独立账户，实行单独核算团体。不包括半工半艺、半农半艺的业余剧团。

公共图书馆　指文化系统所属的独立举办的对社会开放的图书馆。不包括文化馆的图书室，也不包括文化系统以外的图书馆。

电影发行收入　指电影发行机构与电影放映单位之间分账后的片款及按场租向放映单位所收的片租金额。

电影观众人数　指各类型放映单位有军委系统租片单位实际放映场次的观众人数，一个观众连续看了一部长片和符合短片专场规定的短片，计为二人次。

艺术表演场所　指具有观众厅、舞台、灯光设备，经常供专业艺术表演团演出，公开售票营业的场所，但不包括茶馆、茶社等兼营艺术表演的场所。

艺术表演观众人数　售票包场演出或民族地区免费演出的艺术表演观众人数。不包括彩排审查和内部观摩演出的观众人次数。

广播电台　指经有关上级批准，以自办节目为主，播送声音节目的无线电台。

广播(电视)人口覆盖率　指广播(电视)覆盖人口与总人口的比率。广播(电视)覆盖，目前是按某套节目来计算的。广播覆盖人口是指能够用普通收音机在中午收听中波广播节目，并且收听效果能达到听清完整的节目内容的地区的人口数。包括只能收听外省的中波广播的人口数在内。电视覆盖人口是指能够用普通电视接收机，室外天线在离地面四米高处，在晚上收看电视，并且收看效果能达到图像基本稳定、清晰，能够看清人物形象、动作的地区内的人口数。

指标计算公式：

$$广播(电视)人口覆盖率 = \frac{年末广播(电视)人口覆盖数}{年末总人口数} \times 100\%$$

医院　指名称为医院、设有固定床位能收容病人住院并能为病人提供医疗和护理服务的医疗机构。包括县及县以上医院、农村乡卫生院、其他医院三部分。

卫生技术人员　指卫生事业机构中现任职务为卫生技术工作的人员。包括中医师、西医师、中西医结合高级医师、护师、中药师、西药师、检验师、其他技师、中医士、西医士、护士、助产士、中药剂士、西药剂士、检验士、其他技士、其他中医、护理员、中药剂员、西药剂员、检验员、其他初级卫生技术人员。

诊疗人次数　指一定时期(通常为一年)内所有诊疗工作的总人次数，包括病人来院就诊的门诊、急诊人次数和出诊、下地段、赴家庭病床、到工厂、农村、工地、会议、集体活动等外出诊疗的人次数以及外出进行的单项健康检查人次数。

病床周转次数　指年内出院人数与当年平均开放病床数的比。表示该年内平均每一张病床收治了多少病人，以反映病床的利用情况。

病床使用率　指年内实际占用总床日数与当年实际开放总床日数的比率。表示该年平均每百张开放病床中被实际利用的有多少张。

病床工作日　指年内实际占用总床日数与当年平均开放病床数的比值。表示年内平均每张病床工作了多少天。

出院者平均住院日　指年内出院者占用总床日数与当年出院总人数的比值。表示该年内平均每一住院者的住院时间。

十三、自然资源、城建、环保、民政、司法等情况

13-1 土地、森林与水资源

指　标	单　位	2013年	2014年	2015年	2016年	2017年	2018年	2019年	2020年	2021年	2022年	2023年
土地利用												
供应土地	万亩	1.03	1.37	0.63	0.94	1.46	1.43	1.35	1.59	0.88	1.49	1.55
工矿仓储用地	万亩	0.50	0.28	0.30	0.25	0.68	0.58	0.18	0.88	0.29	0.77	0.89
商服及房地产用地	万亩	0.11	0.08	0.04	0.07	0.17	0.12	0.25	0.10	0.12	0.08	0.08
基础设施用地	万亩	0.42	1.00	0.29	0.62	0.61	0.74	0.92	0.61	0.47	0.64	0.58
存量土地供应	万亩	0.52	0.94	0.22	0.42	0.73	0.46	0.74	1.11	0.44	0.93	0.99
森林												
森林面积	万亩					101.31	100.85	100.74	100.77	101.07	97.69	89.88
森林覆盖率	%					50.93	50.70	50.65	50.66	50.81	42.94	39.43
林木蓄积量	万立方米					170.72	180.86	190.97	201.46	212.82	238.47	255.60
水资源												
水资源总量	亿立方米	5.64	7.94	11.78	11.58	9.90	6.93	15.04	9.73	18.05	8.73	4.65
其中:地下水	亿立方米	1.37	1.66	1.97	1.97	1.95	1.83	2.52	1.95	2.72	1.85	1.32
总供水量	万立方米	14870	14505	14901	15545	15954	16209	16205	21478	26113	29425	31957
总用水量	万立方米	14870	14505	14901	15545	15954	16209	16205	21478	26113	29425	31957
农田灌溉	万立方米	1755	1743	1929	2344	2347	1780	1718	1846	1707	1901	2093
林牧渔畜	万立方米	534	526	552	568	631	658	633	586	500	496	347
工业	万立方米	5734	5629	5617	5618	5622	5704	5770	10948	14815	18198	20111
居民生活	万立方米	4260	4385	4595	4687	4784	5149	5160	5142	5207	5394	5461
城镇公共用水	万立方米	1937	2196	2144	2254	2479	2788	2793	2693	3046	2660	3158
生态环境用水	万立方米	650	26	64	74	91	130	130	263	838	776	787
万元GDP用水量(可比价)	立方米			15.81	14.99	14.14	13.63	12.44	11.30	10.40	9.81	9.31

13-2 城市市政、公用事业

项　目	单位	1990年	1995年	2000年	2005年	2010年	2015年	2016年	2017年	2018年	2019年	2020年	2021年	2022年	2023年
一、市政建设															
道路长度	公里	129	286	345	487	394	696	731	840	857	876	892	958	988	1002
道路面积	万平方米	123	218	272	499	666	1381	1393	1500	1537	1587	1630	1717	1782	1809
排水管道长度	公里	91	170	214	382	834	1131	1154	1191	1222	1251	1296	1332	1426	1500
建成区面积	平方公里	19	33	50	60	62	73	74	75	76	78	79	81	82	83
绿化覆盖面积	公顷	184	2239	2412	2919	2519	16026	16191	16405	16642	16727	16971	17100	17215	17253
#建成区	公顷	179	1443	1571	1907	2485	2817	2987	3082	3141	3239	3466	3557	3623	3725
园林绿地面积	公顷	179	1080	2281	2959	2233	14043	14215	14388	14490	14597	14816	14905	14989	15067
公园绿地面积	公顷	30	340	152	323	874	974	1018	1195	1224	1238	1255	1267	1277	1310
建成区绿化覆盖率	%	9.9	43.8	31.2	31.7	40.2	38.8	40.6	41.2	41.6	41.8	43.8	44.2	44.0	45.0
二、公用事业															
自来水综合生产能力	万吨/日	10.5	17.1	25.5	32.0	35.3	38.3	39.2	37.6	37.8	38.6	38.6	38.6	39.3	39.2
供水总量	万吨	2011	3950	3610	4655	5284	5510	5967	6097	6309	6514	6442	6765	6763	7156
#生产用水量	万吨	1118	2280	1009	1528	1529	1671	1505	1335	1333	1264	1282	1333	1293	1454
生活用水量	万吨	695	1560	1468	1654	1916	2306	2445	2439	2692	3117	3069	3175	3257	3349
用水人口	万人	14.30	37.90	39.70	37.30	56.30	69.17	75.16	72.09	72.49	74.15	76.30	78.63	78.40	78.42
人均日生活用水量	升	133.2	112.8	101.3	172.1	121.5	115.8	121.3	129.7	135.6	146.6	141.2	142.4	145.9	150.5
用水普及率	%	77.3	100.0	100.0	98.5	99.5	100.0	100.0	100.0	100.0	100.0	100.0	100.0	100.0	100.0
供气总量(人工煤气、天然气)	万立方米		658	408	781	1676	3012	3223	4804	5887	8233	8863	10399	9374	9901
#家庭用量	万立方米		222	328	458	909	1574	1696	1840	2115	2289	2523	2610	2890	3119
液化石油气供气总量	吨	400	12000	14695	30048	34636	31658	32689	31997	32732	33063	31885	31882	30568	21100
#家庭用量	吨	400	4564	14480	18582	34036	31128	31939	31280	31886	31968	30708	30767	29602	13818
用气人口(人工煤气、天然气)	万人		7.90	10.20	15.20	36.49	51.52	53.86	52.76	53.75	55.43	58.21	60.41	62.15	54.65
液化石油气用气人口	万人	1.00	8.90	8.90	13.30	19.35	17.54	20.08	18.80	18.70	18.72	18.09	18.22	16.25	23.77
公共汽车运营车辆	辆		383	362	426	797	782	836	876	892	881	956	879	875	864
公共汽车客运总量	万人次		350	1340	3268	5044	7483	7831	8401	8053	10833	6571	6232	5698	5698

注:1.因统计制度变化,部分指标统计口径从2006年起有调整。
2.2006年起,“公共绿地面积”改为“公园绿地面积”。
3.2010年起,我市的管道煤气改用天然气。
4.2013年起,公共汽车运营车辆不包括农村客运班车,公共汽车客运总量不包括农村客运汽车客运总量。

13-3 主要空气指标

项　目	单　位	2017 年	2018 年	2019 年	2020 年	2021 年	2022 年	2023 年
二氧化硫年平均浓度	微克 / 立方米	8	6	5	6	5	4	6
二氧化氮年平均浓度	微克 / 立方米	14	16	15	17	19	17	17
可吸入颗粒物(PM_{10})年平均浓度	微克 / 立方米	42	37	36	31	32	27	32
一氧化碳日均值第 95 百分位浓度	毫克 / 立方米	1.2	1.0	0.8	0.9	8.0	0.6	0.7
臭氧(O_3)最大 8 小时第 90 百分位浓度	微克 / 立方米	138	132	130	136	130	131	130
细颗粒物($PM_{2.5}$)年平均浓度	微克 / 立方米	24	21	21	17	15	14	17
空气质量达到和好于二级的天数比例	%	95.9	95.6	96.7	97.8	98.1	97.8	96.7

注:空气质量好于二级天数比例,具体为舟山市市区优良天数比例数据。

13-4 各县(区)环境保护情况

(2023 年)

项　　目	单　位	定　海	普　陀	岱　山	嵊　泗
一、工业废气排放量	**万标立方米**	**5898332.14**	**4437146.99**	**21988730.64**	**572.93**
废气中:二氧化硫	吨	221.93	928.75	503.12	0.08
氮氧化物	吨	1097.34	1588.31	5367.12	0.42
烟(粉)尘	吨	620.80	160.04	898.67	0.10
二、一般工业固体废物产生量	**万吨**	**70.39**	**97.61**	**182.55**	**0.33**
一般工业固体废物处置量	万吨	0.20	0.12		
一般工业固体废物综合利用量	万吨	70.19	97.59	182.70	0.33
其中:综合利用往年贮存量	万吨		0.05	0.17	
三、工业废水排放量	**万吨**	**489.47**	**436.26**	**2127.98**	**0.82**
废水中:化学需氧量	吨	148.34	125.02	620.16	0.28
氨氮	吨	2.12	3.19	3.37	0.004

注:2023 年数据因国家未下发最终稿,暂为初步数据,下同。

13-5 废气排放和处理情况

项　目	单位	2010年	2015年	2016年	2017年	2018年	2019年	2020年	2021年	2022年	2023年
工业废气排放量	万标立方米	1754734	5391523	5525505	5852365	5953232	7335412	34849507	20121581	33781266	32324783
废气中:二氧化硫	吨	22634	12380	1925	1144	912	1016	1733	1408	1556	1654
氮氧化物	吨	12896	11554	2758	3015	2591	2417	2818	5201	7273	8053
烟(粉)尘	吨	18090	3050	2066	9777	5859	4890	1526	1601	1661	1680
工业烟(粉)尘产生量	吨		569783	799164	363760	744091	790865	1138341	1400835	1478220	1564352

13-6 废水排放和处理情况

项　目	单位	2010年	2015年	2016年	2017年	2018年	2019年	2020年	2021年	2022年	2023年
废水排放总量	万吨	3896	7391	5439	6633	6398	7094	6407	7433	7652	7310
#工业废水排放量	万吨	1493	2202	1439	1250	1252	1473	1812	1565	2390	3055
工业废水中:化学需氧量	吨	4011	6466	1252	511	449	486	627	474	720	894
氨氮	吨	211	238	130	35	23	25	19	14	17	9

13-7 工业固体废物排放和处理情况

项　　目	单位	1990 年	1995 年	2000 年	2005 年	2010 年	2015 年	2016 年	2017 年	2018 年	2019 年	2020 年	2021 年	2022 年	2023 年
一般工业固体废物产生量	万吨	13.23	13.82	17.65	44.33	77.85	133.14	150.00	150.10	166.30	195.30	201.10	275.68	272.39	350.88
一般工业固体废物处置量	万吨	0.43	0.11	0.15	0.42	0.35	0.51	8.90	3.10	20.70	1.80	21.20	0.22	0.23	0.33
一般工业固体废物利用量	万吨	10.71	12.29	16.93	42.24	77.66	132.63	140.50	144.80	145.30	193.20	180.30	302.94	272.21	350.81

13-8 企事业污染治理情况

项　　目	单位	1990 年	1995 年	2000 年	2005 年	2010 年	2015 年	2016 年	2017 年	2018 年	2019 年	2020 年	2021 年	2022 年	2023 年
企事业单位污染治理资金	万元	27	102	457	1041	6675	4443	2246	3764	2805	3117	507	191	926	636
治理废水	万元	26	80	400	1016	2518	1921	1451	883		450	161			450
治理废气	万元		22	20		3366	2031	228	2790	2665	2667	346	180	858	160
治理工业固废	万元					792	150						11	48	20
治理噪声	万元	1		10			50								
其他	万元			27	25		291	568	43	140				20	6
当年安排治理项目	个	16	25	47	8	7	28	23	17	5	6	15	3	5	5
当年竣工项目	个	16	31	47	8	5	22	15	118	123	156	180	134	135	165

注:2017 年起,“当年竣工项目”指标统计口径由原来的市本级调整为全市。

13-9　舟山近岸海域海洋生态环境

海　区	年　份	测站数	频率	水质状况				
				一类海水比例%	二类海水比例%	三类海水比例%	四类海水比例%	劣四类海水比例%
定海海区	2015	4	2					100.0
	2016	4	3					100.0
	2017	4	3					100.0
	2018	4	3					100.0
	2019	4	3					100.0
	2020	4	3			33.3		66.7
	2021	5	3				1.0	99.0
	2022	5	3			0.1	6.0	93.9
	2023	5	3			1.2	9.3	89.5
普陀海区	2015	8	2	36.4	12.7	12.7	12.7	25.5
	2016	8	3	23.7	50.9			25.4
	2017	8	3	36.4	25.4	12.7		25.4
	2018	8	3	49.1		25.4		25.4
	2019	8	3	36.4	25.4	12.8		25.4
	2020	8	3	23.7	50.9	6.3	19.1	
	2021	24	3	29.1	26.1	15.2	16.2	13.4
	2022	24	3	35.4	33.7	9.4	17.6	3.9
	2023	24	3	47.9	22.7	13.6	9.6	6.2
岱山海区	2000	5	2		40.0			60.0
	2005	8	3		12.5	12.5	12.5	62.5
	2010	5	3				20.0	80.0
	2015	5	2			20.0	20.0	80.0
	2016	5	3		20.0			80.0
	2017	5	3			20.0	20.0	60.0
	2018	5	3				20.0	80.0
	2019	5	3		20.0			80.0
	2020	5	3		20.0		40.0	40.0
	2021	22	3	8.6	9.1	9.5	11.8	61.0
	2022	22	3	9.2	14.7	10.2	17.7	48.3
	2023	22	3	14.4	7.6	9.7	10.9	57.4
嵊泗海区	2000	5	2		20.0	20.0		60.0
	2005	4	3		25.0	25.0		50.0
	2010	5	3			20.0	20.0	60.0
	2015	6	2	27.1	14.6			58.3
	2016	6	3		27.1	14.6		58.3
	2017	6	3	27.1	14.6		14.6	43.7
	2018	6	3	27.1		14.6		58.3
	2019	6	3	27.1	14.6		14.6	43.7
	2020	6	3	27.1	14.6	14.5	14.6	29.2
	2021	28	3	30.9	22.6	9.7	7.7	29.2
	2022	28	3	34.0	29.3	6.8	5.3	24.6
	2023	28	3	38.8	17.4	4.6	6.3	32.9
舟山近岸海域合计	2000	18	2		16.7	5.6		66.7
	2005	20	3	5.0	15.0	5.0	20.0	55.0
	2010	21	3		10.5	10.5	15.8	63.2
	2015	23	2	20.8	8.8	8.8	4.4	57.2
	2016	23	3	8.2	30.2	4.8		57.2
	2017	23	3	20.8	12.2	8.8	8.8	48.4
	2018	23	3	25.2		13.2	4.4	57.2
	2019	23	3	20.8	17.6	4.4	4.4	52.8
	2020	23	3	16.4	26.4	11.0	19.8	26.4
	2021	79	3	22.5	20.0	10.0	10.6	36.9
	2022	79	3	25.0	26.7	7.9	13.0	27.4
	2023	79	3	32.6	16.3	8.8	8.0	34.3

注:1.舟山近岸海域水质类别比例 2005 年以前年份按测点统计,2006 年以后年份按面积统计。

2.2021 年起,按调整后的评价方法和区域统计,与往年不可比。

13-10 技术监督和质量监督基本情况

项　　目	单位	2019年	2020年	2021年	2022年	2023年
质量技术监督行政部门	个	11	11	11	11	11
计量技术机构市级机构	个	1	1	1	1	1
计量技术机构县(区)所	个	3	3	2	2	2
产品质量监督检验机构数	个	3	3	3	3	3
市级质检机构	个	2	2	1	1	1
县(区)级质监所	个	1	1	2	2	2
年末职工总数	人	972	979	975	954	943
专业技术人员	人	97	105	112	111	110
#大中专人员	人	97	105	112	111	110
业务管理人员	人	92	101	119	113	111
#大中专人员	人	92	101	119	113	111
行政人员	人	783	773	744	730	722
行政管理人员	人	759	766	733	722	716
后勤服务人员	人	24	7	11	8	6
已建立市级社会公用计量标准	类	10	15	15	15	15
	项	71	74	77	79	83
已开展强制检定工作计量器具	项	24	14	14	14	14
	种	54	30	30	32	32
计量仪器检定	台件	86330	71851	95171	101250	101803
产品质量监督检验受检企业数	个	181	113	105	129	99
受检产品总数	种	40	31	28	26	29
检验批次	批次	182	121	111	134	125
合格批次	批次	165	109	105	123	121
平均合格率	%	90.7	90.1	94.6	91.8	96.8
标准馆藏总量	件	1013093	992731	987964	1022238	1094997
国内标准	件	174544	202037	205102	223612	237280
国外标准	件	838549	790694	782862	798626	857717
企业产品标准自我声明公开年末累计数	个	689	903	988	1135	1376
政府计量部门社会公用计量标准	项数	71	71	71	79	83
授权建立社会公用计量标准	项数				2	4
技术监督行政执法受理案件数	件	94	165	128	150	246
技术监督行政执法结案案件数	件	94	165	128	150	246

注:2017年起,"企业产品标准备案年末累计数"变更为"企业产品标准自我声明公开年末累计数"。

13-11 档案事业机构和人员数

（2023 年）

类　别	机构数（个）	专职人员数（人）		
			# 女性	# 大专以上文化程度
总　计	**11**	**87**	**39**	**87**
档案行政管理机构	5	2	2	2
档案馆	6	85	37	85

13-12 档案馆档案资料馆藏和利用情况

项　目	单位	1985 年	1990 年	1995 年	2000 年	2005 年	2010 年	2015 年	2016 年	2017 年	2018 年	2019 年	2020 年	2021 年	2022 年	2023 年
馆藏档案																
全　宗	个	387	612	770	840	897	965	1026	1047	1061	1088	1148	1158	1171	1177	1179
案　卷	卷	41447	79672	119652	181081	276518	358109	397670	400120	413529	419097	432095	444956	454546	513863	573333
案　卷	件						28386	362355	485554	624466	739685	1138065	1353904	1433375	1612230	1811024
录音、录像影片	盒	14	27	155	230	263	272	1202	1207	1225	562	681	687	734	966	1287
照　片	张		7365	4939	12782	30353	60735	87771	52741	106186	109343	136533	140203	143829	168862	182955
馆藏资料册数	**册**	**15474**	**24684**	**29366**	**37309**	**47189**	**51143**	**57948**	**53704**	**53615**	**64947**	**59156**	**59693**	**65477**	**74544**	**75112**
档案馆面积	**平方米**	**3090**	**3090**	**4432**	**4432**	**4558**	**10786**	**19583**	**17389**	**18177**	**14177**	**19591**	**19591**	**19591**	**28317**	**27949**
# 库房面积	平方米	1938	1938	2317	2317	20707	4056	4492	4387	4850	4850	5145	5505	5505	12642	12627
档案资料利用																
利用人次	人次	1271	4670	1638	1876	3027	3086	6763	5629	5443	5576	7153	6644	7353	9646	9090
利用档案	卷、件次	18243	15368	4723	3764	8758	11537	17577	18933	18517	19888	18727	18125	16289	22223	31181
利用资料	册、分次	1440	1190	390	567	760	533	1375	1996	813	430	691	1431	138	112	874
开放档案																
全　宗	个		169	273	604	499	497	565	653	657	750	708	734			
案　卷	卷		8814	14324	22006	28928	31639	35538	36813	38420	32778	20088	23841			
案　卷	件						638	638	638	638	638	309398	1075794	611800	702448	811200

注：从 2021 年起，因向数字化扫描发展，开放档案中不再单独统计全宗数和案卷数，以卷归档的档案今后将以件统计。

13-13 律师、公证及调解工作基本情况

项　　目	单位	1985年	1990年	1995年	2000年	2005年	2010年	2015年	2016年	2017年	2018年	2019年	2020年	2021年	2022年	2023年
律师工作																
律师事务所	个	5	5	12	13	12	17	24	27	30	32	33	35	36	36	36
律师工作人员	人	21	45	89	84	80	105	181	189	199	209	223	336	369	479	572
聘请担任常年法律顾问单位	处	53	201	315	294	424	635	813	836	923	1120	1158	1280	1265	1273	1369
民事诉讼代理	件	132	362	1101	2275	1498	2663	4111	4579	5194	4705	4415	4767	6299	6293	6581
刑事辩护	件	142	414	313	453	356	843	555	642	702	839	1192	887	1030	523	692
非诉讼法律事务	件	26	30	55	188	224	116	154	182	323	309	346	526	564	578	551
公证工作																
公证处	个	4	5	5	5	5	5	5	5	5	5	5	3	3	3	3
公证人员	人	13	26	26	27	27	42	49	47	47	43	46	43	41	41	42
#公证员	人	6	12	26	21	11	14	14	15	15	15	14	14	13	12	11
办理国内公证文书	件	1251	99004	17552	5623	7779	9957	13598	12791	10449	12220	10113	6966	6462	5959	6069
#经济合同公证	件	1032	538	3417	946	2057	3876	4473	2057	3078	1689	1303	1895	1407	883	462
办理涉外及涉港澳台公证	件	389	1190	3046	4104	5968	6964	5108	4770	4047	3883	4840	2661	2678	2489	3817
人民调解工作																
专职司法助理员	人	79	90	81	89	110	192	165	129	151	87	149	92	103	83	80
人民调解委员会	个	1278	1289	1285	1181	861	841	651	648	561	547	553	539	554	558	556
调解人员	人	3545	3853	4217	4358	3802	4064	3555	3564	3150	3089	3092	3321	3338	3446	3451
调解民事纠纷	件	9932	12863	4768	3074	3156	11915	19818	18841	17869	17795	15590	14481	15345	17485	27450

13-14 涉 外 公 证 文 书 分 类

单位:件

分　　类	1990年	1995年	2000年	2005年	2009年	2010年	2015年	2016年	2017年	2018年	2019年	2020年	2021年	2022年	2023年
合　计	**1190**	**3046**	**2277**	**3011**	**3750**	**3991**	**3827**	**3670**	**3287**	**3883**	**4166**	**2661**	**2678**	**2166**	**2996**
出　生	310	468	311	422	479	450	607	451	409	415	406	191	182	108	301
死　亡	8	149	5	5	6	17	11	12	16	149	9	71	10	6	8
收　养	6	4		5		1	1					1			
遗　嘱		7			7	2		4	2	6	4				1
生存居住	2	128		11	13	17	8	11	5	6	10	9	13	17	19
学　历	86	235	219	77	10	32	65	40	2	38	59	28	5	7	1
经　历	44	53	103	16	10	4	7	1		2				1	2
婚姻状况	154	307	260	169	177	216	148	99	122	80	130	25	13	10	17
亲属关系	176	564	211	266	256	277	404	312	361	546	368	174	92	105	237
继 承 权		5		3	7	6	5	8	13	17	5	3		12	2
受、未受刑事处分	139	181	255	288	370	392	368	335	320	326	283	191	208	232	234
声 明 书	22	55	34	101	78	104	116	64	67	96	81	28	17	22	40
委 托 书	12	131	2	53	63	63	53	78	67	141	71	29	17	26	10
职　称	14	46	58	5				1			3				
副本等与原件相符	2	398	548	1205	607	754	494	672	593	1103	536	860	903	545	646
其　他	215	315	271	385	1667	1656	1582	1582	1310	958	2201	1051	1218	1075	1478

注:1999年起,涉及港澳台的公证文书不再列入涉外公证文书。

13-15 调解民间纠纷分类

单位:件

分类	1995年	2000年	2005年	2010年	2013年	2014年	2015年	2016年	2017年	2018年	2019年	2020年	2021年	2022年	2023年
合计	**4768**	**3074**	**3156**	**11664**	**12853**	**13211**	**13264**	**11739**	**10656**	**17795**	**15590**	**14481**	**15345**	**17485**	**27450**
婚姻	812	690	445	1444	1143	1678	2287	1723	1272	1244	1046	553	767	600	1084
继承	70	37	16												
赡、抚、扶养	489	150	14												
房屋、宅基地	526	162	131	75	281	230	154	187	155	237	188	82	91	67	68
邻里	844	585	910	3684	3130	3125	3501	3310	2668	2817	2225	1967	1751	2276	3660
债务(合同)	284	196	141	299	337	587	882	629	594	920	563	568	1546	1187	1592
生产经营(劳动)	351	246	273	1044	392	221	159	166	70	52	36	19	275	1433	1001
损害赔偿	744	462	589	3404	1420	1389	1685	2162	1666	1782	869	687	889	83	1348
其他	648	546	637	1714	6150	5981	4596	3560	4231	10743	10663	10605	10026	11839	18697

13-16 国内公证文书分类

单位:件

分类	2015年	2019年	2020年	2021年	2022年	2023年	分类	2015年	2019年	2020年	2021年	2022年	2023年
总计	**11569**	**10113**	**6966**	**6462**	**5959**	**5816**							
经济公证合计	**2225**	**1303**	**1895**	**1407**	**883**	**463**	**民事公证合计**	**9344**	**8810**	**5071**	**5055**	**5076**	**5353**
购销							收养						
联营							解除收养						
拍卖							继承权	1125	910	892	865	943	1160
贷款	1266						遗嘱	174	216	161	168	116	174
担保	172	7					产权						
招、投标			777	827	390	142	亲属关系	29	14	13	5	11	18
科技协作							死亡	3		1			1
供用电							房屋买卖						
劳务合同							房屋租赁						
建筑业务承包							留学协议	12	11				
工商服务业承包							遗赠抚养协议						
农业承包(林、牧、渔)							其他民事协议		109	149	162	95	182
财产租赁		186	169		2		委托书	1819	3245	2533	2959	2743	2019
企业租赁							赠与书	29				1	1
资产经营责任制							声明书	992	523	445	503	818	1355
其他经济合同	168	1	80	100	5	2	现场监督	2648	3254	90	35	2	46
法人资格							执行许可证明						
法人委托书		221	135	46	50	39	副本与原本相符	71	37	163	26	23	45
公司章程							宅基地土地使用权						
执行许可证明		26	11	13	12	12	证据保全	182	238	62	93	50	79
驾驶员培训合同							计划生育协议						
股权认购书							房改协议						
借款协议		712	501	65	60	31	义务教育						
其他	619	150	222	356	364	237	聘用合同						
							拆迁						
							其他	2260	253	562	239	274	273

13-17 社会福利事业单位基本情况

项　目	单位	1990年	1995年	2000年	2005年	2010年	2015年	2016年	2017年	2018年	2019年	2020年	2021年	2022年	2023年
机构数															
国家办社会福利事业单位	个	2	4	4	6	8	11	12	10	10	9	6	4	4	4
#社会福利院	个	2	4	4	6	8	11	12	10	10	9	6	4	4	4
社会办敬老院数	个	23	33	60	36	33	44	48	43	53	52	53	58	64	68
#殡葬事业	个	2	3	4	6	7	9	9	9	9	9	12	14	13	14
收养人数															
国家办社会福利事业单位	人	31	100	145	256	628	839	894	1209	1324	1430	1558	595	430	381
#社会福利院	人	31	100	145	256	628	839	894	1209	1324	1430	1558	595	430	381
社会办敬老院	人	159	208	346	1215	1056	2061	2165	2803	2794	2430	3613	2941	2752	2958

注:“社会办敬老院数”包括民办收养性福利事业单位。

13-18 自然灾害救济情况

项　目	单位	1985年	1990年	1995年	2000年	2005年	2010年	2015年	2016年	2017年	2018年	2019年	2021年	2022年	2023年
自然灾害受灾人口	人次	4000	73057	45375	329000	165504	270000	506998	35825	228870	34842	1044681	591506	197643	9523
得到国家救济成灾人数	人次	2804	9947	11446	25930	40750	10135	30190	12439	5137	19571	81140	81519	51551	9500
自然灾害救济费	万元	12	54	214	657	1428	385	1529	885	982	16	1569	2814	750	

13-19 享受国家抚恤、补助及救济情况

项　目	单位	1990 年	1995年	2000年	2005年	2010年	2013年	2014年	2015年	2016年	2017年	2018年	2019 年	2020 年	2021 年	2022 年	2023 年
享受定期抚恤人数	人	102	92	88	73	69	63	66	64	59	54	49	49	52	52	50	48
革命伤残人员抚恤人数	人	300	310	307	306	322	321	316	306	311	307	314	321	333	356	355	347
享受定期补助优抚对象数	人	461	520	476	373	426	2447	2689	3013	3174	3479	3265	3763	4088	4394	4596	4782
#在乡复员军人	人	353	347	327	225	172	109	94	91	78	63	57	43	36	26	21	15
带病回乡退伍军人	人	107	171	149	148	111	104	90	90	89	88	84	78	78	73	73	62
社会困难户得到国家																	
临时救济人次数	人次	21163	10965	5891	16187	8147	36681	22009	21383	24356	18997	8925	2011	1163	668	377	365
享受原工资 40%救济人数	人	21	15	8	6	6	4	4	3	3	3	3	2	2	1	1	1
享受定期定量救济人数	人	131	120	108	109	74	129	121	135	136	125	117	77	70	62	57	52
城乡最低生活保障人数	人			4078	12939	13379	11737	11183	11197	12234	12449	10096	9163	8858	8682	8651	8930
农村五保户集体供养人数	人			365	1050	859	763	753	731	725	695	647	620	651	628	655	659

注:1999 年起,民政部门报表中原“定拨”“扶置”等指标改设为“低保人数”和“农村五保户集体供养人数”。

13-20 婚 姻 登 记 情 况

项　目	单位	1985 年	1990 年	1995 年	2000 年	2005 年	2010年	2014年	2015年	2016年	2017年	2018年	2019 年	2020 年	2021 年	2022 年	2023 年
国内婚姻																	
准予登记结婚数	对	7715	8720	8028	7039	7783	7746	8588	7872	6663	6368	5943	5249	4533	5009	4307	4433
初婚数	人	15073	16474	14823	12697	12177	15492	12333	11636	9975	10079	9221	7059	6051	7014	6063	6355
恢复结婚对数	对	28	25	23	41	144	266	358	258	321	587	518	502	424	460	314	342
再婚数	人	357	966	1233	1381	2589	2861	5013	4266	3517	2799	2767	3519	3045	3032	2567	2567
男	人	162	446	566	590	1208	1275	2341	1984	1601	1244	1238	1594	1395	1389	1161	1175
女	人	195	520	667	791	1381	1586	2672	2282	1916	1555	1529	1925	1650	1643	1406	1392
准予登记离婚数	对	99	555	741	1990	1916	2337	2739	2758	2956	3101	2756	2637	2443	1425	1623	1773
涉外婚姻																	
准予登记结婚数	对	16	72	153	518	632	223	85	79	83	71	51	40	15	14	8	28
申请离婚数	对		1	1	28	45	24	18	21	19	14	17	17	4	3	3	11
#准予登记离婚数	对		1	1	28	45	24	18	21	19	14	17	17	4	3	3	11

13-21　工会、妇联情况

项　目	单位	1990年	1995年	2000年	2005年	2010年	2015年	2016年	2017年	2018年	2019年	2020年	2021年	2022年	2023年
工会情况															
基层工会组织数	个	1041	1046	1980	1578	2511	3906	3945	3957	3494	3413	3307	3313	3291	3326
全市已建立工会组织的单位	个								12802	11467	11325	11018	11151	11369	11570
职工人数	万人	12.24	11.72	12.65	16.17	26.40	37.30	38.60	40.01	34.81	34.24	33.85	33.95	33.56	34.47
#女职工	万人	4.62	4.83	5.11	6.80	8.48	11.80	12.21	12.87	12.03	11.83	12.05	12.07	12.04	12.26
工会会员人数	万人	11.28	10.65	10.86	14.89	24.88	36.70	37.93	39.26	34.18	33.04	32.68	32.74	32.16	32.43
#女会员	万人	4.32	4.35	4.11	6.15	8.20	11.61	12.01	12.64	11.83	11.39	11.61	11.63	11.47	11.65
办公室工会专职工作人员	人	424	165	274	149	319	733	750	796	598	597	548	549	563	582
办公室工会积极分子人数	万人	1.20	0.64	0.20	0.34	0.80	0.98	0.98	0.99	0.91	0.87	0.86	0.87	0.87	0.88
提出合理化建议	件	6536	3393	3006	3070	3811	4896	2909	2506	3271	3722	4952	4776	5224	5103
已实施建议	件	1896	1375	433	473	2357	2518	1968	1740	2627	3224	4250	4388	4812	4673
开展劳动竞赛单位	个	261	97	156	913	717	1969	2481	1384	774	753	926	773	731	789
妇联情况															
妇联干部数	人	139	118	96	83	89	75	77	88	89	81	73	70	82	72
#乡镇、街道妇联干部数	人	100	73	67	44	43	38	35	63	55	48	40	36	47	38
基层妇代会个数	个	1103	1066	1019	525	534	414	380	391	340	351	407	407	410	413
表彰三八红旗手	人				1					30		30			20
表彰三八红旗集体	个									20		30			20

主要统计指标解释

废水排放总量 包括生产废水和生活污水。生产废水指企、事业单位在生产、科研、医疗等过程中，向外环境排放的所有排放口的废水总和。生活污水指城镇居民区和企、事业单位职工集中居住区排放的污水量。

工业废水排放量 指经过企业所有排放口排到企业外的生产废水总量。包括外排的直接冷却水和矿区超标排放的有毒有害矿井地下水，但不包括外排的间接冷却水(清污不分流的应计算在内)。

工业废气排放量 指燃料燃烧和生产工艺过程中排放的各种废气总量。以标准状态下每年亿标立方米表示。

一般工业固体废物产生量 指工矿企业、事业单位在生产(试验)过程中产生的固体废弃物总量。不包括矿山开采的剥离及掘进时产生的废石。(煤矸石除外)。

一般工业固体废物处置量 指以填埋、焚烧方式处理的工业固体废弃物(包括用炉渣修路)，不包括倒入江、河中的废渣。

一般工业固体废物综合利用量 指已用作农业肥料、造田、生产建筑材料，以及其他方式综合利用的工业固体废弃物。不包括填埋量和焚烧量。

海水水质分类 按照海域的不同使用功能和保护目标，海水水质分为四类：第一类，适用于海洋渔业水域，海上自然保护区和珍稀濒危海洋生物保护区。第二类，适用于水产养殖区，海水浴场，人体直接接触海水的海上运动或娱乐区，以及与人类食用直接有关的工业用水区。第三类，适用于一般工业用水区，滨海风景旅游区。第四类，适用于海洋港口水域，海洋开发作业区。

社会公用计量标准 指经过政府计量行政部门考核、作为统一本地区量值的依据，在社会上实施计量监督具有公证作用的计量标准。项数是指县级以上政府计量行政部门建立并考核发证的项目数。

已开展强制检定工作计量器具 指县级以上政府计量行政部门根据《中华人民共和国强制检定的工作计量器具明细目录》中规定明细目录，具体开展项、种数。

产品质量监督检验受检企业数 指报告期内实际受检的企业数。

产品质量监督检验批次 在同一时期，对同一企业生产的同种规格的产品，按规定办法抽取样品，进行一次监督检验，为一个批次。

社会福利事业机构数 指集中收养社会孤老、残、幼的机构。包括民政部门管理的社会福利院、儿童福利院、精神病人福利院和社会集体办的敬老院。

公证处 指代表国家行使公证职能的机关，根据当事人(公民、法人、非法人团体)的申请，对法律行为和有法律意识的文书、事实，依法证明它的真实性与合法性的非诉讼活动，以保护公共财产，保护公民身份上、财产上的权利和合法利益。

公证人员 指在国家公证机关依法办理公证事务的司法人员。包括公证员、助理公证员和在公证处工作的其他人员。

办理公证 指公证处年内办结的公证文书件数。公证文书系按司法部规定或格式制作。包括国内公证和涉外公证两部分。其中国内公证为经济合同公证和民事法律关系公证两大类。

人民调解委员会 指担负调解民间一般民事纠纷和轻微违法行为所引起的纠纷，进行政策、法令的宣传教育的群众性调解组织。城市一般以居民委员会、厂矿企业或车间为单位，农村以村民委员会为单位。

调解人员 在人民调解委员会担负调解民间一般民事纠纷和轻微违法行为引起的纠纷的工作人员。包括调解委员会的委员和调解小组的调解员。

调解民事纠纷 指调解委员会依照法律规定，根据自愿原则，用说服教育的方法调解民间发生的有关民事权利和义务的争执、促成当事双方达成协议和谅解、解决纠纷。包括婚姻家庭纠纷，财产权益纠纷等。不包括法院受理调解的民事案件数。

十四、各县（区）、乡镇、住人岛屿基本情况

14-1　县(区)国民经济和社会发展主要指标

(2023年)

指 标 名 称	计量单位	全 市	定海区	普陀区	岱山县	嵊泗县
一、人口规模						
(一)常住人口						
年末常住人口	万人	117.30	50.85	38.61	21.34	6.50
年末常住人口城镇化率	%	73.97	77.54	71.56	71.78	67.55
(二)户籍人口						
年末户籍人口	万人	94.61	40.47	30.59	16.51	7.05
其中:城镇户籍人口	万人	57.85	28.59	16.07	9.17	4.01
年平均人口	万人	94.92	40.42	30.74	16.66	7.10
年出生人口	人	3241	1654	1044	393	150
年死亡人口	人	9472	3632	3158	1977	705
年末总户数	万户	38.03	16.45	11.17	7.46	2.95
二、资源环境						
(一)土地						
行政区域土地面积	平方公里	1520	587	478	348	107
(二)水资源						
水资源总量	亿立方米	5	2	1	1	
用水总量	亿立方米	3.20	0.75	0.62	1.77	0.05
(三)环境						
空气质量优良天数比例	%	96.70	96.40	96.00	95.90	97.20
细颗粒物($PM_{2.5}$)年平均浓度	微克/立方米	17	17	18	19	13
三、经济发展						
(一)地区生产总值						
地区生产总值(当年价格)	亿元	2100.76	698.73	456.51	804.73	142.02
其中:第一产业增加值	亿元	183.75	16.87	88.77	35.80	42.23
第二产业增加值	亿元	1004.34	227.82	93.81	649.40	33.60
第三产业增加值	亿元	912.67	454.04	273.93	119.53	66.19
人均地区生产总值	元	179322	137545	118267	378696	216821
地区生产总值增长率(可比价格)	%	8.2	5.2	6.3	12.6	6.2
(二)财政						
地方一般公共预算收入	万元	1935136	307680	325984	227124	124076
其中:税收收入	万元	1390124	239627	249200	124763	54954
地方一般公共预算支出	万元	3765089	517914	667713	567753	452568

14-1　续表 1

指　标　名　称	计量单位	全　市	定海区	普陀区	岱山县	嵊泗县
其中:一般公共服务支出	万元	625005	46233	56297	66339	44951
科学技术支出	万元	126758	17817	19450	18272	6701
教育支出	万元	429876	70896	92355	67033	33005
文化旅游体育与传媒支出	万元	77214	8985	14641	11086	13816
卫生健康支出	万元	262111	43528	53444	39295	27377
节能环保支出	万元	44682	5315	15993	6240	10090
城乡社区支出	万元	272900	26449	60772	36783	43651
交通运输支出	万元	254750	14846	15137	25278	36994
社会保障和就业支出	万元	454400	60883	75508	72277	45270
住房保障支出	万元	108689	27505	19404	10758	9990
(三)金融						
年末金融机构人民币各项存款余额	万元	35274950	21615740	8172204	3965739	1521266
其中:住户存款余额	万元	17918358	9205491	5403981	2451285	857601
年末金融机构人民币各项贷款余额	万元	42156738	28139565	8022218	4718757	1276199
(四)固定资产投资						
房地产开发投资	万元	1463805	959161	372491	127495	4658
其中:住宅	万元	1037282	751948	218750	63152	3432
(五)房地产						
商品房销售面积	万平方米	83.93	44.23	30.80	8.17	0.73
其中:住宅	万平方米	71.23	37.83	25.55	7.62	0.22
(六)对外经济贸易						
货物进口额(海关数)	万元	24295633	19829574	488042	400134	406564
货物出口额(海关数)	万元	11490063	3497975	5088875	1047465	89966
新设立外商直接投资企业数	家	60	12	10	8	4
实际使用外资额	万元	47648	18752	16720	9731	2445
(七)规模以上工业						
工业企业数	个	510	250	169	76	15
其中:内资企业	个	483	239	161	69	14
港、澳、台商投资企业	个	9	3	4	2	
外商投资企业	个	18	8	4	5	1
资产总计	万元	50938853	8938024	6460104	34231943	1308783
流动资产合计	万元	16919934	4960691	3131290	8556007	271946
营业收入	万元	39596065	7224948	3646810	28540041	184266
营业成本	万元	33945702	6364135	3094152	24371575	115840

14-1 续表2

指标名称	计量单位	全市	定海区	普陀区	岱山县	嵊泗县
利润总额	万元	681398	189950	211565	246162	33721
（八）贸易						
社会消费品零售总额	万元	6178449	2650260	2156267	975680	396242
限额以上批发零售业法人企业数	个	665	389	186	28	62
其中：零售业	个	122	80	31	6	5
限额以上批发零售业商品销售额	万元	63338798	46850022	13524097	1648989	1315690
限额以上住宿餐饮业法人企业数	个	181	41	107	16	17
限额以上住宿餐饮业营业额	万元	343134	76653	211774	36942	17765
（九）旅游						
入境游客	人次	41574	14985	24077	2489	23
入境旅游收入	万美元	1296	419	777	100	1
国内游客	万人次	1727	311	1103	111	203
国内旅游收入	万元	2366429	389316	1495825	161112	320175
四、科技创新						
（一）科创投入						
R&D 人员（规模以上企业）	人	8903	4055	1569	3178	101
R&D 人员全时当量（规模以上企业）	人年	6343	2989	1124	2158	74
R&D 经费支出（规模以上企业）	万元	377089	95774	40689	239464	1162
（二）科创成果						
专利授权数	件	2085	1378	436	224	47
其中：发明	件	634	464	133	28	9
五、人民生活						
（一）就业						
全社会从业人员数	万人	72.87	31.31	22.04	15.22	4.30
（二）收入						
全体居民人均可支配收入	元	68110	73610	66315	62397	61432
城镇居民人均可支配收入	元	76435	83359	74579	68610	68441
农村居民人均可支配收入	元	49379	49269	48833	49728	47267
（三）消费						
城镇居民人均消费支出	元	48153	49366	41944	38391	42101

14-1 续表 3

指 标 名 称	计量单位	全 市	定海区	普陀区	岱山县	嵊泗县
其中：食品烟酒	元	13783	16329	13435	12354	14917
衣着	元	4132	3142	4099	3863	3848
居住	元	10488	13797	5156	4604	5653
生活用品及服务	元	2452	2633	2178	2722	2341
交通和通信	元	5810	4834	5098	3913	3800
教育文化娱乐	元	5902	3891	4875	4669	6874
医疗保健	元	3272	2577	4388	3909	2440
其他用品及服务	元	2314	2163	2716	2357	2228
六、公共服务						
(一)教育						
普通、职业高等学校数	所	3				
中等职业教育学校数	所	4			1	
普通中学学校数	所	41	10	9	7	3
普通小学学校数	所	57	21	12	10	6
幼儿园数	所	100				
普通、职业高等学校专任教师数	人	1729				
中等职业教育专任教师数	人	501			64	33
普通中学专任教师数	人	3382	626	650	462	242
普通小学专任教师数	人	3883	1183	1123	507	252
幼儿园专任教师数	人	2121				
普通、职业本专科在校学生数	人	26567				
中等职业教育在校学生数	人	6101			783	128
普通中学在校学生数	万人	3.64	0.75	0.72	0.42	0.17
普通小学在校学生数	万人	5.35	1.64	1.59	0.61	0.19
幼儿园在园幼儿数	人	23127	7133	6588	2613	906
(二)文体						
公共图书馆数	个	5	1	1	1	1
公共图书馆图书藏量	万册	262	55	37	35	16
博物馆数	个	15	5	2	2	1
体育场地数	个	3252	1333	1111	488	320
(三)医疗						
医疗卫生机构数	个	767	323	289	117	38
其中：医院数	个	37	15	13	6	3
医疗卫生机构床位数	张	6686	3674	2005	665	342

14-1 续表 4

指标名称	计量单位	全市	定海区	普陀区	岱山县	嵊泗县
其中:医院床位数	张	6141	3182	1974	661	324
卫生技术人员数	人	11707	6208	3387	1495	617
其中:执业(助理)医师数	人	4653	2363	1419	617	254
注册护士数	人	4794	2726	1247	582	239
(四)社会保障						
职工基本医疗保险参保人数	人	525836	9376	111177	70256	36625
城乡居民基本医疗保险参保人数	人	468887	190157	155579	95930	27221
提供住宿的社会工作机构数	个	75	20	17	19	12
其中:养老机构数	个	72	20	16	18	12
提供住宿的社会工作机构床位数	张	9041	2802	2410	1791	512
其中:养老机构床位数	张	8875	2802	2314	1771	512
不提供住宿的社会工作机构和设施总数	个	1034	365	261	248	106
其中:社区服务机构和设施数	个	745	268	190	172	77
城市居民最低生活保障人数	人	1453	503	508	196	161
七、基础设施						
(一)交通运输						
境内公路总里程	公里	1976	819	559	404	195
其中:高速公路里程	公里	70	70			
民用汽车拥有量	辆	245461	120178	71182	27280	6616
其中:私人汽车拥有量	辆	219940	102471	64530	24132	5472
水运货运量	万吨	32791				
民用航空旅客吞吐量	万人次	239.92		239.92		
民用航空货邮吞吐量	吨	2300		2300		
沿海港口货物吞吐量	万吨	65132				
(二)邮电通讯						
邮政行业业务收入	万元	82809	41335	27912	9424	4140
其中:快递业务收入	万元	57861	29623	20011	6046	2181
电信业务收入	万元	201642	93187	54155	25150	11354
移动电话年末用户数	万户	196	97	53	27	10
互联网宽带接入用户数	万户	72.07	31.45	22.55	11.50	4.86
(三)能源电力						
全社会用电量	万千瓦时	1920184	308946	211075	1227258	67062
其中:工业用电	万千瓦时	1484404	182494	82972	1173410	6747
城乡居民生活用电	万千瓦时	147162	42358	48844	23057	7903
其中:城镇居民生活用电	万千瓦时	86189	22787	26823	13220	3621

14-2　50 人以上住人岛屿基本情况

（按公安户籍人口口径）

岛屿名称	总面积（平方公里）	#陆地面积（平方公里）	2022 年		2023 年	
			总户数（户）	总人数（人）	总户数（户）	总人数（人）
定海区						
舟山本岛定海区部分	401.63	384.79	134236	336375	142663	352099
金 塘 岛	82.11	77.35	15944	38451	15772	37852
大鹏山岛	6.09	3.52	708	1643	691	1609
长 白 岛	14.16	11.10	1874	4362	1848	4294
峙中山岛	0.70	0.41				
富 翅 岛	1.36	1.09	231	617	226	584
外钓山岛	1.42	0.99	20	64	20	58
中钓山岛	0.40	0.16	20	59	19	64
里钓山岛	1.87	1.65	265	672	262	660
册 子 岛	14.97	14.20	1416	3486	1411	3437
长 峙 岛	7.97	6.30	5314	13580	5920	14809
东蟹峙岛	0.63	0.47	281	738	279	736
岙 山 岛	5.96	5.15	75	172	61	158
松 山 岛	1.01	0.84				
凤 凰 岛	0.17	0.09				
大五奎山岛	0.47	0.38				
盘 峙 岛	4.11	3.80	627	1526	618	1507
小盘峙岛	0.61	0.53	90	251	88	226
刺 山 岛	0.64	0.54	41	94	42	96
东 岠 岛	3.42	3.08	122	323	119	325
西 岠 岛	0.27	0.19	52	130	53	132
摘箬山岛	2.70	2.34	84	221	86	224
西蟹峙岛	1.01	0.82	109	287	109	296
大 猫 岛	6.92	6.20	470	1256	466	1214

注：1.户数和人口空缺的岛屿主要由外来人口居住，下同。

2.外钓岛、中钓岛和里钓岛由于工程施工，人口都已搬走，但户籍没变更。

14–2 续表 1

岛屿名称	总面积（平方公里）	#陆地面积（平方公里）	2022 年		2023 年	
			总户数（户）	总人数（人）	总户数（户）	总人数（人）
普陀区						
舟山本岛普陀区部分	101.02	91.38	59960	154053	60421	153651
梁横山岛	4.22	1.74	477	1491	471	1466
小 干 岛	5.56	3.25	333	1155	11	23
鲁家峙岛	4.36	3.04	2242	5083	2279	5114
马 峙 岛	0.34	0.34	97	254	95	252
葫 芦 岛	1.28	0.93	687	1831	671	1814
普陀山岛	16.06	11.85	2095	5089	2080	5101
朱家尖岛	72.00	68.80	8688	26369	8619	26152
柴 山 岛	0.94	0.88	377	1056	362	1045
白沙山岛	1.71	1.44	492	1478	491	1458
桃 花 岛	44.43	40.37	5374	15465	5316	15267
登 步 岛	16.72	14.51	1903	5495	1883	5444
蚂 蚁 岛	2.90	2.22	1174	3553	1160	3508
湖泥山岛	2.38	1.51	414	1401	402	1380
西白莲山岛	1.29	0.93	128	362	125	356
东白莲山岛	2.05	1.36	98	280	96	274
大双山岛	1.01	0.68	473	1173	469	1154
走马塘岛	0.81	0.70	99	272	96	264
虾 峙 岛	18.59	17.01	5705	17178	5667	16897
六 横 岛	109.40	93.66	17086	54957	17029	54203
佛 渡 岛	9.19	7.28	835	2906	834	2982
悬 山 岛	8.21	6.92	906	2849	900	2810
青 浜 岛	1.43	1.41	764	1761	757	1780
庙子湖岛	2.65	2.64	787	1939	775	1961
黄 兴 岛	2.44	2.44	450	969	445	994
东福山岛	2.98	2.95	229	537	228	544

14-2　续表 2

岛屿名称	总面积（平方公里）	# 陆地面积（平方公里）	2022 年		2023 年	
			总户数（户）	总人数（人）	总户数（户）	总人数（人）
岱山县						
岱 山 岛	119.32	104.97	45069	99886	44823	98391
衢 山 岛	73.57	59.79	21115	47931	20822	46929
大长涂山岛	40.62	33.56	2017	4347	2019	4311
秀 山 岛	26.33	22.88	2890	6652	2849	6510
小长涂山岛	13.33	10.92	3112	6590	3056	6369
官 山 岛	3.60	3.14	426	1124	424	1089
黄泽山岛	3.37	2.53				
小衢山岛	2.04	1.87				
大峧山岛	2.58	1.94	206	445	203	435
江南山岛	1.71	0.72	426	1068	428	1060
大鱼山岛		6.25				
鼠浪湖岛		2.85				
小龟山岛		0.10				
鱼腥脑岛		0.01				
下三星岛		0.07				
嵊泗县						
泗礁山岛	25.88	24.44	12546	29839	12472	29425
金鸡山岛	2.03	1.94	1297	3148	1284	3107
大黄龙岛	5.67	5.21	3055	7991	3041	7868
枸 杞 岛	6.62	5.74	3085	7637	3061	7486
嵊 山 岛	4.47	4.08	2874	7278	2859	7138
壁下山岛（大盘山、张其山）	1.99	1.11	215	507	212	498
花鸟山岛	3.99	3.47	792	1888	781	1850
东绿华岛	1.32	1.08	178	434	176	429
西绿华岛	1.57	1.31	536	1186	535	1167
东库山岛	0.31	0.21	70	157	68	154
大洋山岛	6.56	4.92	4782	10877	4745	10723
滩浒山岛	0.88	0.49	279	612	275	607

14-3　50人以上住人岛屿基本情况

（按2020年11月1日第七次全国人口普查口径）

岛屿名称	岛屿面积（平方公里）	总户数（户）	常住人口（人）			人口密度（人/平方公里）
			合计	男	女	
舟山岛定海部分	401.63	196537	431057	219240	211817	1073.27
金塘岛	82.11	19695	39429	21170	18259	480.20
大鹏岛	6.09	380	608	317	291	99.84
长白岛	14.16	2153	3769	2383	1386	266.17
富翅岛	1.36	117	178	87	91	130.88
里钓山岛	1.87	103	172	102	70	91.98
册子岛	14.97	958	1797	953	844	120.04
长峙岛	7.97	8087	20355	10629	9726	2553.95
东蟹峙岛	0.63	320	704	443	261	1117.46
岙山岛	5.96	42	66	53	13	11.07
盘峙岛	4.11	613	999	565	434	243.07
小盘峙岛	0.61	56	98	51	47	160.66
东巨岛	3.42	68	107	56	51	31.29
西巨岛	0.27	41	63	43	20	233.33
摘箬山岛	2.70	34	51	31	20	18.89
西蟹峙岛	1.01	64	114	63	51	112.87
大猫岛	6.92	39	60	32	28	8.67
小竹山岛	0.06	35	62	36	26	1033.33
团鸡山岛	0.31	76	139	74	65	448.39
园山岛	0.27	50	74	39	35	274.07
馒头山岛	0.03	55	93	49	44	3100.00
舟山岛普陀部分	101.02	108831	246914	124129	122785	2444.21
梁横山岛	4.22	50	64	40	24	15.17
小干岛	5.90	1241	2254	1684	570	382.03
鲁家峙岛	4.36	7528	18001	9188	8813	4128.67
葫芦岛	1.28	235	377	204	173	294.53
普陀山岛	11.82	4486	7353	4311	3042	622.08
洛伽山岛	0.45	58	61	58	3	135.56
朱家尖岛	72.00	13255	29870	15261	14609	414.86
柴山岛	0.94	123	194	103	91	206.38
白沙山岛	1.71	231	381	193	188	222.81
桃花岛	44.43	4472	8292	4264	4028	186.63
登步岛	16.72	1247	2249	1215	1034	134.51
蚂蚁岛	2.90	1536	2895	1638	1257	998.28
湖泥山岛	2.38	233	393	189	204	165.13
西白莲山岛	1.29	141	243	207	36	188.37
东白莲山岛	2.05	108	182	162	20	88.78

14–3　续表

岛屿名称	岛屿面积（平方公里）	总户数(户)	常住人口(人)			人口密度（人/平方公里）
			合计	男	女	
大双山岛	1.01	104	145	77	68	143.56
虾峙岛	18.59	4108	6800	3533	3267	365.79
六横岛	109.40	25360	52912	28697	24215	483.66
佛渡岛	9.19	741	1222	681	541	132.97
元山岛	8.21	435	699	388	311	85.14
青浜岛	1.43	236	366	190	176	255.94
庙子湖岛	2.65	386	681	390	291	256.98
黄兴岛	2.44	97	146	85	61	59.84
东福山岛	2.98	115	189	111	78	63.42
岱山岛	119.32	53574	111379	57528	53851	933.45
官山岛	3.60	113	173	94	79	48.06
江南山岛	1.71	448	844	444	400	493.57
大峧山岛	2.58	90	133	68	65	51.55
衢山岛	73.57	20385	41813	23041	18772	568.34
鼠浪湖岛	4.38	1294	2692	1517	1175	614.61
黄泽山岛	3.37	109	155	123	32	45.99
小衢山岛	2.04	428	786	676	110	385.29
大长涂山岛	40.62	990	1517	817	700	37.35
小长涂山岛	13.33	3710	6412	3730	2682	481.02
秀山岛	26.33	5415	9964	6470	3494	378.43
大鱼山岛	21.00	5343	30941	28353	2588	1473.38
对港山岛	0.15	560	1143	581	562	7620.00
泗礁山岛	25.88	17309	37284	18758	18526	1440.65
马迹山岛	1.81	111	143	134	9	79.01
大黄龙岛	5.67	2284	4500	2426	2074	793.65
金鸡山岛	2.03	1474	3036	1590	1446	1495.57
东绿华岛	1.32	64	103	64	39	78.03
西绿华岛	1.57	195	333	176	157	212.10
东库山岛	0.31	39	63	31	32	203.23
花鸟山岛	3.28	469	872	477	395	265.85
壁下山岛	1.44	112	209	118	91	145.14
嵊山岛	4.68	3299	6518	3523	2995	1392.74
枸杞岛	6.38	3177	6308	3388	2920	988.71
小洋山岛	16.71	59	220	198	22	13.17
大洋山岛	6.66	3546	7109	3577	3532	1067.42
滩浒山岛	0.56	36	53	28	25	94.64

14-4 乡镇基本情况

（2023年）

辖区	村民委员会个数（个）	户籍户数（户）	户籍人口（人）	农业技术推广机构个数（个）	农业企业（个）
定海区					
昌国街道	3	22324	52923		
环南街道	3	14270	31647	1	
城东街道	4	21477	50938	1	
盐仓街道	5	7325	19047		
临城街道	8	23600	60937		
岑港街道	9	6871	16823	1	4
马岙街道	6	3476	8936	1	
双桥街道	6	6604	17110	1	
小沙街道	10	7702	18288	1	1
千岛街道	5	22730	59122		
金塘镇	13	15772	37852	1	
白泉镇	14	13109	35000	1	3
干礁镇	6	3798	9270	1	23
普陀区					
沈家门街道	14	33646	79815		5
东港街道	7	21199	57242	1	30
朱家尖街道	12	9472	28655	1	3
展茅街道	8	7307	20574	1	3
六横镇	30	18763	59995	1	20
虾峙镇	6	6855	20325		1
桃花镇	7	5316	15267	1	
东极镇	1	2196	5299		
普陀山镇		2080	5101		
岱山县					
高亭镇	21	27912	60098	1	7
东沙镇	3	7122	14868	1	2
岱东镇	5	5184	12678	1	
岱西镇	8	5660	13331	1	
长涂镇	4	5075	10680	1	3
衢山镇	30	21248	46929	1	4
秀山乡	3	2849	6510	1	1
嵊泗县					
菜园镇	9	12717	29891	1	
嵊山镇	4	3071	7636	1	
洋山镇	1	5020	11330		1
五龙乡	4	1818	4391	1	
黄龙乡	4	3041	7868	1	
枸杞乡	5	3061	7486	1	
花鸟乡	2	781	1850	1	

14–4　续表 1

辖　　区	工业企业单位数（个）	其中：规模以上工业（个）	住宿餐饮业企业个数（个）	商品交易市场（个）	一般公共预算收入（万元）	一般公共预算支出（万元）
定海区						
昌国街道	12		27	5	6659	4384
环南街道	114	8	61	4	9525	9525
城东街道	19	1	8	2	5881	3223
盐仓街道	11		4	11	9677	4276
临城街道	12	11	3	1	13014	13014
岑港街道	111	21	1		5778	5778
马岙街道	77	18	2	1	3416	7605
双桥街道	145	5	5	2	20054	4789
小沙街道	64	17	1		12675	9276
千岛街道	62	14	24	5	8977	8977
金塘镇	432	36	10	3	16385	16385
白泉镇	120	11	15	4	15887	15887
干𥕢镇	119	24	4	1	14533	7736
普陀区						
沈家门街道	272	33	116	10	12490	12279
东港街道	181	33	144	6	60712	11829
朱家尖街道	40	12	135	2	12415	12415
展茅街道	83	39	8	2	13981	5737
六横镇	404	36	22	11	67716	44153
虾峙镇	6	3		1	10496	10979
桃花镇	15	1	2	1	7138	7138
东极镇			8		4058	4058
普陀山镇			39	1	3121	3121
岱山县						
高亭镇	106	27	80	9	13377	24243
东沙镇	180	10	14	3	14056	5455
岱东镇	48	4	5	1	3231	6977
岱西镇	176	15	2	1	20269	5879
长涂镇	45	6	6	1	12022	6591
衢山镇	107	6	11	9	34459	51235
秀山乡	130	5	8	1	17648	6971
嵊泗县						
菜园镇	36	1	58	4	9183	19126
嵊山镇	25		10	3	6583	13719
洋山镇	9	6	2		15930	14131
五龙乡	12	1	1	1	9930	7878
黄龙乡	4		1	5	8692	6777
枸杞乡	15	3	12	2	4325	4299
花鸟乡			58		10157	8199

14-4 续表 2

辖　区	营业面积 50 平方米以上的综合商店或超市个数（个）	小学学校数（个）	小学在校学生数（人）	小学专任教师数（人）	医疗卫生机构个数（所）	医疗卫生机构床位数（床）	执业（助理）医师数（人）
定海区							
昌国街道	15	3	3534	238	9	1192	372
环南街道	7	3	1818	139	7	432	13
城东街道	41	3	3700	246	38	500	272
盐仓街道	14	1	1402	99	6	18	28
临城街道	18	4	7618	261	8	490	450
岑港街道	14	1	257	32	10	22	22
马岙街道	10	1	360	39	22	29	22
双桥街道	7	2	890	77	7	20	14
小沙街道	18	1	206	28	6	25	24
千岛街道	6	4	3156	272	8	2150	510
金塘镇	29	4	2127	148	12	50	41
白泉镇	12	2	1466	115	12	358	153
干𥔽镇	22	1	347	41	4	11	18
普陀区							
沈家门街道	279	5	5337	396	74	673	447
东港街道	275	4	7213	465	84	915	763
朱家尖街道	25	2	1107	82	14	50	77
展茅街道	10	2	726	60	12	20	25
六横镇	60	3	1800	152	32	200	100
虾峙镇	7				8	7	27
桃花镇	7	1	185	26	7	17	4
东极镇	2				4	8	11
普陀山镇	7	1	45	20	3	30	31
岱山县							
高亭镇	53	5	4565	337	36	474	438
东沙镇	9	1	180	21	9	26	36
岱东镇	3	1	133	20	4	10	8
岱西镇	7	1	73	18	8	12	16
长涂镇	10	1	44	23	5	19	22
衢山镇	104	2	1189	85	21	123	57
秀山乡	4	1	230	20	3		28
嵊泗县							
菜园镇	17	4	1589	180	8	265	191
嵊山镇	6	1	74	20	1	24	18
洋山镇	17	1	170	32	2	25	22
五龙乡	3				2	2	4
黄龙乡	6				1	4	6
枸杞乡	7	1	81	18	5	14	9
花鸟乡					1	8	5

14–4 续表 3

辖　　区	城乡居民基本养老保险参保人数（人）	城乡居民基本医疗保险参保人数（人）	城乡居民最低生活保障人数（人）	自来水用水户数（户）	管道燃气用气户数（户）	金融机构网点数（个）	公园个数（个）
定海区							
昌国街道	4141	5517	203	30598	21512	16	2
环南街道	1369	6651	246	25777	21605	20	5
城东街道	245	12194	144	21477	18450	17	1
盐仓街道	389	9660	197	19018	11204	5	6
临城街道	2828	13498	231			18	6
岑港街道	8352	8429	284	8950		3	
马岙街道	1960	4836	125	4592	4731	3	5
双桥街道	7021	9989	346	5694		2	32
小沙街道	9736	8979	412	6793		4	2
千岛街道	10988	15496	174			16	5
金塘镇	5342	18728	377	21600	3500	19	36
白泉镇	5948	19225	407	25185	5820	10	3
干礁镇	1561	5255	120	5883		3	1
普陀区							
沈家门街道	8610	23238	599	58858	40594	37	14
东港街道	13765	23401	491	60636	49612	31	6
朱家尖街道	3833	15673	200	12230	4720	12	3
展茅街道	6705	13074	422	8188	468	5	
六横镇	17334	31111	728	27332	1900	9	6
虾峙镇	8203	11813	270	4086		3	24
桃花镇	7192	10051	423	3197		2	
东极镇	3974	3974	72	560		1	16
普陀山镇	315	1268	15	2855		9	1
岱山县							
高亭镇	7153	22423	516	55477	27407	35	5
东沙镇	2338	7600	170	7710	38	6	
岱东镇	3428	7698	184	3192		2	3
岱西镇	1142	7519	155	4109		2	
长涂镇	3916	6116	164	3480		2	
衢山镇	17848	36125	587	26178		10	3
秀山乡	505	3347	81	6966		2	5
嵊泗县							
菜园镇	5430	7002	224	12089		12	22
嵊山镇	2875	3811	57	3000		2	2
洋山镇	1378	1210	84	3563		2	3
五龙乡	2526	3153	32	1314		1	4
黄龙乡	3356	4471	66	2539		2	5
枸杞乡	3682	4398	55	2638		2	
花鸟乡	810	1003	13	402		1	

十五、全省各市国民经济和社会发展主要指标

15-1 全省各市国民经济和社会

（2023 年）

指 标 名 称	计量单位	杭州市	宁波市	温州市	嘉兴市
一、行政区划					
所辖行政区数	个	10	6	4	2
所辖行政县（县级市）数	个	3	4	8	5
所辖建制镇数	个	75	73	92	42
二、人口规模					
（一）常住人口					
年末常住人口	万人	1252.20	969.70	976.10	558.40
其中：城镇常住人口	万人	1054.40	774.31	728.76	408.47
常住人口城镇化率	%	84.20	79.85	74.66	73.15
（二）户籍人口					
年末户籍人口	万人	860.60	622.17	830.00	376.76
年末总户数	万户	271.79	246.48	250.79	124.56
三、资源环境					
（一）土地					
行政区域土地面积	平方公里	16850	9816	12103	4237
（二）水资源					
水资源总量	亿立方米	115	50	103	21
用水总量	亿立方米	29.10	20.98	16.83	18.87
（三）环境					
工业化学需氧量排放量	吨	3360	4880	999	4591
工业氮氧化物排放量	吨	8254	19902	8101	12668
工业颗粒物排放量	吨	7037	11418	1388	6481
空气质量优良天数比例	%	84.4	93.7	97.5	83.6
细颗粒物（$PM_{2.5}$）年平均浓度	微克/立方米	30.6	22.0	25.0	29.0
四、经济发展					
（一）地区生产总值					
地区生产总值（当年价格）	亿元	20058.98	16452.83	8731.00	7062.45
其中：第一产业增加值	亿元	347.10	383.83	180.00	141.16
第二产业增加值	亿元	5666.88	7540.50	3606.68	3776.84
其中：工业增加值	亿元	4984.50	6769.99	2879.48	3413.14
第三产业增加值	亿元	14045.00	8528.50	4944.34	3144.45
人均地区生产总值	元	161129	170363	89821	126851
（二）财政					
财政总收入	亿元	4916.53	3384.06	1023.77	1102.59
地方一般公共预算收入	亿元	2616.81	1785.86	622.68	632.02
地方一般公共预算支出	亿元	2636.23	2235.09	1175.94	826.99
其中：一般公共服务支出	亿元		178.21	130.73	70.72
教育支出	亿元		317.77	276.75	163.59

发展主要指标

湖州市	绍兴市	金华市	衢州市	舟山市	台州市	丽水市
2	3	2	2	2	3	1
3	3	7	4	2	6	8
38	49	74	43	17	61	54
343.90	539.40	716.30	229.70	117.30	671.20	252.80
232.10	394.10	504.28	139.10	86.77	434.94	163.18
67.50	73.10	70.40	60.60	73.97	64.80	64.60
268.65	443.94	497.97	253.92	94.61	602.95	268.87
89.78	165.89	200.45	97.76	38.03	195.27	109.78
5820	8279	10942	8845	1520	10050	17275
39	40	63	40	5	57	141
12.78	17.59	16.09	17.59	3.20	14.21	7.36
1267	14973	1684	2493	894	1145	532
7293	9563	6918	7820	8053	7861	2001
6431	2406	5259	8194	1680	3749	1561
79.5	94.5	93.7	94.0	96.7	97.9	99.8
34.0	28.0	27.0	31.0	17.0	22.0	20.0
4015.09	7791.14	6011.27	2125.20	2100.76	6240.68	1964.44
158.88	239.29	156.41	91.20	183.75	334.03	115.05
1978.68	3729.06	2367.41	908.74	1004.34	2628.43	740.05
1763.89	3117.88	2020.32	741.86	921.75	2229.94	584.88
1877.53	3822.79	3487.45	1125.26	912.67	3278.22	1109.34
117195	144992	84133	92662	179322	93214	77908
696.60	926.60	867.81	321.25	529.91	831.94	312.71
410.50	578.75	525.80	204.21	193.51	494.28	186.06
606.97	778.64	848.48	606.48	376.51	836.61	653.65
67.44	82.53	81.95	65.72	62.50	94.12	66.30
110.00	158.41	165.24	76.23	42.99	191.94	97.38

15-1 续表 1

指 标 名 称	计量单位	杭州市	宁波市	温州市	嘉兴市
（三）金融					
年末金融机构人民币各项存款余额	亿元	75603.15	32958.42	21659.22	14914.02
其中：住户存款余额	亿元	23199.39	14282.01	13080.10	7610.37
年末金融机构人民币各项贷款余额	亿元	68309.85	37658.44	20812.59	16343.40
（四）房地产					
房地产开发投资	亿元	4340.00	2212.36	1556.00	981.53
其中：住宅	亿元	2778.05	1497.86	1129.82	736.19
商品房销售面积	万平方米	1447.63	902.35	706.24	434.99
（五）对外经济贸易					
货物进口额（海关数）	亿元	2691.00	4491.50	482.51	1072.34
货物出口额（海关数）	亿元	5338.72	8287.82	2339.40	3337.41
新设立外商直接投资企业数	家	1066	519	156	404
实际使用外资额	万美元	883113	468950	53352	301347
（六）规模以上工业					
工业企业数	个	6919	10460	8465	6714
其中：内资企业	个	6204	9159	8345	5680
港、澳、台商投资企业	个	257	610	48	381
外商投资企业	个	458	691	72	653
资产总计	亿元	27320.73	28088.78	9454.18	18396.11
流动资产合计	亿元	16962.56	16889.31	5515.49	10403.03
营业收入	亿元	21074.21	24799.95	7432.49	15389.02
营业成本	亿元	17082.41	21229.34	6181.52	13406.68
利税总额	亿元	2225.27	2207.62	600.85	1051.65
其中：利润总额	亿元	1426.05	1375.17	402.53	739.43
税金及附加	亿元	357.08	487.64	32.96	65.62
应交增值税	亿元	442.13	344.81	165.36	246.61
（七）贸易					
社会消费品零售总额	亿元	7670.57	5212.56	4257.08	2513.46
限额以上批发零售业法人企业数	个				
其中：零售业	个				
限额以上批发零售业商品销售额	亿元	45672.60	50839.05	12152.12	6774.97
（八）旅游					
入境游客	人次	466167	154718	90592	127579
入境旅游收入	万美元	27315	4757	3619	5960
国内游客	万人次	11881	6580	5684	4508
国内旅游收入	亿元	1785	874	765	560

湖州市	绍兴市	金华市	衢州市	舟山市	台州市	丽水市
9064.56	16132.84	15876.99	4708.46	3527.50	15440.79	5633.15
4453.11	8443.12	9229.18	2494.10	1791.84	9090.75	3321.56
10533.81	16438.90	15890.85	5042.91	4215.67	15920.16	4715.83
605.45	1057.62	910.65	284.73	146.38	779.37	323.81
458.44	788.12	694.17	204.89	103.73	551.10	234.64
376.97	715.79	508.16	93.62	83.93	576.15	260.57
128.35	414.50	1066.86	261.58	2429.56	229.95	64.24
1490.43	3810.21	6630.66	454.23	1149.01	2514.53	312.96
234	281	1541	41	60	103	46
58178	97369	53001	10892	47648	35482	13760
4169	5356	5817	1446	486	5647	1704
3828	5010	5640	1397	459	5503	1677
152	160	91	18	8	62	10
189	186	86	31	19	82	17
8532.46	11915.90	8236.93	4207.67	5115.08	10025.65	2482.22
5138.04	6665.19	4771.59	2270.81	1785.64	5140.41	1479.90
7348.71	8196.10	7083.71	3247.14	3951.15	6839.05	2145.86
6369.33	6901.16	6113.87	2858.65	3411.86	5613.64	1852.56
562.98	726.00	436.84	187.88	343.04	621.46	172.20
389.82	508.35	282.74	128.99	66.19	443.97	107.86
39.03	38.64	31.00	12.00	235.90	41.15	8.76
134.13	179.01	123.00	47.00	40.96	136.35	55.58
1707.92	2820.35	3141.76	970.77	617.84	2766.23	871.64
5780.08	8337.97	4734.63	1558.35	6333.88	5200.34	3245.41
53703	16950	400929	6736	41574	31879	6847
1988	709	22568	238	1296	1149	262
3874	3323	5106	1620	1727	3880	2932
527	452	722	201	237	481	309

15-1 续表 2

指 标 名 称	计量单位	杭州市	宁波市	温州市	嘉兴市
五、科技创新					
（一）科创投入					
R&D 经费支出	亿元	786.38	506.42	237.20	251.48
R&D 人员全时当量	万人年	20.66	16.23	7.74	8.23
（二）科创成果					
专利授权数	件	107675	64110	48747	36415
其中：发明	件	31981	9372	3778	4869
六、人民生活					
（一）就业					
全社会从业人员数	万人	770.02	607.38	555.36	330.58
第一产业	万人	29.08	19.28	21.34	9.94
第二产业	万人	266.21	310.32	258.15	174.85
第三产业	万人	474.73	277.78	275.87	145.79
（二）收入					
全体居民人均可支配收入	元	73797	71731	67380	66353
城镇居民人均可支配收入	元	80587	80144	77973	75909
其中：工资性收入	元	47092	43658	40414	47366
经营净收入	元	6631	13320	13372	7595
财产净收入	元	11802	9803	13763	7116
转移净收入	元	15062	13363	10423	13832
农村居民人均可支配收入	元	48180	48350	41622	49643
（三）消费					
全体居民人均消费支出	元	50129	45503	46879	42648
城镇居民人均消费支出	元	54103	50347	53333	47551
其中：食品烟酒	元	13062	12875	14421	12625
衣着	元	2580	2469	2873	2447
居住	元	14944	14740	12461	9930
生活用品及服务	元	2482	2507	4108	3180
交通和通信	元	9419	7802	6898	8812
教育文化娱乐	元	5684	4746	6905	5783
医疗保健	元	4148	3579	3095	3352
其他用品及服务	元	1784	1629	2573	1422
农村居民人均消费支出	元	35133	32039	31187	34072
七、公共服务					
（一）教育					
普通、职业本专科在校生数	人	514304	186501	139820	82515

湖州市	绍兴市	金华市	衢州市	舟山市	台州市	丽水市
136.35	242.70	151.80	50.15	45.84	166.97	45.24
4.22	6.00	6.61	1.56	0.75	6.76	1.59
16330	24656	37842	6344	2085	29236	8398
2985	3629	2830	1053	634	2921	713
199.84	330.32	399.89	127.31	72.87	385.02	142.41
9.6	16.71	28.38	17.39	7.99	23.81	13.48
101.76	162.32	163.89	51.45	33.29	169.96	51.8
88.48	151.29	207.62	58.47	31.59	191.25	77.13
63972	69707	61710	48237	68110	61067	47182
74400	80392	73639	60592	76435	73879	58583
40119	44604	39934	36293	50992	42846	30230
14775	15549	11716	8336	8109	12869	9148
7251	9209	10897	5981	6408	9925	8056
12254	11030	11092	9982	10926	8239	11149
47455	48825	38136	33993	49379	40153	30811
41580	43628	41807	29298	43612	40878	35331
46788	49300	48792	35962	48153	46744	41541
12797	12988	11559	8665	13783	13138	11256
3344	3497	3159	2013	4132	3540	3227
10475	12848	11276	9312	10488	10950	11881
2518	2200	3183	2252	2452	2868	1930
7639	7630	8322	4689	5810	7756	4508
5768	5575	5496	5556	5902	4797	3380
2808	3271	4467	2480	3272	2527	4347
1439	1293	1330	994	2314	1169	1012
33330	32542	28003	21615	33396	31303	26413
41134	136176	111244	19526	26182	78244	49964

15-1 续表 3

指 标 名 称	计量单位	杭州市	宁波市	温州市	嘉兴市
中等职业教育在校学生数	人	79244	60868	94291	51478
普通中学在校学生数	万人	43.83	34.34	43.94	18.62
普通小学在校学生数	万人	76.21	57.78	65.00	32.75
（二）文体					
公共图书馆图书藏量	万册	3182	1472	1754	1286
博物馆数	个	87	78	58	35
体育场地数	个		29699	32436	21625
（三）医疗					
医院数	个	414	215	171	107
医院床位数	张	95220	44792	44130	26466
执业（助理）医师数	人	62661	37888	37043	22351
（四）社会保障					
城乡居民基本养老保险参保人数	人	779526	965994	1851570	607585
城乡居民基本医疗保险参保人数	人	3600726	2866762	4998859	1511884
失业保险参保人数	人	5869497	3416360	1705024	1661056
养老机构数	个	247	266	250	84
其中：养老机构床位数	张	38390	45948	21981	16888
城市居民最低生活保障人数	人	15134		8969	3938
八、基础设施					
（一）交通运输					
境内公路总里程	公里	16621	11487	15633	7599
其中：高速公路里程	公里	878	666	630	428
民用汽车拥有量	万辆	4420291	3510545	2852589	1914152
公路客运量	万人	4111	1953	4676	511
公路货运量	万吨	35243	50679	15692	18036
水运货运量	万吨	44167.16	83910.20	21750.34	29240.66
民用航空客运量	万人	13.63	3.66	0.22	0.15
民用航空货邮运量	万吨	80.97	14.30	6.79	
（二）邮电通信					
快递业务收入	万元	3667165	1312561	1188939	1148527
电信业务收入	万元	2811584	1679031	1632909	844083
移动电话年末用户数	万户	1887.00	1411.00	1281.74	781.61
互联网宽带接入用户数	万户	851	553	525	288
（三）能源电力					
全社会用电量	亿千瓦时	987.13	1031.80	580.72	722.56
其中：工业用电	亿千瓦时	435.69	723.86	315.16	557.74
城乡居民生活用电	亿千瓦时	191.30	129.53	142.04	70.72

湖州市	绍兴市	金华市	衢州市	舟山市	台州市	丽水市
33160	37111	48337	21863	6101	68498	24596
12.76	21.35	29.81	10.48	3.64	31.50	12.17
20.58	30.28	51.24	14.10	5.35	42.66	15.52
475	916	772	510	262	1133	435
37	67	24	8	15	55	21
10514	20344	25622	10670	3252	25357	12780
90	106	168	85	37	144	72
20378	28050	34666	15237	6141	32528	15007
12712	21205	26110	9065	4653	22529	9932
481187	850021	1272532	845526	160098	1630509	883889
1196434	2124621	3068225	1447303	468887	3550973	1793961
970118	1396044	1422339	450683	274797	1312335	381555
84	113	128	109	72	242	67
13653	18906	26587	12110	8875	27720	9098
3182	4718	1798	2365	1453	4502	2321
8181	9918	13141	8784	1976	13059	15085
453	593	418	422	70	499	452
1139205	1786700	2672352	596376	245461	2195563	542677
404	1176	1282	937	3287	665	677
14059	20847	17194	12441	13524	18851	6237
23214.49	22913.34	17234.72	12513.54	46314.91	31556.00	6503.00
	0.38	0.37			0.10	
		2.98	0.11	0.23	1.06	
409703	598346	3723169	84824	57861	732516	134921
552845	759926	1137629	289407	201642	983945	310048
448.00	722.00	1047.00	282.00	195.57	953.55	301.09
198	272	387	116	72	323	128
384.92	559.93	553.61	239.65	192.02	439.45	150.72
264.78	410.91	349.77	177.85	148.44	273.56	90.35
49.17	67.25	89.53	28.57	14.72	87.93	28.82